"十四五"时期国家重点出版物出版专项规划项目

曲晓辉
——等 著——

公允价值实证研究

EMPIRICAL STUDY ON FAIR VALUE

北京大学出版社
PEKING UNIVERSITY PRESS

图书在版编目(CIP)数据

公允价值实证研究 / 曲晓辉等著. -- 北京：北京大学出版社，2025.7. -- ISBN 978-7-301-36206-8

I. F014.31

中国国家版本馆 CIP 数据核字第 2025R6Q380 号

书　　　名	公允价值实证研究 GONGYUN JIAZHI SHIZHENG YANJIU
著作责任者	曲晓辉　等　著
责 任 编 辑	黄炜婷
标 准 书 号	ISBN 978-7-301-36206-8
出 版 发 行	北京大学出版社
地　　　址	北京市海淀区成府路 205 号　100871
网　　　址	http://www.pup.cn
微信公众号	北京大学经管书苑（pupembook）
电 子 邮 箱	编辑部 em@pup.cn　总编室 zpup@pup.cn
电　　　话	邮购部 010-62752015　发行部 010-62750672　编辑部 010-62752926
印 刷 者	北京鑫海金澳胶印有限公司
经 销 者	新华书店
	720 毫米×1020 毫米　16 开本　18.5 印张　332 千字 2025 年 7 月第 1 版　2025 年 7 月第 1 次印刷
定　　　价	76.00 元

未经许可，不得以任何方式复制或抄袭本书之部分或全部内容。

版权所有，侵权必究

举报电话：010-62752024　电子邮箱：fd@pup.cn

图书如有印装质量问题，请与出版部联系，电话：010-62756370

司更愿意采用成本模式以便在有需要时通过处置投资性房地产进行盈余操纵;房地产市场是否活跃对投资性房地产计量模式的选择没有显著影响。其二,检验投资性房地产公允价值计量层次的适用性,发现公允价值计量的三个层次并不完全适用于我国投资性房地产公允价值的计量;公允价值的应用具有明显的行业特征,主要存在于金融业和房地产业;公允价值估值方式和估值方法的选择与市场化程度密切相关;我国投资性房地产全面应用公允价值的市场环境尚不成熟。其三,检验投资性房地产公允价值计量与股价同步性的关系,发现投资性房地产项目的公允价值计量扩大了管理层的盈余管理空间,投资性房地产项目的真实公允价值成为管理层控制的私有信息,而私有信息难以融入股票价格,从而削弱了公允价值信息的股价同步性,公允价值计量的投资性房地产金额与股价同步性显著负相关;会计信息透明度能提高投资者挖掘投资性房地产公允价值私有信息的边际成本,抑制投资性房地产公允价值披露金额与股价同步性的负相关关系。

关于商誉的公允价值研究。其一,检验商誉减值信息的价值相关性,发现商誉减值信息与股票价格和股票收益率均显著负相关;亏损公司由于存在"大清洗"动机,其商誉减值信息的价值相关性较弱,高质量内部控制和高质量内部审计则会显著增强商誉减值信息的价值相关性。其二,检验商誉减值与分析师盈余预测的关系,发现上市公司是否发生商誉减值及减值规模均与分析师盈余预测显著相关,即商誉减值降低了分析师盈余预测准确度,提高了分析师盈余预测分歧度,并且减值规模越大,不利影响越显著;商誉减值对分析师盈余预测的不利影响仅存在于进行负向盈余管理的公司。其三,检验商誉减值的盈余管理动机并取得证据,具体表现为盈余平滑动机和"洗大澡"动机;公司业绩、CEO(首席执行官)特征、债务契约与薪酬契约、外部监督机制均会对商誉减值造成影响;审计质量和股权集中度会制约管理层盈余管理动机下的商誉减值行为;商誉减值存在确认不及时的问题,且平均滞后约2年。

本书是在国家社会科学基金重点项目"公允价值信息采集及指数构建研究"(13AJY005)的研究报告基础上进行整理、删减和完善的成果,共六篇十七章,由曲晓辉、张瑞丽、张国华、毕超、黄霖华、卢煜、邱月华、万鹏、汪健、朱朝晖等共同完成。书稿具体完成情况如下:第一章由曲晓辉撰写;第二章由张瑞丽撰写；第三章由张国华和曲晓辉撰写；第四、十三章由黄霖华、曲晓辉和张瑞丽撰写；第五章由黄霖华和曲晓辉撰写；第六章由曲晓辉和黄霖华撰写；第七章由曲晓辉和毕超撰写；第八章由黄霖华、曲晓辉、万鹏和朱朝晖撰写；第九、十七章由曲晓辉和张瑞丽撰写；第十章由邱月华和曲晓辉撰写；第十一章由张瑞丽、曲晓辉和张国华撰写；第十二章由张国华和张瑞丽撰写；第十四章由曲晓辉、卢煜和张瑞丽撰写；第十五章由曲晓辉、卢煜和汪健撰写；第十六章由卢煜和曲晓辉撰写。

限于作者水平和实务发展的不平衡，本书存在许多不足之处，敬请有关专家和广大读者批评与指正。

2024 年 6 月于厦门大学

目 录

第一章 绪 论 ………………………………………………………………… 1
  第一节 研究背景与动机 ………………………………………………… 1
  第二节 研究思路与研究方法 …………………………………………… 3
  第三节 研究内容与结构安排 …………………………………………… 3
  第四节 研究贡献 ………………………………………………………… 7

第一篇 公允价值及其估值

第二章 公允价值的产生与发展 …………………………………………… 11
  第一节 会计计量的产生与发展 ………………………………………… 11
  第二节 公允价值在国际上的发展 ……………………………………… 16
  第三节 我国公允价值的发展和应用现状 ……………………………… 21

第三章 公允价值估值 ……………………………………………………… 33
  第一节 关于"市场"的辨析 …………………………………………… 34
  第二节 公允价值输入值层次与市场环境 ……………………………… 36
  第三节 公允价值估值技术与市场环境、输入值层次 ………………… 37

第二篇 公允价值信息的价值相关性研究

第四章 公允价值变动信息的价值相关性 ………………………………… 45
  第一节 文献回顾与研究假设 …………………………………………… 46
  第二节 研究设计 ………………………………………………………… 49
  第三节 实证结果分析 …………………………………………………… 53

第五章 分析师评级、投资者情绪与公允价值确认的价值相关性 …… 61
第一节 文献回顾 …… 62
第二节 理论分析与研究假设 …… 63
第三节 研究设计 …… 66
第四节 实证结果分析 …… 69

第六章 投资者情绪、资产证券化与公允价值信息含量 …… 76
第一节 文献回顾 …… 77
第二节 理论分析与研究假设 …… 78
第三节 研究设计 …… 82
第四节 实证结果分析 …… 84

第三篇 公允价值的经济后果研究

第七章 会计信息与分析师的信息解释行为 …… 95
第一节 文献回顾与研究假设 …… 96
第二节 研究设计 …… 99
第三节 实证结果分析 …… 103

第八章 公允价值计量与 IPO 投资者情绪定价 …… 111
第一节 文献回顾与研究假设 …… 112
第二节 研究设计 …… 115
第三节 实证结果分析 …… 117

第四篇 金融工具的公允价值研究

第九章 金融工具公允价值的预测能力 …… 127
第一节 文献回顾与研究假设 …… 128
第二节 研究设计 …… 131
第三节 实证结果分析 …… 135

第十章 金融工具国际准则的发展与启示 …… 142
　　第一节　金融工具会计准则的起源与发展 …… 142
　　第二节　金融工具国际准则的主要变革 …… 145
　　第三节　金融工具会计准则的协调与分歧 …… 150
　　第四节　金融工具国际准则的挑战与启示 …… 151

第五篇　投资性房地产的公允价值研究

第十一章　投资性房地产计量模式选择的动机与影响因素 …… 157
　　第一节　文献回顾 …… 158
　　第二节　研究假设 …… 161
　　第三节　研究设计 …… 165
　　第四节　实证结果分析 …… 168
　　第五节　稳健性检验 …… 175

第十二章　投资性房地产公允价值计量层次的适用性 …… 179
　　第一节　文献回顾 …… 180
　　第二节　公允价值相关概念及其释义 …… 182
　　第三节　我国投资性房地产公允价值的基本数据及评价 …… 185

第十三章　投资性房地产公允价值计量与股价同步性 …… 197
　　第一节　文献回顾与研究假设 …… 198
　　第二节　研究设计 …… 202
　　第三节　实证结果分析 …… 205

第六篇　商誉的公允价值研究

第十四章　商誉减值信息的价值相关性 …… 215
　　第一节　文献回顾与研究假设 …… 216
　　第二节　研究设计 …… 218
　　第三节　实证结果分析 …… 221
　　第四节　稳健性检验 …… 227

第十五章　商誉减值与分析师盈余预测 …… 232
第一节　文献回顾 …… 234
第二节　研究假设 …… 235
第三节　研究设计 …… 237
第四节　实证结果分析 …… 243
第五节　稳健性检验 …… 250

第十六章　商誉减值的盈余管理动机 …… 255
第一节　文献回顾 …… 257
第二节　研究假设 …… 259
第三节　研究设计 …… 261
第四节　实证结果分析 …… 265
第五节　进一步检验 …… 274
第六节　稳健性检验 …… 276

第十七章　研究结论和研究展望 …… 282
第一节　研究结论 …… 282
第二节　研究展望 …… 286

第一章
绪　论

本章概述全书的研究背景与动机、研究思路与方法、研究内容与结构安排以及主要贡献。

第一节　研究背景与动机

我国经济体制改革和对外开放历经四十多年，取得了举世瞩目的成就。市场经济体制的形成和逐步完善，为经济资源的优化配置和有效使用打下了坚实的基础。但是，在经济体制转换的过程中，由于信息不对称，经济资源低效使用和误配的现象时有发生。经济全球化带来的市场开放和恶性竞争以及逆全球化对世界经济的负面扰动，使得资源的有效使用面临更多的问题，直接影响到资本的有效配置和经济效用，并关乎国家经济的健康发展。因此，高质量的财务信息对于资源的有效配置、资本市场的公平和效率、公司价值和国家经济状况的准确反映是至关重要的。

早在20世纪70年代，井尻雄士就指出："会计计量……是会计系统的核心职能。"会计计量属性的选择，决定了财务报告的口径和财务信息的质量。历史成本因其客观性和可验证性，在会计计量中曾经占主导地位。然而，随着资本市场的发展，投资者对"决策有用"会计信息的需求越来越大，基于历史成本所提供的信息已经无法满足财务报表使用者的需要。尤其是80—90年代美国储蓄与贷款危机的爆发，使人们认识到历史成本不能恰当地反映金融工具尤其是衍生金融工具的风险，历史成本计量属性下的财务报告不仅未能给金融监管部门和投资者发出预警信号，甚至会误导投资者对金融市场的判断；而公允价值是金融工具最相关的计量属性,并且是衍生金融工具唯一相关的计量属性。

在FASB和IASB等准则制定机构的推动下,公允价值计量属性的应用范围不断扩展,从早期的只要求表外披露(如SFAS 107《金融工具公允价值的披露》),到要求表内确认和计量;从最初只应用于个别金融资产(如SFAS 115《特定债务和权益工具投资的会计处理》),到应用于金融资产、金融负债、非金融资产(如SFAS 159《金融资产和金融负债的公允价值计量选择》、IAS 40《投资性房地产》、IAS 41《农业》);从原来散见于众多具体会计准则中的公允价值使用规定,到出台统一的公允价值计量框架和指南(如SFAS 157《公允价值计量》、IFRS 13《公允价值计量》);由此,公允价值显然正在向主导的计量属性发展。

然而,公允价值自诞生以来,一直因可靠性问题而备受争议。2008年国际金融危机的爆发更将公允价值推到了风口浪尖,金融界、监管界和会计界围绕公允价值展开了激烈的争论。金融界指责公允价值对金融危机起到了推波助澜的作用,使市场陷入"金融产品价格下跌→对金融产品资产计提跌价准备→恐慌性抛售金融产品→金融产品价格进一步下跌"的恶性循环之中,甚至主张将公允价值计量改回历史成本计量。风波过后,FASB和IASB坚持继续推行公允价值计量,并对相关准则进行适当的修订与完善。2011年5月,FASB针对SFAS 157《公允价值计量》发布了会计准则更新,IASB发布了IFRS 13《公允价值计量》。

随着国际财务报告准则(IFRS)全球趋同的深入,虽然公允价值计量仍充满争议,但其准则的趋同无可避免。从国内来看,公允价值在我国企业会计准则中的应用经历了"初次使用(1998—2000年)→暂停使用(2001—2006年)→推广使用(2007年至今)"三个阶段。在2006年颁布的新会计准则体系中,公允价值不但被列为主要计量属性之一,而且在多项具体会计准则中得到应用,由此构成新会计准则区别于旧会计准则的重要方面。2014年1月26日,财政部发布了《企业会计准则第39号——公允价值计量》,统一了分散于各具体会计准则中有关公允价值计量的原则性规定,并提供了详尽的指引,且实现了与IFRS 13《公允价值计量》的趋同。可以预期,未来我国会计准则中的公允价值计量将会追随国际财务报告准则(IFRS)体系[①]的步伐,在谨慎中前行。

公允价值计量属性的广泛应用,不可避免地引发更多的主观会计判断和盈余管理,从而影响财务信息质量,因而急需系统、有效的信息资源和机制的支撑,与此

---

① 除受限于文献背景之外,本书所称国际财务报告准则(IFRS)体系也包括现行有效的国际会计准则(IAS)、国际会计准则解释公告(SIC)和国际财务报告解释公告(IFRIC)。

相关的公允价值理论问题的研究就显得极为重要。

第二节 研究思路与研究方法

本书回顾了公允价值的产生与发展及其在上市公司中的应用现状,探讨了环境对公允价值输入值及所使用估值技术的影响,多视角实证检验了公允价值计量的效果,并取得了相应的证据,丰富了相关文献。

本书综合运用规范研究方法和实证研究方法,并以实证研究方法为主。具体来说,运用规范研究方法对公允价值进行经济学分析,阐述市场环境对公允价值输入值及所使用估值技术的影响,探讨金融工具国际准则的变革可能引发的公允价值滥用问题。

本书从公允价值信息的价值相关性、公允价值的经济后果两方面实证检验了公允价值计量的效果。关于公允价值信息的价值相关性,本书从不同视角进行了实证检验,并考虑了投资者情绪、分析师评级、资产证券化在其中的调节作用。关于公允价值的经济后果,本书检验了分析师信息解释的具体内容及其行为特征,以及公允价值计量对IPO公司的投资者情绪定价的影响。

本书还从公允价值计量属性应用较多的具体准则——金融工具、投资性房地产、商誉——层面实证检验了公允价值计量的效果。就金融工具准则而言,本书检验了金融工具的公允价值相较于历史成本的增量预测能力,剖析了金融工具会计准则的起源与发展、金融工具国际准则变革可能引发的问题。就投资性房地产准则而言,本书检验了投资性房地产计量模式选择的动机及影响因素,分析了投资性房地产公允价值计量的层次适用性,检验了投资性房地产公允价值计量改革、盈余管理空间扩大和会计信息决策有用性之间的作用机理。就商誉准则而言,本书基于投资者、分析师两类信息使用者视角,运用实证研究方法分别检验了商誉减值信息的价值相关性、商誉减值对分析师盈余预测的影响,并对商誉减值的盈余管理动机进行了实证分析。

第三节 研究内容与结构安排

本书由六篇共十七章组成,主要内容包括公允价值及其估值、公允价值信息的价值相关性研究、公允价值的经济后果研究、金融工具的公允价值研究、投资性房

地产的公允价值研究、商誉的公允价值研究六篇。每篇又由不同的章节构成,具体内容和结构安排如下:

第一章,绪论。本章概述本书的研究背景与动机、研究思路与方法、研究内容与结构安排和主要贡献。

第一篇,公允价值及其估值。本篇介绍了公允价值的产生与发展,分析了公允价值估值组成。本篇由第二章和第三章组成。

第二章,公允价值的产生与发展。本章从公允价值的产生与发展的历史沿革出发,回顾与分析会计计量的产生与发展、公允价值在国际上的发展、我国公允价值的发展和应用现状。

第三章,公允价值估值。本章在对公允价值计量赖以存在的市场进行辨析的基础上,阐释市场环境对公允价值输入值及其估值技术的影响,以图表的方式勾勒市场环境、公允价值输入值和估值技术三者的逻辑关系,演示公允价值估值的思路和步骤,并提出进一步完善公允价值计量准则的建议。

第二篇,公允价值信息的价值相关性研究。本篇从不同视角实证检验了公允价值信息的价值相关性。本篇由第四章、第五章和第六章组成。

第四章,公允价值变动信息的价值相关性。本章探讨了A股上市公司的可供出售金融资产项目之公允价值变动信息的价值相关性,以及投资者情绪和控股股东控制权对其价值相关性的影响与作用。研究发现,可供出售金融资产公允价值变动信息与股票收益率具有显著的相关关系,而且投资者情绪对可供出售金融资产公允价值变动信息的价值相关性存在显著的正向影响。研究还发现,控股股东控制权对可供出售金融资产公允价值变动信息的价值相关性存在显著的负向影响。

第五章,分析师评级、投资者情绪与公允价值确认的价值相关性。本章基于2007—2011年我国A股上市公司样本,运用Feltham-Ohlson修正模型,实证检验长期股权投资与可供出售金融资产公允价值确认的价值相关性。研究发现,长期股权投资重分类为可供出售金融资产公允价值的确认具有显著的价值相关性,而且对股票价格的解释能力强于影响净资产变动的其他项目。同时,证券分析师关于买入和增持的评级对绩优公司的长期股权投资与可供出售金融资产公允价值确认的价值相关性具有显著的正向影响,但是投资者情绪的影响则不显著。

第六章,投资者情绪、资产证券化与公允价值信息含量。本章以2007—2011年我国持有PE公司股权的A股上市公司为样本,实证检验PE公司IPO核准公告的信息含量和 IPO 公允价值信息的价值相关性的关系。研究发现,IPO 核准公告具有显著的信息含量,而且与 IPO 公允价值显著正相关。同时,投资者情绪对 IPO 核准公告和 IPO 公允价值信息之价值相关性有显著的正向作用;但是,机构投资者对 IPO 核准公告信息含量的影响并不显著。

第三篇,公允价值的经济后果研究。本篇检验了分析师信息解释的具体内容及行为特征,公允价值计量对 IPO 公司的投资者情绪定价的影响。本篇由第七章和第八章组成。

第七章,会计信息与分析师的信息解释行为。本章以 2007—2013 年我国 A 股主板上市公司为样本,针对财务报告中的会计信息,考察分析师信息解释的具体内容及行为特征。结果发现,分析师倾向于解读应计信息含量较高的财务报告,并且相对于可操控性应计,分析师更倾向于解读不可操控性应计含量较高的财务报告;分析师倾向于解读会计信息可比性程度较高的财务报告;分析师倾向于解读利润表的公允价值信息。

第八章,公允价值计量与 IPO 投资者情绪定价。本章以 2007—2012 年我国 A 股主板市场 IPO 公司为样本,从投资者情绪和市场发展水平两个方面,检验公允价值计量对会计信息决策有用性的影响。研究发现,样本公司每股公允价值变动损益与 IPO 投资者情绪定价负相关,这表明公允价值计量提高了会计信息质量,抑制了 IPO 投资者情绪定价,增强了会计信息的决策有用性。进一步的研究还发现,市场发展水平的提高具有缩小公允价值计量项目的盈余管理空间和降低公允价值会计信息决策有用性的积极作用。

第四篇,金融工具的公允价值研究。本篇检验了金融工具公允价值相比于历史成本的增量预测能力,剖析了金融工具会计准则的起源与发展、金融工具国际准则变革可能引发的问题。本篇由第九章和第十章组成。

第九章,金融工具公允价值的预测能力。本章以交易性金融工具为研究对象,以 2007—2013 年我国 A 股上市公司为样本,以归属于交易性金融工具的暂时性差异衡量公允价值与历史成本的差异,采用 Vuong 检验和多元回归方法,检验公允价值是否比历史成本能够更好地预测未来收益,公允价值的预测能力是否有助于增进公允价值信息的价值相关性。检验结果支持公允价值相比历史成本具有增量预测能力的推论;进一步研究表明交易性金融工具公允价值信息的价值相关性随着公允价值预测能力的提高而增强。

第十章,金融工具国际准则的发展与启示。2008 年金融危机直接推动金融工具国际准则从 IAS 39 到 IFRS 9 的强制性制度变迁。本章从制度经济学视角剖析金融工具会计准则的起源与发展，尤其是金融危机后的重大变革，探讨 IASB 与 FASB 关于金融工具会计准则的分歧，分析金融工具国际准则的变革可能引发的问题，包括公允价值广泛应用可能引发的问题，以丰富金融工具会计准则理论，并对我国金融工具会计准则的修订和实施提供参考。

第五篇，投资性房地产的公允价值研究。本篇检验了投资性房地产计量模式选择的动机与影响因素，分析了投资性房地产公允价值计量层次的适用性，检验了投资性房地产公允价值计量改革、盈余管理空间扩大和会计信息决策有用性之间的作用机理。本篇由第十一章、第十二章和第十三章组成。

第十一章，投资性房地产计量模式选择的动机与影响因素。本章以2007—2012年持有投资性房地产的 A 股上市公司为样本，检验我国上市公司投资性房地产计量模式选择的动机及影响因素。研究结果表明，资产负债率高、管理层持股比例高、投资性房地产比重大的非国有上市公司倾向于选择公允价值模式，管理层货币薪酬、盈余平滑度、资本市场监管和房地产市场是否活跃对投资性房地产计量模式的选择没有显著影响。

第十二章，投资性房地产公允价值计量层次的适用性。本章以2007—2013年我国以公允价值计量投资性房地产的 A 股上市公司为研究对象，运用统计分析方法，对我国上市公司应用公允价值计量投资性房地产的规律性进行概括和总结，并检验市场化程度与投资性房地产公允价值应用的关系。鉴于投资性房地产公允价值信息披露严重缺失，绝大多数投资性房地产的公允价值为第二层次输入值的现实，中国投资性房地产公允价值信息缺乏可验证性（可靠性），公允价值在中国投资性房地产中全面应用的条件尚不成熟，监管机构有必要进一步完善准则，并加强对企业内部、外部环境建设和公允价值信息披露的监管。

第十三章，投资性房地产公允价值计量与股价同步性。本章以2007—2013年我国 A 股上市公司为样本，实证检验公允价值计量改革、盈余管理空间扩大和会计信息决策有用性之间的作用机理。研究发现，投资性房地产项目以公允价值进行计量扩大了管理层的盈余管理空间，真实的公允价值成为管理层的私有信息，而私有信息通过交易融入股票价格，从而削弱了股价同步性。同时，鉴于投资性房地产公允价值私有信息搜寻存在超额收益，投资性房地产公允价值披露金额与股价同步性的相关关系还受到会计信息透明度和证券分析师关注度的制约。因此，公允价值计量改革需要更及时、更有效的公允价值输入值来源，以缩小管理层的盈余管理空间。

第六篇,商誉的公允价值研究。本篇基于投资者、分析师两类信息使用者视角,运用实证方法分别检验了商誉减值信息的价值相关性以及商誉减值对分析师盈余预测的影响,并对商誉减值的盈余管理动机进行了实证研究。本篇由第十四章、第十五章和第十六章组成。

第十四章,商誉减值信息的价值相关性。本章以2007—2014年我国A股上市公司为样本,考察商誉减值信息的价值相关性,并从盈余管理、内部监督和外部监督角度探究市场对商誉减值信息的价值判断。研究发现,商誉减值与股票价格和股票收益率负相关,说明投资者对发生商誉减值的公司给予负面评价。进一步的研究显示,亏损公司的商誉减值信息的价值相关性较弱,高内部控制质量和高审计质量公司的商誉减值信息的价值相关性较强。上述发现表明,商誉减值信息具有价值相关性,且其价值相关性受到盈余管理动机、内部监督机制和外部监督机制的影响。

第十五章,商誉减值与分析师盈余预测。本章以2007—2013年我国A股上市公司为样本,考察上市公司计提商誉减值损失的行为对分析师盈余预测的影响。研究发现,上市公司计提商誉减值损失的行为降低了分析师盈余预测准确度,提高了分析师盈余预测分歧度。进一步的研究显示,商誉减值对分析师盈余预测的不利影响仅存在于进行负向盈余管理的公司,即这种影响源自盈余管理动机下的商誉减值行为。此外,高质量外部审计可以显著削弱商誉减值对分析师盈余预测的不利影响。

第十六章,商誉减值的盈余管理动机。本章以2007—2013年我国A股上市公司为样本,考察商誉减值的盈余管理动机。研究发现,商誉减值存在盈余管理动机,具体表现为盈余平滑动机和"洗大澡"动机,并且受到一系列其他因素的影响,包括公司业绩、CEO特征、债务契约与薪酬契约、监督机制。进一步的研究结果显示,审计质量与股权集中度对商誉减值中的盈余管理动机具有抑制作用。

第十七章,研究结论和研究展望。本章概括本书取得的主要经验证据以及形成的基本观点,并展望后续的实证研究方向。

第四节 研究贡献

本书可能的贡献如下:

第一，尝试从新的角度，采用科学的研究方法对我国公允价值计量效果进行实证检验并获取相应的经验证据，本书的最终成果体现了公允价值研究的前瞻性。本书从公允价值信息的价值相关性、公允价值的经济后果两方面，系统地实证检验了公允价值计量的效果；而且，基于公允价值计量属性应用较多的具体准则——金融工具、投资性房地产、商誉三个角度，进一步检验公允价值计量的效果。这样的研究思路对公允价值计量的评价更加科学，也更加全面。

第二，本书在研究思路、研究方法、技术路线和经验证据方面进行了一系列的创新性尝试，希望能够丰富公允价值理论，为我国公允价值计量模式广泛应用的效果提供证据支持，为国家有关部门的宏观经济调控和市场监管提供决策依据，为投资者科学地进行相关决策提供参考。

第一篇

公允价值及其估值

第二章　公允价值的产生与发展

第三章　公允价值估值

　　本篇简要介绍会计计量的产生与发展，系统回顾公允价值的国际发展历程，分析我国公允价值的发展和应用状况，并从公允价值赖以应用的市场及市场环境出发，探讨公允价值输入值层次及其适用的估值技术。

第二章
公允价值的产生与发展*

本章首先介绍会计计量的产生与发展历程,然后系统回顾公允价值在美国会计准则①和国际财务报告准则中的发展历程,分析我国《企业会计准则》(2006)体系中的公允价值使用规定和我国上市公司的公允价值应用现状,为后文的实证研究提供理论背景和现实基础。

第一节 会计计量的产生与发展

一、单一的原始成本计量时期

会计计量作为"过程的控制和观念的总结"②,是社会生产发展到一定阶段的产物。原始社会早期,在生产剩余物品出现以前,原始部落的生产与分配活动尚处于极其简单的状态,部落首领仅靠头脑记事就能够处理有关事项(郭道扬,2004)。旧石器时代中晚期,生产剩余物品出现,仅凭头脑记事已无法完成组织生产活动、分配剩余物品、安排物品储备等复杂事项,人们不得不寻求记事的载体以及计量、记录方法。人们开始以坚硬的石器为刻具,在石头、骨片、树干等之上划出一道道标

---

* 本章参阅了张瑞丽. 公允价值的预测价值研究:来自交易性金融工具的经验证据[D]. 厦门大学,2015.

① 美国会计准则是指美国公认会计原则(US GAAP),是美国证券交易委员会(SEC)认可的公认会计原则,包括会计程序委员会(CPA,1937—1959)、会计原则委员会(APB,1959—1973)和财务会计准则委员会(FASB,1973年至今)制定的现存有效的会计原则、程序和方法。

② 马克思在《资本论》(第二卷)中论及会计(当时会计仍处于簿记阶段)时,把会计概括为"对生产过程的控制和观念的总结"。

记进行记数。因此，由于生产剩余物品的出现，围绕剩余物品的合理分配和保障这些物品能够在一定时期内维持人们的需要等问题，萌生了人类最早的计量、记录观念与行为（郭道扬,2004）。

随着生产工具的改进、生产力的发展和剩余物品的增加，进入新石器时代之后，部落的生产安排、物品分配、储备物品管理都变得更加复杂，还要考虑物品交换，简单的刻符已经无法应付，促使人类创造了刻符计量、绘图计量、记录法（郭道扬,2004）。

然后，人类由石器时代步入金属时代，生产工具的改进使得生产力得到很大提高，私有制的产生使得富有的人们越来越关心自己掌握的财产。这时，标志着会计由原始计量、记录时代转向单式簿记时代的"书契"出现了。"书契"是在刻符记事/计量与抽象绘图记事/计量的基础上产生的，在文字创造方面以及数的创造、运算方面兼有两者之优点，由数字、实物计量单位和文字三个要素构成（郭道扬,2004）。

随着私有制的发展，人类社会从原始社会步入奴隶社会，由于经济的发展和文字的丰富，原始的计量、记录终于演化为文字和数字相结合的簿记。由于私人财产的累积，家庭或家族需要通过计量与考核保护财产的安全、完整，安排财产的使用和储备，并不断扩大财产的占有数量。这种计量和考核工作后来被称为簿记，由"管家"亲自或委托助手执行，"管家"定期向"东家"报告财产物资的收发缴存详情，"东家"检查报告并据以衡量"管家"是否诚实、有效地履行职责。"簿记"对应于英文中的"bookkeeping"一词，book 指账册或账簿，keep 意为保存、保留、保密、管理等。

从奴隶社会至公元 12 世纪，在漫长的单式簿记年代，发展出较为完善的官厅簿记、庄园簿记、手工业簿记、商业簿记、教会与寺庙簿记、典当簿记、钱庄簿记等行业性簿记。这一时期的簿记工作的特点是，平时只记载现金和往来收付，不记载财产的增减和损益，期末采用盘存法确定财产总值，本期增加的财产按照期末财产减去期初财产衡量。相对于后来出现的复式簿记，这种简单的簿记方法被称为单式簿记。

12 世纪，海上贸易的发展，使得意大利沿海城市如佛罗伦萨、热那亚、威尼斯的商业、手工业和金融业获得长足的发展，这些城市产生复式簿记的萌芽，先后出现著名的佛罗伦萨式簿记、热那亚式簿记及威尼斯式簿记。复式簿记的记录与报告不再只是"东家"私人财物的收发缴存，而是相对独立经营的"营业主体"的资产及其变动。复式簿记的特点是对每项会计事项均按相等金额在两个或两个以上相互联系的账户中同时进行登记,期末可以通过全面清查来检查账实是否相符,引入计算损益的"虚账户",根据收入、费用的比较计算损益,从而揭示净财富变动的原因,反映资金的来龙去脉(魏艳晓,2003)。1494年,意大利数学家卢卡·帕乔利在总结威尼斯商人的簿记方法的基础上出版了《算术、几何、比及比例概要》一书,其中第九篇第十一论"计算与记录要论"(即"簿记论")详细阐述了复式簿记的基础原理、基本方法与实务处理。该著作的出版使得复式簿记法得到广泛的传播和应用,卢卡·帕乔利也由此被称为"现代会计之父"。

18世纪以前,无论是单式簿记还是复式簿记,因为簿记仅供向"东家"报告使用,所以当时的簿记并没有统一的记账原则和方法,只要提供"东家"能明白的流水账即可。18世纪英国的产业革命发生后,农业经济转化为工业经济,"东家"的家庭作坊转变为股份有限公司,所有权与经营权发生分离。此时,簿记不再仅仅为向"东家"报告,而是为企业的需要而设立,不仅要辅助经营者的日常管理工作,还要向投资者报告决策所需事项。英国1844年《股份公司法》要求所有公司必须将公司的注册文件及财务报表完全公开,向股东提交经审计的资产负债表,1856年的公司法还规定资产负债表的标准格式。

二、多种计量属性并存时期

18—19世纪,英国、美国实行的是自由放任的经济政策,企业采用什么样的会计原则被看作企业自己的事,各企业都可以根据自己的需要和目的自行确立会计原则,会计计量方法也多种多样。当时的制造业公司普遍将固定资产像未售出的商品那样列账,在每一个会计期末重估固定资产价值并将增减额直接计入损益账户。而铁路、公用事业和其他公共服务性公司则采用重置会计计量的形式,将原始投资资本化,永不计提折旧,将资产重置费和维持费列为费用,将扩建和改良支出予以资本化(查特菲尔德,1989)。

自由放任的会计计量模式一方面促进了会计方法和程序的发展,另一方面不可避免地引发了会计方法滥用,致使会计造假盛行。1929年自美国爆发并随即席卷资本主义世界的经济危机,促使人们重新思考会计理论和会计原则。在反思经济危机的过程中人们认为,会计处理的随意性和多样性使得虚增资产、虚增利润、粉饰经营前景的会计报告泛滥是引发经济危机的一个重要原因,由此建立统一会计原则的呼声越来越高。1933年和1934年,美国国会分别通过了《证券法》和《证券交易法》,并成立了证券交易委员会(SEC),授权SEC制定统一会计规则。1937年,在保留监督权和最终否决权的前提下,SEC决定将制定统一会计规则的权利转授给会计职业团体。1937—1959年,负责制定会计准则的民间机构是会计程序委员会(Committee on Accounting Procedure, CAP);1959—1973年,CAP被会计原则委员会(Accounting Principles Board, APB)取代;1973年至今,由FASB负责制定美国财务会计和报告准则。

鉴于大萧条前自由放任会计模式的深刻教训,为了保证会计数据的客观性,具有可稽核的客观证据的历史成本成为会计实务界的普遍选择。美国会计学会(AAA)1936年、1941年和1948年的研究报告都赞成按历史成本进行资产计价,认为会计本质上并不是计价的过程,而是历史成本和收入在当期及以后期间进行分配的过程(查特菲尔德,1989)。Paton和Littleton(1940)也认为:盈利能力(而非成本价格、重置价格、销售或清算价格)是企业价值的重要基准。1947年第一季度,美国钢铁公司以物价指数和设备重置成本为依据,从收益中冲减了高出正常折旧费30%的费用(约2 630万美元),并称之为"设备磨损和消耗"。同年,杜邦公司在新工厂投入使用之前就转销了部分建设成本。然而,美国钢铁公司和杜邦公司的做法未得到审计师与美国注册会计师协会(AICPA)的认可,两家公司于1948年先后放弃了这种做法(查特菲尔德,1989)。

但是,通货膨胀与通货紧缩的交替出现使得传统的历史成本计量无法满足会计信息使用者的需求。① 20世纪20—70年代,学术界对会计计量属性展开了持续讨论,按物价水平调整、重置成本、现时价值等类似方法引起了人们的普遍关注。

Paton(1922)主张按资产的市场价值进行记录,认为流动资产的成本应与变现价值相联系,产品价值实际上是销售价格,而不论销售是否已经发生。MacNeal在1939年出版的《会计的真实性》(Truth in Accounting)一书中提出财务报表只有在反映现在的经济价值的情况下才是有用的,并主张按市场价格对资产进行计价。Canning在1929年出版的《会计中的经济学》(The Economics of Accountancy)中建议根据经济学理论进行计价,他提出任何资产的恰当计价都应依据其期望收入,并指出最好采用未来现金流量对所有资产进行直接计价。

Sweeney在1936年出版的《稳定会计》(Stabilized Accounting)中首次论述了如

---

① 1865—1896年,美国经历了持续约三十年的通货紧缩,物价降幅达65%;1917年4月,英国的批发物价指数比1914年7月上升了100%,法国的批发物价指数上升了150%;1920年5月美国的批发物价指数是1914年6月时的2.48倍;从1939年9月至1948年8月,9年间美国的批发物价指数上升了超过100%,平均每年增长8.2%(弗里德曼和施瓦茨,2009)。

何根据美元购买力的变动来调整财务报表数据。由于当时的通货膨胀并不严重，因此《稳定会计》的出版没有引起人们的广泛注意。1951 年，美国会计学会的报告《物价水平变动及财务报表》建议在提供按历史成本编制的财务报表的基础上，按一般物价水平进行调整并予以补充披露。1963 年，AICPA 研究部的论文《报告物价水平变动的财务影响》，建议补充披露按一般物价水平调整的会计数据，可以采取辅助财务报表或者传统财务报表额外栏目的形式。1969 年，APB 发布第 3 号公告——《按一般物价水平变动重述的财务报表》，建议公司在财务报表中披露按一般物价水平变动调整的影响结果，并提供具体的表格和程序。《报告物价水平变动的财务影响》和《按一般物价水平变动重述的财务报表》均遵循 Sweeney 在《稳定会计》中论述的基本方法(查特菲尔德，1989)。

Edwards 和 Bell 在 1961 年出版的《企业收益的理论与计量》(*The Theory and Measurement of Business Income*)一书中系统论述了现时成本会计，他们认为估计的现时成本是实际现时成本的近似值，优于原始成本，并建议将现时成本作为收益计量的基础。Sprouse 和 Moonitz 在 1962 年出版的《企业普遍适用的会计原则初探》(*A Tentative Set of Broad Accounting Principles for Business Enterprises*)一书中提出资产反映未来的经济利益，如果资产价值等于其预期的未来收益，那么资产负债表价格就应通过对资产服务潜力的折现加以确定，并建议以资产的现时重置成本(存货可以按可变现净值计价，固定资产可以按物价水平指数或重置成本计价)作为计量基础。

1970 年 10 月，APB 发布了第 4 号公告——《企业财务报表的基本概念和会计原则》，归纳了当时流行的四种计量属性——过去购买的交易价格、当期购买的交易价格、当前出售的交易价格和未来的交易价格。1984 年 12 月，FASB 发布了 SFAC 5《企业财务报表项目的确认和计量》，列举了实务中采用的五种主要的计量属性，即原始成本、现行成本、现行市价、可实现净值、现值，并指出现行会计实务是以历史成本计量为主的多重属性并用的混合计量模式。1989 年 7 月，国际会计准则委员会(International Accounting Standards Committee，IASC)发布《编报财务报表的框架》，指出财务报表中使用的计量属性包括历史成本、现行成本、可变现价值(结算价值)和未来现金流量现值。我国 1992 年版《企业会计准则——基本准则》规定，各项财产物资应当按取得时的实际成本计价。物价变动时，除国家另有规定者外，不得调整其账面价值。2006 年版《企业会计准则——基本准则》明确提出五个会计计量属性，即历史成本、重置成本、可变现价值、现值、公允价值。

从会计计量产生与发展的历程可以看出，会计计量的产生与发展是适应社会经济环境变化的结果。在原始社会，人们进行计量、记录主要是为了安排好生产、分配、储备和交换，侧重于如实计量、记录财产的数量；在簿记时代，人们进行计量、记录主要是为了保护财产的安全、完整、不断增长，报告受托责任的履行情况，计量、记录的原则是不偏不倚、如实反映。进入18世纪后，虽然实务中的会计计量仍然受稳健主义、历史成本及其辅助原则和方法的支配，但在社会经济环境的发展变化和会计信息使用者的多样化的激发下，出现了重置成本、现时成本、可变现净值、按物价水平调整等多种计量方法，会计计量理论的重点逐渐从历史成本转向现时价值。

第二节 公允价值在国际上的发展

一、早期的公允价值（1980年以前）

公允价值的英文表述为 fair value，但 fair value 一词被用作会计计量属性的表述之前在法律上已被广泛应用。从18世纪中叶开始，英国法庭和法律文件使用 free market value、fair market value 和 fair value 表示在没有胁迫或信息不对称的情况下，在大致平等的基础上进行谈判，当事双方均接受的市场价值、公平价值（Gabriel，2022）。

1865—1896年，内战之后的美国经历了长达三十多年的通货紧缩，物价降幅达65%（罗振宇和邹昌林，1999）。由于物价持续下跌，到19世纪末，铁路公司资产的历史成本大大高于重置成本。当时美国州际商务委员会（Interstate Commerce Commission）规定铁路等公用事业的收费按这些公司提供服务的成本乘以一定的费率确定。铁路公司自然要求以历史成本作为收费基础，州际商务委员会则要求以重置成本作为收费基础。

这一争论一直持续到1898年，美国最高法院对 Smith vs. Ames 案作出裁决，规定公用事业应以资产的公平价值（fair value，现一般称公允价值）作为收费基础，公平价值的确定需综合考虑资产的原始成本、改良支出、重置成本、可能盈利能力等因素（Boer，1966）。但是，争论并未到此结束。1897—1914年，美国物价水平上涨了40%~50%，按批发物价指数计算，上涨幅度接近50%。在物价不断上涨的情境下，双方互换了主张，铁路公司转而要求以重置成本作为收费基础，州际商务委员会则转为要求以历史成本作为收费基础。

美国1916年颁布的反倾销法律也采用公平价值的概念,"低于公平价值"(less than fair value)是判断外国出口产品构成在美国倾销的主要法定条件之一,如果外国产品在美国市场的销售价格低于公平价值——出口国的国内销售价格或出口第三国的价格,就判定该出口产品倾销成立(刘浩和孙铮,2008)。

"fair value"一词正式作为会计术语始于20世纪中叶,开始是用于无形资产和商誉的价值确定(Wesley和Andrews,1981)。1970年10月,APB在第17号意见书中规范无形资产成本时使用了公允价值概念。70年代,美国经济陷入通货膨胀泥淖,促使公允价值得以发展。1973年5月,APB发布第29号意见书《非货币交易的会计处理》,要求非货币性交易按交换资产的公允价值计量。1975年12月,FASB发布SFAS 12《特定可交易证券的会计处理》,要求企业对可交易的普通证券使用公允价值进行计量。后来,FASB先后发布SFAS 13(1976年11月)、SFAS 15(1977年6月),分别要求对租赁涉及的资产和债务重组涉及的资产使用公允价值进行计量。1979年9月,FASB发布SFAS 33《财务报告与物价变动》,要求企业补充披露现行成本信息。后来通货膨胀率下降,1986年12月FASB发布SFAS 89《财务报告与物价变动》并取代SFAS 33,改为鼓励企业披露物价变动信息。

二、储蓄与贷款危机后的公允价值(1980—2007)

1. 公允价值在美国会计准则中的发展

20世纪80年代,由于当时的美国经济停滞不前,为了改变这一局面,政府逐步放开金融管制,以银行为代表的金融机构随之施行高息揽储政策,问题贷款逐渐增多。由于这些贷款按历史成本计量,问题并未被人察觉。等到问题最终暴露时,2 000多家金融机构陷入财务困境,并最终引起400多家金融机构破产,这就是美国的储蓄与贷款危机。这次危机凸显的问题是历史成本计量不能恰当地反映金融工具尤其是衍生金融工具的风险,历史成本下的财务报告不仅未能给金融监管部门和投资者发出预警信号,甚至会误导投资者对这些金融机构的判断,金融界人士更宣称倘若采用公允价值对金融资产和负债进行计量,问题贷款便会被及时发现。1990年9月,美国证券交易委员会主席Breeden直言历史成本下的财务报告对于预防和化解金融风险于事无补,并提出应当以公允价值作为金融工具的计量属性。FASB在1998年6月颁布的SFAS 133中明确提出,公允价值是金融工具最相关的计量属性,而且是衍生金融工具唯一相关的计量属性。

在这一背景下，FASB发布了一系列涉及公允价值的会计准则，大大推动了公允价值应用的发展。据何劲军（2009）统计，仅在20世纪90年代的10年时间里，在FASB发布的33项财务会计准则中，涉及公允价值的就有22项，占比为67%。其中，1991年12月发布的SFAS 107《金融工具公允价值的披露》要求披露所有金融工具的公允价值信息。1993年5月发布的SFAS 115《特定债务和权益工具投资的会计处理》要求对交易性证券投资和可供出售证券投资以公允价值计量，交易性证券投资的公允价值变动计入损益，可供出售证券投资的公允价值变动计入其他综合收益，而准备持有至到期的债券投资则按照摊余成本计量。1994年10月发布的SFAS 119《衍生金融工具和金融工具公允价值的披露》要求披露衍生金融工具的公允价值信息。1998年6月发布的SFAS 133《衍生金融工具和套期活动会计》要求所有衍生金融工具均以公允价值计量，其中用来对冲公允价值风险的衍生金融工具的公允价值变动计入损益，用来对冲现金流量风险的衍生金融工具的公允价值变动计入其他综合收益。2000年2月FASB发布SFAC 7《在会计计量中应用现金流量信息与现值》，正式引入公允价值计量属性的概念，并推荐在缺乏市场价格的条件下公允价值计量用未来现金流量的现值来估计。

进入21世纪，FASB进一步加大公允价值计量的应用力度，同时也不断地进行完善和改进。FASB相继发布的SFAS 138—SFAS 156共19项会计准则几乎都涉及公允价值，在新发布的准则中融入公允价值，或者对先前有关公允价值的准则进行修正。由于公允价值相关规定分散于众多不同的准则中，其在实际使用过程中难免产生晦涩、混乱等问题。随着公允价值使用范围的不断扩大和使用力度的不断加大，为了增强公允价值的一贯性、完整性和可理解性，FASB于2006年9月发布了SFAS 157《公允价值计量》，对以前发布的散落于各会计准则的公允价值相关规定进行了整合和改进，提供了一份统一的公允价值使用框架与指南，规范了公允价值的定义，明确了公允价值的估值技术（市场法、收益法和成本法）、估值参数（可观察参数和不可观察参数）和估值层级（一级、二级和三级），并强调了公允价值的披露要求。2007年2月，FASB发布SFAS 159《金融资产和金融负债的公允价值计量选择》，赋予企业对某些金融资产和金融负债（包括利率互换、股票、债券等）自行决定是否使用公允价值计量的选择权。

2. 公允价值在国际会计准则中的发展

国际会计准则理事会（IASB）及其前身国际会计准则委员会（IASC）也是推动公允价值应用的重要力量。IASC从20世纪80年代开始使用公允价值，当时发布的一系列非金融工具准则涉及公允价值的应用,例如 IAS 16《不动产、厂房和设备会计》(1982 年 3 月)、IAS 17《租赁会计》(1982 年 9 月)、IAS 19《雇员福利》(1983 年 1 月)、IAS 20《政府补助会计和对政府援助的披露》(1983 年 4 月)、IAS 21《外汇汇率变动的影响》(1983 年 4 月)、IAS 22《企业合并》(1983 年 11 月)、IAS 26《退休福利计划的会计和报告》(1987 年 1 月)等。

1990 年 8 月,IASC 发布 IAS 30《银行和类似金融机构财务报表中的披露》,要求银行等金融机构披露金融资产和金融负债的公允价值。1991 年 9 月,IASC 发布第一份针对金融工具会计处理的征求意见稿 ED40《金融工具》,规定交易性的金融资产和金融负债以公允价值计量,但投资性和筹资性项目按历史成本计量。1994 年 11 月,IASC 决定将金融工具项目粗略地拆分为披露和列报、确认和计量两阶段。1995 年 6 月,IASC 发布 IAS 32《金融工具:披露和列报》,将披露金融工具公允价值的范围从银行等金融机构扩展到各类企业。

1998 年 12 月,IASC 发布 IAS 39《金融工具:确认和计量》,明确金融工具以公允价值进行确认和计量的具体做法。2000 年 4 月,IASC 发布 IAS 40《投资性房地产》,允许企业选用公允价值模式或成本模式计量投资性房地产,但选用成本模式的企业必须同时披露投资性房地产的公允价值。2000 年 12 月,IASC 发布 IAS 41《农业》,将公允价值的计量范围进一步扩大到农业方面,且生物资产被要求使用公允价值计量模式。

2000 年,IASC 进行全面重组并于 2001 年年初被 IASB 取代。2003 年 12 月,IASB 发布修订版 IAS 16《不动产、厂房和设备会计》,明确规定不动产、厂房和设备的后续计量可选择使用成本模式或重估值模式。2005 年 8 月,IASB 发布正式版 IFRS 7《金融工具:披露》,对已确认金融工具的表内列报问题作出规范,要求披露已确认的金融工具的详细信息,不论其是否采用公允价值计量。此后,IASB 发布了一系列针对 IAS 32 和 IFRS 7 的修订。

三、国际金融危机和后金融危机时期的公允价值(2007 年至今)

(一)公允价值在美国会计准则中的发展

就在 SFAS 157 发布之后不久,美国次贷危机爆发了。随着金融危机的蔓延及其影响的不断扩大,一些银行家、金融业人士和国会议员将矛头指向公允价值会计。他们认为随着房贷违约率的不断上升,由房屋贷款衍生出来的资产抵押类证券价格持续下跌,公允价值会计的应用使得金融机构不得不对这些证券计提减值损失,而这些证券资产账面价值的大幅缩水又间接拉低了资本充足率。由此,为了满足资本监管的要求,金融机构被迫出售手上的次贷资产,进而引发新一轮由更低市价导致的资产减值,于是市场陷入"金融产品价格下跌→对金融产品资产计提跌价准备→恐慌性抛售→金融产品价格进一步下跌"的恶性循环之中。因此,公允价值会计的这种顺周期效应被认为对次贷危机起到推波助澜的作用,公允价值被指责为此次金融危机的"帮凶",认为应将公允价值计量改回历史成本计量以稳定市场。英国金融服务局(FSA)、国际货币基金组织(IMF)和国际金融协会(IIF)都认为,公允价值会计加剧了信贷紧缩,要求重新审视公允价值会计。

国际金融危机爆发后,面对各方对公允价值会计的指责,2008年2月FASB紧急发布SFAS 157-1和SFAS 157-2对SFAS 157进行了修订,调整了公允价值的使用范围,并延缓了对非金融资产和非金融负债项目使用公允价值计量的生效日期。随着金融危机影响范围的扩大,对公允价值的质疑之声也不断增加。2008年10月3日,美国国会通过《紧急稳定经济法案》,要求美国证券交易委员会在法案生效90天内,在美联储和财政部的协助下向国会提交一份中止或修正SFAS 157的研究报告。在强大的压力下,2008年10月10日,FASB发布SFAS 157-3《非活跃市场条件下金融资产公允价值的确定》。也许是起草过于仓促,该公告有很多不足,比如未明确给出非活跃市场的定义和公允价值的确定方法。

2008年12月30日,美国证券交易委员会完成了国会所要求的报告。这份报告认为,此次金融危机的根源在于糟糕的贷款决策、不恰当的风险管理和监管的缺陷,而不是会计(包括公允价值会计)本身,更不是SFAS 157(奥喜平,2014)。同时,报告也指出需要改进现行的公允价值会计。2009年4月9日,FASB发布SFAS 157-4《当资产或负债的活动数量和水平已显著减低时公允价值的确定及非有序交易的识别》,明确了非活跃市场和非有序交易的判断方法,给出了非活跃市场或非有序交易条件下公允价值的确定方法。2011年5月,FASB与IASB联合发布了关于公允价值计量和披露的最新规定《会计准则汇编820:公允价值计量》(ASC820)。

(二)公允价值在国际会计准则中的发展

金融危机之后,IASB加快了对公允价值相关准则的研究与制定。2008年10月,IASB就金融工具的"重分类问题"对IAS 39《金融工具:确认和计量》和IFRS 7《金融工具:披露》进行修订,放宽了公允价值计量且其变动计入当期损益的金融资产和可供出售金融资产之间的重分类规定。2009年11月,IASB正式发布IFRS 9《金融工具》,将金融工具分为两类,即以公允价值计量的金融工具和以摊余成本计量的金融工具。2011年5月,IASB与FASB联合发布了关于公允价值计量和披露的最新规定IFRS 13《公允价值计量》,针对公允价值的定义、范围、计量方法和披露等方面作出了规定,特别是不活跃市场下的公允价值计量。2014年7月,IASB发布完整版的IFRS 9《金融工具》,将金融工具分为三类,即以摊余成本计量、以公允价值计量且其变动计入损益和以公允价值计量且其变动计入其他综合收益;将金融资产减值的处理从预期损失模型改为已发生损失模型。2018年,IASB发布了新版《财务报告概念框架》,将受托责任降格为决策有用性的一个子目标,用如实反映(允许使用合理的估计)代替可靠性作为财务信息的基本质量特征,为公允价值的发展预留了更大空间。

第三节 我国公允价值的发展和应用现状

一、我国公允价值的发展历程

我国企业会计准则从1998年开始涉及公允价值。从1998年起算到现在,公允价值在我国的应用经历了初次使用(1998—2000)、暂停使用(2001—2006)和推广使用(2007年至今)三个阶段。

第一,初次使用阶段(1998—2000)。公允价值在我国的使用始于财政部1998年6月发布的债务重组准则(CAS 12)和长期股权投资准则(CAS 2)。债务重组准则规定当债务人用非现金资产清偿债务或将债务转为资本时,债权人应按非现金资产或所享有股权的公允价值入账;债务人应按非现金资产的公允价值与账面价值的差额作为资产转让损益,按重组债务的账面价值与股权公允价值的差额作为债务重组收益。长期股权投资准则规定企业以放弃非现金资产而取得的长期股权投资,投资成本按所放弃的非现金资产的公允价值确定;如果所取得的股权投资的公允价值更为明晰,也可按取得股权投资的公允价值确定。财政部1999年6月发布的非货币性资产交换准则(CAS 7)也涉及公允价值的使用:同类资产交换时换入资产的入账价值按换出资产的账面价值与公允价值中的较低者,非同类资产交换时则直接以换入资产公允价值作为入账价值。上述三项准则中关于公允价值的使用规定是我国企业会计准则对公允价值的初次尝试,突破了原来单纯倚重历史成本的计量理念。

第二,暂停使用阶段(2001—2006)。公允价值在我国启用后,由于缺乏活跃的市场价格,公允价值难以取得,使得运用公允价值估值技术的主观判断空间较大,公允价值成了不少企业操纵利润的手段。2001年财政部修订会计准则,限制了债务重组、长期股权投资和非货币性资产交换准则中有关公允价值的使用,对入账金额的要求也改为了账面价值。这三项准则的修订与我国当时公平市场不完善的背景相适应,短期内确实遏制了企业利用债务重组、资产置换等人为操纵利润、包装上市的违法违规行为,受到证券市场和不少企业的好评。虽然公允价值在准则中首次尝试使用被叫停了,但学者们对公允价值理论及其应用的研究没有停止。例如,2002年,葛家澍提出将公允价值、历史成本、现行成本等各种计量属性并用作为财务会计的基本假设。2003年,我国当时的会计准则委员会秘书长冯淑萍提出,在有把握的情况下应该逐步使用公允价值计量方法。这些研究为我国后来公允价值的重新使用打下了良好的基础。

第三,推广使用阶段(2007年至今)。随着全球经济一体化进程的不断加快,中国与世界各国之间的经济联系越来越紧密,跨国投资和筹资也日益广泛。面对这样的环境,关于我国会计准则与国际财务报告准则的趋同要求越来越强烈。同时,随着市场经济的发展、监管手段的改进、公允价值估值技术的成熟以及计算机的普及,价格信息更易于获取,我国具备了再次引入公允价值的条件。2006年2月,财政部发布《企业会计准则》(2006)系列并于2007年1月1日起首先在上市公司、金融企业和国有大中型企业实施,其中最显著的变化就是公允价值的广泛应用,《企业会计准则——基本准则》还明确将公允价值作为五大会计计量属性(历史成本、重置成本、可变现净值、现值、公允价值)之一。2014年1月26日,财政部发布《企业会计准则第39号——公允价值计量》(CAS 39)并于2014年7月1日起实施,统一了散见于各具体会计准则中的公允价值规定,确定了计量公允价值的单一框架,明确了公允价值的定义,规定了统一的公允价值计量要求,改进了公允价值的相关披露要求,为公允价值计量提供了详尽的指引。2017年3月31日,财政部修订发布了《企业会计准则第22号——金融工具确认和计量》(CAS 22)、《企业会计准则第23号——金融资产转移》(CAS 23)和《企业会计准则第24号——套期会计》(CAS 24)三项金融工具会计准则,随后5月2日,财政部修订发布了《企业会计准则第37号——金融工具列报》(CAS 37),以反映上述新金融工具准则的更新,与IFRS 9趋同。

为了避免再次发生大量的利润操纵现象,《企业会计准则》(2006)中对公允价值的应用持非常谨慎的态度。比如《企业会计准则——基本准则》规定:"企业在对会计要素进行计量时,一般应当采用历史成本,采用重置成本、可变现净值、现值、公允价值计量的,应当保证所确定的会计要素金额能够取得并可靠计量。"再如《企业会计准则第3号——投资性房地产》(CAS 3)规定:"企业应当在资产负债表日采用成本模式对投资性房地产进行后续计量。有确凿证据表明投资性房地产的公允价值能够持续可靠取得的,可以对投资性房地产采用公允价值模式进行后续计量。采用公允价值模式计量的,应当同时满足下列条件:(1)投资性房地产所在地有活跃的房地产交易市场;(2)企业能够从房地产交易市场上取得同类或类似房地产的市场价格及其他相关信息,从而对投资性房地产的公允价值作出合理的估计。已采用公允价值模式计量的投资性房地产,不得从公允价值模式转为成本模式。"

二、我国公允价值的应用现状

《企业会计准则》(2006)中有关公允价值使用的规定如表2-1所示。

表2-1 《企业会计准则》中公允价值的使用

准则	准则中涉及公允价值的内容
基本准则	会计计量属性
CAS 2 长期股权投资	长期股权投资初始投资成本的确定;权益法下初始投资成本的调整;长期股权投资的转换
CAS 3 投资性房地产	投资性房地产后续计量可以有条件地选择公允价值模式
CAS 4 固定资产	以一笔款项购入多项没有单独标价的固定资产
CAS 5 生物资产	符合条件的情况下,生物资产的后续计量应采用公允价值
CAS 6 无形资产	投资者投入无形资产成本的确定
CAS 7 非货币性资产交换	公允价值计量时换入资产成本的确定
CAS 8 资产减值	可收回金额的确定;商誉减值的处理
CAS 9 职工薪酬	非货币性福利的初始计量;设定受益计划的计量
CAS 10 企业年金基金	企业年金基金投资金融产品的初始计量和后续计量
CAS 11 股份支付	股份支付的初始计量和后续计量
CAS 12 债务重组	债权人放弃债权的计量;债务人权益工具的计量
CAS 14 收入	非现金对价的计量;应付客户对价的计量;具有融资性质的收入计量
CAS 16 政府补助	政府补助为非货币性资产时的初始计量;财政贴息的借款费用的计量
CAS 20 企业合并	非同一控制下企业合并的初始计量
CAS 21 租赁	租赁内含利率的确定;融资租赁的判断;融资租赁出租人的收入的确定;售后租回交易的核算

(续表)

准则	准则中涉及公允价值的内容
CAS 22 金融工具确认和计量	以公允价值计量金融工具的初始计量和后续计量
CAS 23 金融资产转移	金融资产转移的计量
CAS 24 套期会计	套期、套期工具、被套期项目的确定；套期关系的评估；公允价值套期的计量；信用风险敞口的计量
CAS 25 保险合同	具有直接参与分红特征的保险合同组的计量
CAS 27 石油天然气开采	未探明矿区权益减值的确定；转让部分探明矿区权益的计量
CAS 37 金融工具列报	以自身权益工具结算的合同权利或合同义务的金额的确定；非衍生工具的初始计量；特殊金融工具的区分
CAS 39 公允价值计量	公允价值的定义、公允价值计量的方法和层次
CAS 41 在其他主体中权益的披露	企业（母公司）由非投资性主体转变为投资性主体时的披露；企业丧失对子公司控制权时的披露；投资性主体对未纳入合并范围子公司的披露；对存在公开报价的合营企业或联营企业投资的披露
CAS 42 持有待售的非流动资产、处置组和终止经营	持有待售的非流动资产或处置组的初始计量、重新计量与后续计量

由表 2-1 可见，我国新会计准则体系中，除了基本准则，有 24 项具体会计准则涉及公允价值，可以大体分为四类：(1)以公允价值计量的金融工具、企业年金基金投资金融产品、股份支付、套期工具、持有待售的非流动资产或处置资产均应以公允价值进行初始计量和后续计量；(2)投资性房地产和生物资产在一定条件下可以采用公允价值模式进行后续计量；(3)公允价值计量的非货币性资产交换、非同一控制下的企业合并、非现金对价、应付客户对价、融资性质收入、非货币性职工福利、非货币性政府补助应以公允价值进行初始计量；(4)长期股权投资、固定资产、无形资产、资产减值、职工薪酬、租赁、金融资产转移、金融工具列报、保险合同、石油天然气开采等准则的个别地方也涉及公允价值。

上述分类中，前两类（应当或可以以公允价值进行后续计量）属于持续的公允价值计量。其中，以公允价值计量且其变动计入当期损益的金融资产和金融负债、以公允价值计量且其变动计入其他综合收益的金融资产、投资性房地产和生物资产，在资产负债表中有专门的项目反映，便于采集和统计。因此，本章以我国 A 股上市公司 2007—2023 年的年度财务报告为样本①（剔除净资产年末余额不为正的样本），对这两类数据进行了统计。

---

① 资料来源：CSMAR 数据库。

(一) 以公允价值计量且其变动计入当期损益的金融工具持有情况

以公允价值计量且其变动计入当期损益的金融工具在资产负债表上的列报项目包括交易性金融资产、交易性金融负债、衍生金融资产和衍生金融负债。

1. 交易性金融资产和交易性金融负债

我国A股上市公司2007—2023年交易性金融工具持有情况如表2-2所示。2007—2018年,各年度有约两成的上市公司持有交易性金融资产(资产负债表中交易性金融资产年末余额不为零,下同),持有交易性金融资产的金额占资产总额(年末余额,下同)比重比较小(各年份中位数大都小于0.3%)。从2019年开始,无论是交易性金融资产的持有公司数还是持有金额都显著提高,有五六成上市公司持有交易性金融资产,持有金额占资产总额比重的中位数达到3%以上、75%分位数则达到10%以上。

表2-2 交易性金融工具持有情况　　　　　　　单位:%

年份	交易性金融资产			交易性金融负债		
	样本量占比	金额占资产比重		样本量占比	金额占负债比重	
		中位数	75%分位数		中位数	75%分位数
2007	22.89	0.25	1.13	2.48	0.19	0.89
2008	25.00	0.09	0.57	5.28	0.16	0.70
2009	25.46	0.09	0.55	5.30	0.07	0.33
2010	21.43	0.13	0.74	4.71	0.07	0.25
2011	20.46	0.12	0.56	5.43	0.08	0.33
2012	18.89	0.12	0.71	4.66	0.09	0.35
2013	20.33	0.15	0.78	4.70	0.07	0.87
2014	17.47	0.11	0.85	8.03	0.12	0.75
2015	16.71	0.20	1.41	8.25	0.20	1.32
2016	17.77	0.24	1.45	6.54	0.17	2.42
2017	19.09	0.24	1.99	7.79	0.27	1.42
2018	22.07	0.31	2.89	10.23	0.17	0.89
2019	52.66	3.20	10.86	8.55	0.14	0.80
2020	55.86	3.79	12.76	7.73	0.14	0.79
2021	60.09	4.08	12.67	7.58	0.07	0.54
2022	60.25	3.68	12.72	10.98	0.16	0.65
2023	59.57	3.64	11.90	10.03	0.10	0.53

注:样本量占比是指持有交易性金融资产或交易性金融负债的样本数占全部样本数的比重;交易性金融资产的金额占资产比重是指资产负债表中交易性金融资产的年末余额占资产总额年末余额的比重;交易性金融负债的金额占负债比重是指资产负债表中交易性金融负债的年末余额占负债总额年末余额的比重。

2019年以来上市公司持有的交易性金融资产显著增加的原因是,2017年修订发布的企业会计准则第22号、23号、24号、37号等新金融工具准则于2019年1月1日起全面实施。旧会计准则下,金融资产依据持有目的、持有能力等分为四类(四分类):贷款和应收款项、以公允价值计量且其变动计入当期损益的金融资产、持有至到期投资、可供出售金融资产。新金融工具准则基于"业务模式"和"合同现金流量特征"分为三类(三分类):以摊余成本计量的金融资产、以公允价值计量且其变动计入当期损益的金融资产、以公允价值计量且其变动计入其他综合收益的金融资产。新金融工具准则在计量上的最大变化是将兜底科目由可供出售金融资产转变为以公允价值计量且其变动计入当期损益的金融资产。因此,在新金融工具准则分类下,以公允价值计量且其变动计入其他综合收益的权益性金融资产普遍减少,以公允价值计量且其变动计入当期损益的金融资产则普遍增加。

在交易性金融负债方面,2007—2023年各年度持有交易性金融负债的上市公司数量都不多(占比低于11%)。持有交易性金融负债的金额占负债总额比重也较小,比重中位数最高为0.27%、75%分位数最高为2.42%,2019年以来并没有因新金融工具准则的实施而增加。

2. 衍生金融资产和衍生金融负债

我国A股上市公司2007—2023年衍生金融工具持有情况如表2-3所示。2007—2013年各年度只有约1%的上市公司持有衍生金融资产,2014—2023年逐渐升至6.23%。持有衍生金融资产的金额占资产总额比重在所有年份都比较小,中位数都在0.15%以内、75%分位数最高为0.39%。各年份持有衍生金融负债的上市公司数量与衍生金融资产差不多,2013年以前在1%左右,之后逐渐升至5.61%。持有衍生金融负债的金额占负债总额比重也与衍生金融资产类似,中位数都在0.16%以内、75%分位数最高为0.63%。

表2-3 衍生金融工具持有情况 单位:%

年份	衍生金融资产			衍生金融负债		
	样本量占比	金额占资产比重		样本量占比	金额占负债比重	
		中位数	75%分位数		中位数	75%分位数
2007	0.94	0.10	0.20	1.07	0.15	0.35
2008	1.03	0.15	0.25	1.03	0.16	0.33
2009	0.88	0.05	0.11	0.94	0.05	0.11
2010	0.87	0.10	0.20	0.92	0.11	0.21
2011	0.83	0.07	0.13	0.87	0.09	0.17

单位:%(续表)

年份	衍生金融资产			衍生金融负债		
	样本量占比	金额占资产比重		样本量占比	金额占负债比重	
		中位数	75%分位数		中位数	75%分位数
2012	0.90	0.05	0.10	0.90	0.08	0.12
2013	1.12	0.10	0.18	1.04	0.13	0.24
2014	2.21	0.06	0.14	2.55	0.11	0.26
2015	2.81	0.04	0.26	2.67	0.10	0.48
2016	3.19	0.10	0.27	2.97	0.11	0.37
2017	3.10	0.08	0.39	3.41	0.12	0.50
2018	4.32	0.05	0.22	4.19	0.09	0.32
2019	5.58	0.04	0.15	5.08	0.07	0.31
2020	5.82	0.10	0.36	5.21	0.14	0.63
2021	6.14	0.06	0.25	5.15	0.07	0.33
2022	6.13	0.07	0.25	5.59	0.11	0.41
2023	6.23	0.06	0.19	5.61	0.08	0.37

注:样本量占比是指持有衍生金融资产或衍生金融负债的样本数占全部样本数的比重;衍生金融资产的金额占资产比重是指资产负债表中交易性金融资产的年末余额占资产总额年末余额的比重;衍生金融负债的金额占负债比重是指资产负债表中交易性金融负债的年末余额占负债总额年末余额的比重。

(二)以公允价值计量且其变动计入其他综合收益的金融资产持有情况

以公允价值计量且其变动计入其他综合收益的金融资产在旧金融工具准则中划分为可供出售金融资产,在新金融工具准则中被划分为其他权益工具投资和其他债权投资。由于新金融工具准则的实施是分步进行的,境内外同时上市的企业以及在境外上市并采用国际财务报告准则或企业会计准则编制财务报告的企业自2018年1月1日起施行,其他境内上市企业自2019年1月1日起施行,保险公司可以自2021年1月1日起施行。因此,2018年仅有少量上市公司采用新金融工具准则,2019年以后绝大部分上市公司采用新金融工具准则。

我国 A 股上市公司 2007—2023 年以公允价值计量且其变动计入其他综合收益的金融资产持有情况如表2-4所示。2013年以前持有以公允价值计量且其变动计入其他综合收益的金融资产(可供出售金融资产)的上市公司占两成多一些,2014—2018年占六成多。持有可供出售金融资产的样本量自2014年起大幅增加,原因是新修订的长期股权投资准则于2014年开始实施,投资方对被投资单位不具有控制、共同控制和重大影响的长期股权投资大多变更为可供出售金融资产。2019年全面实施新金融工具准则后,持有以公允价值计量且其变动计入其他综合收益的金融资产的上市公司样本量确认其他权益工具投资的占近五成,确认其他债权投资的上市公司样本量则占3%左右。在持有金额占资产总额比重方面,可供出售金融资产的占比中位数在2007—2018年各年份均徘徊在1%左右,2019年全面实施新金融工具准则后,其他权益工具投资占比的中位数徘徊在0.6%左右,其他债权投资占比的中位数则徘徊在4%左右。

表2-4 以公允价值计量且其变动计入其他综合收益的金融资产持有情况 单位:%

年份	可供出售金融资产			其他权益工具投资			其他债权投资		
	样本量占比	金额占资产比重		样本量占比	金额占资产比重		样本量占比	金额占资产比重	
		中位数	75%分位数		中位数	75%分位数		中位数	75%分位数
2007	27.64	1.83	9.24						
2008	26.55	0.79	3.40						
2009	23.57	1.38	5.58						
2010	20.89	1.42	5.78						
2011	20.03	1.04	4.55						
2012	19.50	0.92	4.46						
2013	20.29	0.86	4.31						
2014	63.58	0.81	2.54						
2015	67.38	0.95	3.17						
2016	67.93	1.05	3.87						
2017	67.28	1.09	3.81						
2018	64.31	1.04	3.58	2.69	0.55	2.24	0.64	4.47	7.65
2019	0.13	33.49	44.06	49.37	0.67	2.47	2.59	3.52	8.61
2020	0.11	33.66	42.48	47.36	0.65	2.35	2.64	3.66	8.93
2021	0.10	35.77	36.48	46.27	0.59	2.12	2.77	3.85	9.46
2022	0.10	33.09	36.96	46.19	0.56	1.94	2.98	5.33	10.52
2023	0.04	40.03	41.62	46.72	0.57	1.86	3.50	5.42	11.55

注:样本量占比是指相应类型的持有以公允价值计量且其变动计入其他综合收益的金融资产的样本数占全部样本数的比重;金额占资产比重是指资产负债表中相应类型的以公允价值计量且其变动计入其他综合收益的金融资产的年末余额占资产总额年末余额的比重。

(三)投资性房地产持有情况

如表2-5所示,2007—2023年我国持有投资性房地产的A股上市公司中,采用成本模式计量投资性房地产的上市公司占比一直在九成以上;采用公允价值模式计量投资性房地产的上市公司占比最高为6.64%。我国上市公司"一边倒"地采用成本模式计量投资性房地产的原因主要是准则对应用公允价值模式的限定条件严格:所有投资性房地产都应采用一种计量模式,公允价值模式要求公允价值能持续可靠取得,一经选用公允价值模式不得转回成本模式等。在上市公司持有投资性房地产的金额占资产总额比重方面,成本模式下的比重中位数为0.51%~1.37%;公允价值模式下的比重中位数则为2.44%~8.33%。

表2-5 投资性房地产持有情况　　　　　　　　　　单位:%

年份	持有投资性房地产的样本数	成本模式			公允价值模式		
		样本量占比	金额比重中位数	金额比重75%分位数	样本量占比	金额比重中位数	金额比重75%分位数
2007	600	97.50	1.37	4.60	2.50	2.44	19.03
2008	655	96.64	1.36	4.59	3.36	3.76	16.90
2009	710	96.34	1.19	4.12	3.66	8.17	14.44
2010	812	96.55	0.99	3.36	3.45	6.79	13.71
2011	884	96.38	0.84	2.72	3.62	8.33	16.36
2012	962	95.32	0.79	2.65	4.68	6.61	13.53
2013	1 039	95.00	0.72	2.44	5.00	6.80	15.72
2014	1 144	94.93	0.71	2.45	5.07	6.53	14.65
2015	1 254	94.58	0.72	2.15	5.42	5.66	12.43
2016	1 436	94.43	0.64	2.03	5.57	6.46	13.15
2017	1 655	94.44	0.61	1.94	5.56	5.87	17.19
2018	1 799	94.11	0.61	2.10	5.89	5.51	17.78
2019	1 938	93.70	0.68	2.09	6.30	5.74	16.70
2020	2 122	93.36	0.64	2.06	6.64	4.73	15.46
2021	2 348	93.78	0.58	2.03	6.22	4.96	14.43
2022	2 510	93.63	0.56	1.92	6.37	5.27	14.67
2023	2 610	94.06	0.51	1.75	5.94	5.21	14.12

注:投资性房地产计量模式的选择数据通过分析CSMAR数据库的财务报表附注并结合手工查阅上市公司年报获得。

(四)生物资产持有情况

生物资产分为消耗性生物资产、生产性生物资产和公益性生物资产。消耗性生物资产在资产负债表中列示在存货项目里,生产性生物资产和公益性生物资产应在资产负债表中单独列示,但CSMAR数据库只单独列示生产性生物资产的持有状况。截至2023年我国共有234家A股上市公司持有生产性生物资产。经查阅CSMAR数据库的财务报表附注并结合手工查阅上市公司年报,只有晨鸣纸业(000488)、德美化工(002054)、庄园牧场(002910)、佳沃食品(300268)、康龙化成(300759)、昭衍新药(603127)、药明康德(603259)、洛阳钼业(603993)8家公司采用公允价值模式计量生物资产。

从上述我国企业会计准则中有关公允价值的规定和上市公司公允价值的具体使用情况可以看出：(1)公允价值应用范围广泛，在已颁布的42项具体会计准则中，有24项不同程度地应用公允价值计量；(2)公允价值的应用集中体现在以公允价值计量的金融资产和金融负债；(3)投资性房地产准则和生物资产准则虽然向企业提供了选择使用公允价值的机会，但使用限制条件比较严格，目前我国上市公司中只有极少数使用公允价值模式计量投资性房地产和生物资产。

小结

首先，本章回顾了会计计量的产生与发展历程。从原始的计量、记录到单式簿记、复式簿记、现代会计，会计是因生产的发展、经济管理的需要而产生的，并随着经济的发展、管理需要的变化而发展。会计计量的产生与发展是适应社会经济环境变化的结果，也是适应会计信息使用者需求变化的结果。

其次，本章回顾了公允价值在美国财务会计准则、国际财务报告准则中的发展历程。从早期的只要求表外披露(如 SFAS 107《金融工具公允价值的披露》)，到要求进行表内确认和计量；从最初只应用于个别金融资产(如 SFAS 115《特定债务和权益工具投资的会计处理》)，到应用于金融资产、金融负债、非金融资产(如 SFAS 159《金融资产和金融负债的公允价值计量选择》、IAS 40《投资性房地产》、IAS 41《农业》)；从原来散见于众多准则中的公允价值使用规定，到出台统一的公允价值计量框架和指南(如 SFAS 157《公允价值计量》、IFRS 13《公允价值计量》)；公允价值的应用范围不断扩展，计量方法不断完善，显示了公允价值的发展是一个循序渐进、持续上升的过程。特别是2008年国际金融危机，使得公允价值成为各界争论的焦点，FASB 和 IASB 虽然进行了临时性调整，但最终仍坚持继续推行公允价值，并对相关准则进行了适当的修订与完善。

最后，本章分析了公允价值在我国的应用。我国企业会计准则中公允价值的应用经历了"初次使用→暂停使用→推广使用"三个阶段。本章用我国上市公司数据分析公允价值计量的使用情况并发现，目前 A 股上市公司对公允价值的应用集中体现在以公允价值计量的金融资产和金融负债，尽管投资性房地产在少数企业中存在采用公允价值模式的情况。这些分析，为后续章节的实证研究选题指明了方向。

参考文献

[1] 奥喜平. 公允价值的发展及面临的挑战[J]. 会计之友,2014(13):7-11.

[2] 查特菲尔德. 会计思想史[M]. 文硕,董晓柏,等译. 北京:中国商业出版社,1989.

[3] 弗里德曼,施瓦茨. 美国货币史 1867-1960[M]. 巴曙松,等译. 北京:北京大学出版社,2009.

[4] 葛家澍. 关于财务会计基本假设的重新思考[J]. 会计研究,2002(1):5-10.

[5] 郭道扬. 会计史研究:第一卷[M]. 北京:中国财政经济出版社,2004.

[6] 何劲军. 公允价值在美国财务会计准则和国际会计准则中的应用及启示[J]. 财会研究,2009(16):27-29.

[7] 刘浩,孙铮. 公允价值的目标论与契约研究导向:兼以上市公司首次确认辞退补偿为例[J]. 会计研究,2008(1):4-11.

[8] 罗振宇,邹昌林. 使你的邻居沦为乞丐:1865—1896 年美国通货紧缩的历史考察[J]. 中国国情国力,1999(5):32-33.

[9] 魏艳晓. 论簿记的演进及扩展[J]. 湖南经济管理干部学院学报,2003(2):50-52.

[10] AMERICAN ACCOUNTING ASSOCIATION(AAA). Price level changes and financial statements: Supplementary Statement No. 2[J]. The Accounting Review,1951,26(4):468-474.

[11] BOER G. Replacement cost: A historical look[J]. The Accounting Review,1966,41(1):92-97.

[12] CANNING J B. The Economics of Accountancy[M]. New York: Ronald Press,1929.

[13] EDWARDS E O, BELL P W. The Theory and Measurement of Business Income[M]. Berkeley and Los Angeles: University of California Press,1961.

[14] FASB. ASC 820, Fair Value Measurements[A]. 2011.

[15] FASB. SFAS 15, Accounting by Debtors and Creditors for Troubled Debt Restructurings[A]. 1977.

[16] FASB. SFAS 12, Accounting for Certain Marketable Securities[A]. 1975.

[17] FASB. SFAS 13, Accounting for Leases[A]. 1976.

[18] GABRIEL D. The nuances of fair value history: A rejoinder to Cardao-Pito[J]. Accounting History,2022,27(1):153-170.

[19] IASC. IAS 20, Accounting for Government Grants and Disclosure of Government Assistance[A]. 1983.

[20] MACNEAL K. Truth in Accounting[M]. Philadelphia: University of Pennsylvania Press,1939.

[21] PATON W A, LITTLETON A C. An Introduction to Corporate Accounting Standards[M]. American Accounting Association Monograph No. 3. New York: AAA,1940.

[22] PATON W A. Accounting Theory[M]. New York: Ronald Press,1922.

[23] SPROUSE R T, MOONITZ M A. Tentative Set of Broad Accounting Principles for Business Enterprises[M]. New York:AICPA,1962.

[24] SWEENEY H W. Stabilized Accounting[M]. New York:Harper and Brothers,1936.

[25] WESLEY T, ANDREWS Jr. The evolution of APB opinion No. 17 Accounting for Intangible Assets:A study of the U. S position on accounting for goodwill[J]. Accounting Historians Journal,1981,8(1):37-49.

第三章

公允价值估值*

继 2006 年美国财务会计准则委员会发布第 157 号财务会计准则公告《公允价值计量》(SFAS 157)和 2011 年国际会计准则理事会发布第 13 号国际财务报告准则《公允价值计量》(IFRS 13)后,经过酝酿和广泛征求意见,我国财政部于 2014 年 1 月正式发布《企业会计准则第 39 号——公允价值计量》(以下简称"39 号准则"),并自 2014 年 7 月 1 日起在所有执行会计准则的企业范围内施行。39 号准则不但依据 IFRS 13 重新界定了公允价值的概念,建立了统一的公允价值计量框架,而且对公允价值计量给出了详细、全面、具体、完善的解释和规定,为公允价值相关信息的披露提供了更详细的指引和规范,进一步提升了我国会计准则的国际趋同程度。遵循国际财务报告准则,39 号准则对公允价值输入值层次和公允价值估值技术给出了具体描述,但并没有指出公允价值输入值层次与公允价值估值技术的关系,而这些细节按照 39 号准则的要求都应当在企业年度报告中予以披露。由于 39 号准则中相继出现了不同的市场概念,公允价值输入值层次及其采用的适当的估值技术又都需要根据不同的市场情形加以判断,实务工作中会因对这些概念的理解存在混淆而发生误用和误述的情况。为此,本章试图从公允价值赖以应用的市场及市场环境出发,对公允价值的输入值层次及其适用的估值技术加以探讨和阐释,以期为 39 号准则的完善及公允价值在我国的恰当应用提供参考和借鉴。

---

* 本章参阅了张国华,曲晓辉. 市场环境、公允价值输入值层次及估值技术[J]. 会计之友,2018(4):7-10.

第一节 关于"市场"的辨析

39号准则遵循SFAS 157和IFRS 13对公允价值的定义,将公允价值界定为:市场参与者在计量日发生的有序交易中,出售一项资产所能收到或者转移一项负债所要支付的价格。从这一定义中不难发现,公允价值是以市场为基础的计量,39号准则中"市场"一词出现的频率比"公允价值"一词出现的频率还高。无论是对有序交易的假定还是对公允价值层次的阐释和估值技术的使用,39号准则都使用了"市场"的概念。因此,对"市场"的理解是公允价值计量准则得以正确实施和企业财务报告得以准确编制的关键。39号准则在对有序交易的市场假定中采用了"主要市场"和"最有利市场"的概念,在对公允价值层次的阐释中又采用了"活跃市场"和"不活跃市场"的概念,关于公允价值估值技术则采用了市场法。由于企业必须依据39号准则的要求选择正确的估值方法对公允价值加以计量并在年报中披露公允价值计量层次,于是就产生了主要市场及最有利市场中的市场价格与活跃市场及非活跃市场中的市场价格究竟是怎样的关系的问题,以及市场法中的市场与主要市场及最有利市场、活跃市场及不活跃市场又是怎样的关系的问题。这些不同概念的使用极易给企业会计人员造成困惑并使人们在实务中无所适从。

39号准则还对交易和市场做了专门的阐释,将按公允价值交易的市场划分为主要市场和最有利市场。主要市场是指相关资产或负债交易量最大和交易活跃程度最高的市场;最有利市场是指在考虑交易费用和运输费用后,能够以最高金额出售相关资产或者以最低金额转移相关负债的市场。39号准则在公允价值层次部分界定了活跃市场。活跃市场是指相关资产或负债的交易量和交易频率足以持续提供价格信息的市场。在主要市场和活跃市场的定义中都出现了"交易量"一词;而活跃市场的定义则用"交易频率"替代了"交易活跃程度"。如果市场的交易量大、交易活跃程度高并具有持续性,就可以断定该市场为活跃市场,同样也可以断定该市场为主要市场。正常情况下,主要市场和活跃市场是对等的,因为在交易量最大和交易活跃程度最高的市场中取得持续的价格信息是可行且正常的,除非该市场陷入萧条或崩溃状态——此种状态下主要市场已经不复存在,只能将其划定为最有利市场。反之亦然,存在活跃市场的情况下,企业应将活跃市场上的市场价格作为主要市场的市场价格,因为它就是交易量最大和交易活跃程度最高的市场。而最有利市场由于交易量和交易活跃程度均不如主要市场,企业需要修正市场价格后才能将其作为公允价值输入值，因此当交易量和交易频率不足以持续提供价格信息时，企业只能以出售相关资产的最高金额或转移负债的最低金额来确定资产或负债的公允价值，而不是以其当前交易的市场价格确定相关资产或负债的公允价值。此时，我们可以将最有利市场理解为非活跃市场。当最有利市场的交易量和交易频率足以持续提供价格信息时，该市场已从最有利市场升级为主要市场，此时该市场已从不活跃状态转变为活跃状态。综上，主要市场及最有利市场和活跃市场及非活跃市场的关系可以概括为图3-1。

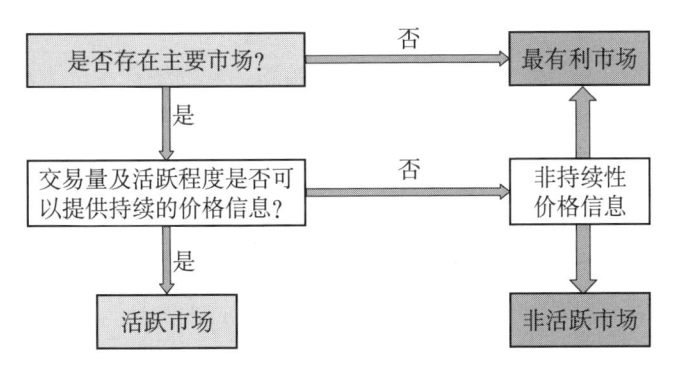

图3-1 主要市场及最有利市场和活跃市场及非活跃市场

此外，39号准则还给出了"当前市场条件下的有序交易"假设。当前市场条件是指交易日的市场条件，它既不是之前已发生的，也不是之后预期要发生的。有序交易是指在计量日前一段时间内相关资产或负债有惯常市场活动的交易，也就是计量日前一段时间内或者存在活跃市场，或者存在不活跃市场，市场的存在是公允价值计量的前提。这一假设还隐含以下三层意思：第一，无论是否存在惯常市场活动，清算等被迫交易均不属于有序交易，人为控制及"老鼠仓"的价格也不是有序交易价格；第二，无论是主要市场还是最有利市场都应该是企业在计量日能够进入的交易市场，尽管39号准则并不要求企业一定要在市场上进行真正的交易；第三，由于不同会计主体所处的地理位置不同，它进入的主要市场或最有利市场也会有所不同。比如，如果资产交易时的状况和所处的地理位置以及其他限定条件等不同，那么不同市场的交易量和规模都会有所不同，由此产生同一资产或负债的交易由于交易地点不同，即使交易内容及交易时间完全相同，其交易价格也会有所不同的可能性。这一可能性决定了不同会计主体对同一资产或负债的公允价值计量结果的差异性，也就是公允价值计量受到市场环境的制约。市场越发达，同一资产或负债在不同市场上的价格同质性越强，公允价值计量的信息就越准确。

第二节　公允价值输入值层次与市场环境

在运用估值技术时,39号准则引入"输入值"和"公允价值层次"的概念,并规定公允价值计量结果所属的层次由最低的输入值层次确定。公允价值输入值可划分为三个层次,包括能够从市场数据中取得的可观察输入值和不能够从市场数据中取得的不可观察输入值。其中,第一、第二层次为可观察输入值,第三层次为不可观察输入值。

第一层次输入值是指企业在计量日能够取得的相同资产或负债在活跃市场上未经调整的报价,其可靠性最强。也就是说,第一层次输入值存在活跃市场,是可以直接观察的未经调整的相同资产或负债的市场报价,此时市场价格就是相同资产或负债公允价值的输入值。市场的活跃程度及市场上是否存在相同资产或负债是确定第一层次公允价值输入值的关键。虽然39号准则强调"公允价值计量结果所属的层次取决于估值技术的输入值,而不是估值技术本身",但输入值层次和估值技术还是存在必然的相关关系。根据39号准则规定的输入值的优先顺序和估值技术使用的优先顺序,第一层次输入值必定是市场法下的输入值,因为活跃市场中的市场价格是最直接、可观察、可获得的输入值,而收益法和成本法下的输入值都不是活跃市场上未经调整的报价,所以收益法和成本法下的输入值不能被确认为第一层次输入值。

第二层次输入值是指除第一层次输入值以外相关资产或负债直接或间接可观察的输入值,包括活跃市场中类似资产或负债的报价、非活跃市场中相同或类似资产或负债的报价和除报价以外的其他可观察输入值、经市场验证的输入值等。因此,第二层次输入值可以来自活跃市场,也可以来自非活跃市场,但不论来自哪个市场,在使用第二层次输入值对相关资产或负债进行公允价值计量时都要对原始数据加以调整,调整的依据包括资产状况或所在位置、输入值与类似资产的相关程度、可观察输入值所在市场的交易量和活跃程度等。

第三层次输入值是指相关资产或负债的不可观察输入值。只有在相关资产或负债不存在市场活动,或者市场活动很少而导致可观察输入值无法取得或取得不切实可行的情况下才使用第三层次输入值,即公允价值赖以估值的市场依然存在,但当前的市场条件下因无交易活动或交易活动很少而无法取得可观察输入值。39号准则规定了当计量日不存在能够提供出售资产或者转移负债的相关价格信息的可观察市场时,即主要市场和最有利市场的交易活动已经停滞或当前市场条件下不存在相关资产或负债的交易活动,企业应当从持有资产或者承担负债的市场参与者角度,假定计量日发生出售资产或者转移负债的交易,并以假定交易的价格为基础计量相关资产或负债的公允价值。第三层次输入值利用了市场参与者假设,也就是无论企业是否在市场中进行交易,都要以市场参与者的身份为假设来评估计量日出售资产或转移负债的交易价格。交易是指计量日的一项假设交易,即并非实际出售、被迫交易或亏本抛售。这实际上是对资产或负债的后续计量所作出的假设,因为初始计量的交易是真实的。此时的公允价值估值从严格意义上讲已经完全背离公允价值定义,因为以此为基础的公允价值输入值并非当前市场条件下的交易价格,公允价值输入值为不可观察输入值——第三层次输入值,此时市场化程度和价格的可验证程度均最低。实证研究已经证明,随着公允价值输入值层次的降低,以公允价值计量的资产的价值相关性也会逐层降低(邓永勤和康丽丽,2015;李庆玲,2016)。

公允价值输入值层次直接影响到公允价值计量模型和计量方法的使用,并直接影响到公允价值信息的价值相关性和可靠性。39号准则同时规定了公允价值输入值的优先顺序,即在运用估值技术中,应当优先使用相关可观察输入值,只有在相关可观察输入值无法取得或取得不切实可行的情况下,才可以使用不可观察输入值。也就是说,输入值的取得顺序首先是主要/活跃市场的市场价格,其次是最有利/非活跃市场的市场价格,最后才是不可观察输入值。

第三节 公允价值估值技术与市场环境、输入值层次

SFAS 157及IFRS 13对公允价值估值技术的相关规定是相同的,即企业可以采用市场法、收益法和成本法进行公允价值估值,我国39号准则也作出类似的规定。对于估值技术的选择,应符合在当前情况下适用并且有足够可利用数据和其他信息支持的估值技术的原则。企业具体使用的估值技术可以是其中的一种,也可以是多种,但所使用的估值技术一经确定不得随意变更,除非39号准则允许的特殊情况;而且,在使用多种估值技术估值时,企业还要考虑各估值结果的合理性,应选取在当前情况下最能代表公允价值的估值金额作为公允价值。

一、市场法与市场环境、输入值层次

39号准则将市场法界定为:利用相同或类似的资产、负债或资产和负债组合的价

格以及其他相关市场交易信息进行估值的技术。其中的价格是指市场价格,市场价格及其他相关市场交易信息的可获得性和取得成本是采用市场法估值的关键。市场法下或者存在主要市场(活跃市场),或者存在最有利市场(非活跃市场)。市场法并未限定市场价格的时间,即市场价格既可以是当前的价格,也可以是之前或之后的价格,但按照公允价值的定义,能够作为公允价值估值依据的价格只能是当前(计量日)的市场价格,而且市场化程度越高,价格的同质性越强。也即,同一资产或负债在不同市场上的价格差额越小,公允价值计量的可靠性越高。不论是主要市场还是最有利市场,市场及市场价格的存在是采用市场法进行公允价值估值的前提条件。

市场法下的公允价值估值存在以下情况:

主要市场情况下:(1)有相同资产或负债的活跃市场报价,市场价格为公允价值输入值——第一层次;(2)有类似资产或负债的活跃市场报价,市场价格调整后作为公允价值输入值——第二层次。

最有利市场情况下:(1)有相同资产或负债的市场报价,参考市场价格及其他市场交易信息调整后作为公允价值输入值——第二层次;(2)有类似资产或负债的市场报价,参考市场价格及其他市场交易信息调整后作为公允价值输入值——第二层次。

也就是说,只有在第一种情况下才存在可划分为第一层次的公允价值输入值,其余都属于第二层次的公允价值输入值。39号准则还列举了一些例外情况。比如,对于企业持有的大量类似但不相同的以公允价值计量的资产或负债,若这些资产或负债存在活跃市场报价但难以获得每项资产或负债在计量日单独的价格信息,则企业可以采用不单纯依赖报价的其他估值模型。再如,重大事件的发生导致活跃市场的报价未能代表计量日的公允价值,此时活跃市场报价不能代表计量日的公允价值。此外,在不存在相同或类似负债或企业自身权益工具的可观察市场报价但其他方将其作为资产持有的情况下,企业应当在计量日从持有该资产的市场参与者角度,以资产的公允价值为基础确定负债或自身权益工具的公允价值。因为上述情况是针对相同资产或负债在活跃市场上的报价进行调整的,所以公允价值计量结果应当被划分为较低层次,即第二层次输入值。

二、收益法与市场环境、输入值层次

收益法是指将未来金额转换成单一现值的估值技术。企业在使用收益法时,需要估测被评估资产的未来预期收益、预期收益的持续时间,并通过折现率或资本化率将其折现为现值。预期收益、预期收益的持续时间、折现率或资本化率这三个要素能否顺利取得是采用收益法的前提。其中,预期收益是指资产的客观收益,是未来预期的收益金额,而不是资产的历史收益或现时收益。只有具备未来获利能力的资产才适用收益法。从资产评估的角度看,利润总额可以作为预期收益指标,净利润与净现金流量也可以作为预期收益指标,后者更为适合。从这些收益指标的取得来源看,无一是来自市场可观察值。折现率是期望报酬率,并不是当前市场上的实际报酬率,包括无风险报酬率和风险报酬率两部分。无风险报酬率通常由政府债券的利率决定,风险报酬率则取决于特定资产的风险状况。资本化率不仅包含无风险报酬率和风险报酬率,还包含反映资产收益的长期增长前景。也就是说,折现率或资本化率也不是来自市场的可观察输入值。预期收益的持续时间不仅要考虑资产或负债的寿命,还要考虑当前的市场条件及其他影响因素。

综上所述,从使用收益法确定的公允价值输入值来看,计算现值的三个参数多数是来自市场的不可观察输入值,如果没有其他来自市场的数据可以证实,则收益法下公允价值输入值层次应被划分为第三层次,除非这些数据都可以通过来自市场的其他数据加以证实,收益法下的公允价值输入值才能被划分为第二层次。由于收益法的估值成本高于市场法、可靠性低于市场法,从优先顺序来看,在不适合采用市场法的情况下才会选择收益法进行公允价值估值。

三、成本法与市场环境、输入值层次

成本法是指反映当前要求重置相关资产或服务能力所需金额(现行重置成本)的估值技术。企业在采用成本法时不仅要取得现实条件下的市场价格或建造成本信息,还要考虑评估对象的陈旧性贬值(包括实体性贬值、功能性贬值和经济性贬值)等因素。因此,成本法的适用范围是无法计算预期收益以及找不到参照物的专用资产的评估。从资产评估的角度看,成本法站在购买者角度,以在当前价格水平下重新购置或建造相同功能和用途的被评估资产的耗费来确定其价值(王燕和王煦,2010)。从这一点来看,成本法下确定的价格是买入价而不是售出价,这与公允价值定义中的售出价存在一定的矛盾。资产的重置成本取得方法包括重置核算法、市场询价法、价格指数法、功能价值法和综合比例法等(周友梅和胡晓明,2010)。其中,市场询价法下的输入值直接来自市场,为当前市场条件下的可观察输入值;其他方法下的输入值都不是当前条件下直接可观察的市场价格,但至少可以历史成本为基础,而历史成本可以看作经市场证实的数据,因此成本法下的输入

值不属于第三层次输入值。但是,成本法下输入值的数据还要根据实体性贬值、功能性贬值和经济性贬值等参数进行调整,因此成本法下的输入值也不属于第一层次输入值,将成本法下的输入值划分为第二层次输入值最为恰当。此外,成本法在取得市场价格或建造成本的同时,还要考虑其他因素,因此其估值成本高于市场法,可靠性也会相对降低。

公允价值及公允价值估值技术的使用与市场、市场化程度密切相关。市场越活跃、市场化程度越高,越有利于公允价值的应用,企业采用市场法估值的可能性越大;反之,则不利于公允价值的应用,企业采用成本法和收益法的可能性越大。根据公允价值的输入值是否可观察及输入值的取得方式,市场环境、公允价值输入值层次和估值方法的关系以及公允价值估值的逻辑和步骤汇总如图 3 - 2 所示。

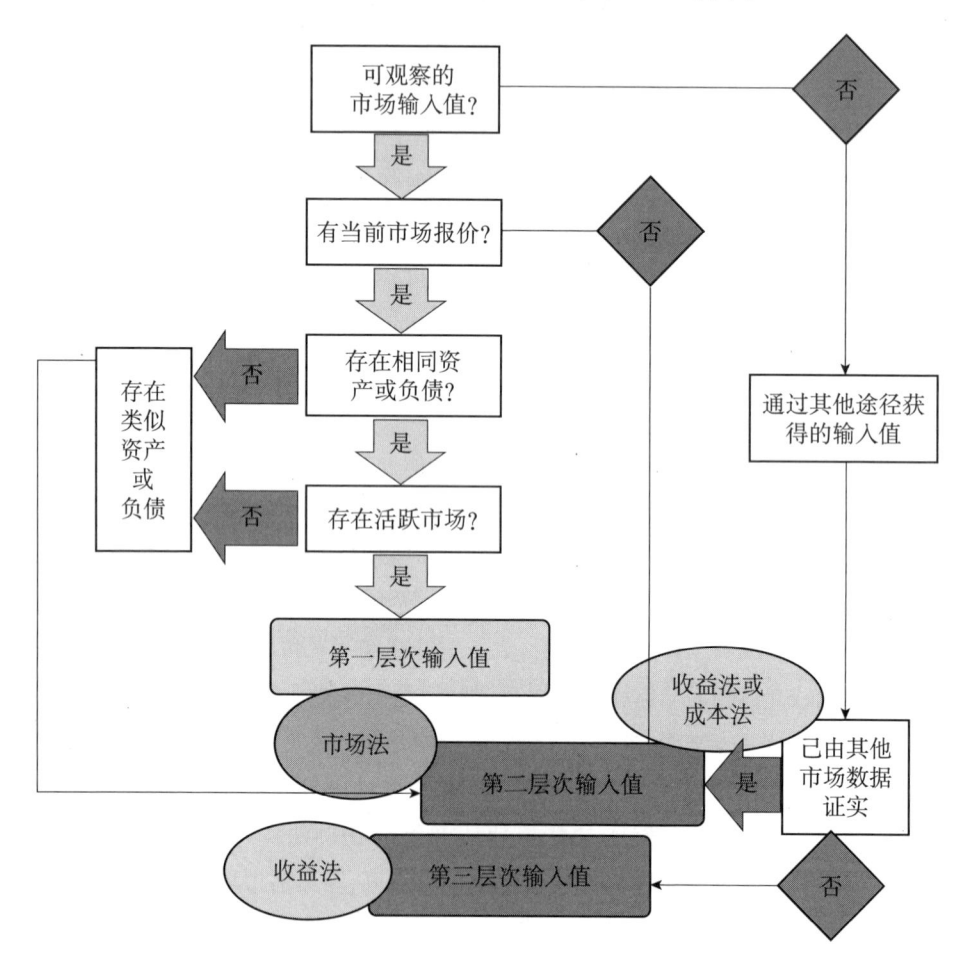

图 3 - 2　市场环境、公允价值输入值层次及估值方法

小结

公允价值计量是以市场为基础的计量,市场环境的完善程度决定了公允价值输入值层次及公允价值估值技术的使用,对市场的准确理解也决定了企业会计信息的相关性和可靠性。为此,我们建议准则制定者在 39 号准则指引中增加对主要市场和活跃市场关系的进一步说明,以及在不同市场环境下估值技术使用的必要说明,从而便于企业会计人员理解和掌握相关概念和估值技术,并根据所处的市场环境采用正确的估值方法对企业相关资产或负债的公允价值进行正确估值,并在财务报告中恰当并充分地披露企业公允价值输入值层次,为财务报告使用者提供更相关的决策有用信息。

参考文献

[1] 财政部. 企业会计准则第 39 号——公允价值计量[A]. 2014.

[2] 邓永勤,康丽丽. 中国金融业公允价值层次信息价值相关性的经验证据[J]. 会计研究,2015(4):3-10.

[3] 李庆玲. CAS39 公允价值层次信息规范披露对价值相关性的影响[J]. 会计之友,2016(19):60-65.

[4] 王燕,王煦. 资产评估基本方法的比较与选择[J]. 现代管理科学,2010(3):107-108.

[5] 周友梅,胡晓明. 资产评估学原理[M]. 北京:中国财政经济出版社. 2010.

[6] FASB. Statement of Financial Accounting Standards 157, Fair Value Measurements[A]. Financial Accounting Standards Board:Norwalk,Connecticut,2006.

[7] IASB. International Financial Reporting Standards 13 Fair Value Measurement[A]. International Accounting Standards Board:London,2011.

第二篇
公允价值信息的价值相关性研究

第四章　公允价值变动信息的价值相关性
第五章　分析师评级、投资者情绪与公允价值确认的价值相关性
第六章　投资者情绪、资产证券化与公允价值信息含量

本篇检验公允价值变动信息的价值相关性、分析师评级和投资者情绪与公允价值确认的价值相关性、投资者情绪和资产证券化与公允价值信息含量的关系。

第四章
公允价值变动信息的价值相关性*

  国际财务报告准则(IFRS)是否与高质量的会计信息关联?与准则整体层面的丰富的实证证据相比,从具体准则或项目层面探讨 IFRS 与会计信息质量间关系的文献明显不足。然而,如果不对若干重要的具体准则或项目进行深入的研究,我们就难以全面和透彻地理解 IFRS 对会计信息质量的影响。引入国际趋同的公允价值计量规范是中国《企业会计准则》(2006)的显著特点之一。公允价值计量涉及财务会计计量属性问题,而且公允价值计量属性在财务会计诸多计量属性中占有十分重要和趋势性的主导地位,对财务信息质量必定造成重要影响。由此带来的问题是,《企业会计准则》(2006)引发的会计信息质量变化是否主要受公允价值计量的驱动?更为普遍的问题是,现有关于准则趋同对会计信息质量影响的研究大都未能实现与外部市场环境和内部公司治理机制的有机结合。因此,本章基于《企业会计准则第 22 号——金融工具确认和计量》,探讨 A 股上市公司的可供出售金融资产项目之公允价值变动信息的价值相关性,以及外部市场环境的投资者情绪因素和内部公司治理的控制权因素对这一价值相关性的影响。

  本章以沪深两市 2007—2011 年持有可供出售金融资产项目的 1 812 家非金融类 A 股上市公司为研究样本。基于 Feltham 和 Ohlson(1995)的修正模型,本章实证检验上述问题,得出如下研究结论:(1)可供出售金融资产公允价值变动信息与股票收益率存在显著的正向价值相关关系;(2)投资者情绪对可供出售金融资产公允价值变动信息与股票收益率的价值相关性存在显著的正向影响;(3)控股股东利用可供出售金融资产项目牟取控制权私利的行为对可供出售金融资产公允价值变动

---

* 本章参阅了黄霖华,曲晓辉,张瑞丽. 论公允价值变动信息的价值相关性:来自 A 股上市公司可供出售金融资产的经验证据[J]. 厦门大学学报(哲学社会科学版),2015(1):99-109.

信息与股票收益率之价值相关性存在显著的负向影响。

本章在理论和实证方法方面进行了创新性的尝试,对现有公允价值会计研究文献作出了积极的贡献:(1)基于可供出售金融资产项目视角,本章提供了国际财务报告准则与高质量会计信息相关的进一步的实证证据;(2)本章提供了投资者情绪影响公允价值会计信息之价值相关性的中长期实证证据;(3)本章丰富了行为财务、公司治理和公允价值会计交叉研究的文献;(4)本章发现了控股股东利用可供出售金融资产项目牟取控制权私利的新证据。

第一节 文献回顾与研究假设

基于有效市场假说、价值相关性理论、投资者情绪理论和公司治理理论,本部分重点探讨可供出售金融资产公允价值变动信息的价值相关性,以及投资者情绪和控股股东控制权对可供出售金融资产公允价值变动信息之价值相关性的影响,并提出相关的假设。

一、可供出售金融资产公允价值变动信息的价值相关性

金融工具公允价值信息的价值相关性研究,旨在探讨金融工具公允价值信息与持股公司股票价格变动的相互关系。《企业会计准则第22号——金融工具确认和计量》规定,可供出售金融资产以公允价值计量,其公允价值变动形成的利得或损失,除减值损失和货币性金融资产形成的汇兑差额外,应当直接计入所有者权益(资本公积)。根据Feltham和Ohlson(1995)的修正模型,股票价格主要受公司账面价值的显著影响,理论上可供出售金融资产公允价值变动形成的利得或损失必然对公司股票价格产生影响,即可供出售金融资产公允价值信息与公司股票价格的相关关系更为紧密。因此,公允价值计量应当能够提高可供出售金融资产相关会计信息的价值相关性。

在实证研究方面,正如Landsman(2007)所言,大部分的经验证据表明,公允价值信息的披露和确认具有显著的价值相关性。邓传洲(2005)研究发现,证券投资按IAS 39《金融工具:确认和计量》披露的公允价值利得或损失对B股公司股票价格和股票收益具有增量的解释能力,但解释能力较弱。邓传洲(2005)将证券投资公允价值披露较弱的解释能力归结为证券投资公允价值计量误差。但是,更为可信的原因可能是会计准则的差异——我国《企业会计准则》(2001)与国际财务报告

准则的差异,使得这类公允价值利得或损失项目无法在财务报表中确认。因为与公允价值信息披露相比,公允价值的确认具有更为显著的价值相关性(Nelson,1996)。另一个更合理的解释是股权分置。由于存在股权分置,上市公司持有的法人股(即可供出售金融资产)无法以公允价值在二级市场上变现。在股票全流通以及《企业会计准则》(2006)与国际财务报告准则全面趋同的背景下,证券投资公允价值信息披露的价值相关性得到显著增强。曲晓辉和黄霖华(2013)研究发现,公允价值信息(发行价格)的披露具有信息含量,公允价值与持股公司股票的累计超额收益率显著正相关。

Beatty 等(1996)研究发现,证券投资未实现收益(或损失)公允价值的确认与保险公司股票价格的相关关系不显著,但是与银行股票价格具有显著的价值相关性。吴战篪等(2009)将证券投资未实现收益(或损失)之公允价值确认的相关研究扩展到非金融类上市公司,研究结果也表明交易性金融资产未实现收益信息(即公允价值变动损益信息)具有显著的价值相关性。刘永泽和孙翯(2011)进一步考察了包含可供出售金融资产公允价值变动信息的上市公司主要公允价值项目的价值相关性,研究结果支持可供出售金融资产公允价值变动信息具有价值相关性的推论。

综合上述分析,理论上,证券投资公允价值的确认具有价值相关性。尽管实证检验上证券投资公允价值变动信息的价值相关性在学术界依然存在一定的争议,但正如 Landsman(2007)所言,大部分实证研究发现公允价值的信息披露和确认具有显著的价值相关性。因此,本章的第一个假设为:

假设1 可供出售金融资产公允价值变动信息具有价值相关性。

二、投资者情绪对公允价值信息之价值相关性的影响

投资者情绪在投资者的投资决策中起着重要作用,是股票错误定价的重要影响因素之一(Baker 和 Wurgler,2006)。这主要表现为,投机型股票在投资者情绪乐观时获得超额收益,在投资者情绪悲观时则相反。

Mian 和 Sankaraguruswamy(2012)进一步指出,投资者情绪驱动的会计盈余错误定价是一般性投资者情绪所致股票错误定价的重要组成部分。投资者情绪对会计信息的价值相关性存在显著的正向影响(Mian 和 Sankaraguruswamy,2012;曲晓辉和黄霖华,2013),表现为:投资者情绪乐观时好消息的价值相关性更强,投资者情绪悲观时坏消息的价值相关性更强;反之亦反。但是,现有关于投资者情绪对会计信

息之价值相关性影响的研究(如 Mian 和 Sankaraguruswamy,2012;曲晓辉和黄霖华,2013)多集中于短期市场反应。曲晓辉和黄霖华(2013)认为,投资者情绪在长时间窗口对公允价值信息之价值相关性的影响可能会发生改变。Mian 和 Sankaraguruswamy(2012)指出,为了全面理解投资者情绪对会计信息之价值相关性的影响,需要进一步考察投资者情绪对较长期间会计信息之价值相关性的影响。因此,本章认为投资者情绪对会计信息之价值相关性存在影响的推论有待更多实证证据的支持。

然而,国外的研究者(Baker 和 Wurgler,2006)发现,不仅限于市场短期,甚至在针对超过二十年连续数据的检验中,投资者情绪对股票收益率的影响依然存在。国内的研究(伍燕然和韩立岩,2007)也发现,投资者情绪对当期和未来短期(下一年度的前 4 个月)的股票超额收益存在显著的影响。曲晓辉和黄霖华(2013)的观测窗口虽然只有 10 天,但时间跨度长达 5 年,其研究结果也表明,在 2007—2011 年我国证券市场上,投资者情绪对会计信息之价值相关性存在显著的影响。

综上所述,结合投资者情绪对股票收益率存在显著影响的推论和投资者情绪短期内对会计信息之价值相关性存在显著影响的实证证据,考虑到观测窗口长度(1 年),本章认为,尽管投资者情绪对可供出售金融资产公允价值变动信息之价值相关性的长期影响有待更多实证证据的支持,但是并没有足够的证据表明这种影响不存在的可能性更大。因此,本章的第二个假设为:

假设 2　投资者情绪对可供出售金融资产公允价值变动信息之价值相关性存在正向影响。

三、控股股东控制权对公允价值信息之价值相关性的影响

我国《企业会计准则》(2006)规定,可供出售金融资产采用公允价值计量。大部分上市公司在计量可供出售金融资产时用年末收盘价格作为公允价值;但部分上市公司计量可供出售金融资产公允价值是使用估值模型计算的估计价格。首先,公允价值计量的选择权为控股股东以获取控制权私利为目的的会计信息操纵行为留下了空间;其次,控股股东可以决定长期股权投资重分类为可供出售金融资产的时点,从而对公司净资产产生影响,进而实现控股股东自身的利益诉求;最后,更为重要的是,可供出售金融资产出售时点也完全由控股股东决定,从而为控股股东的会计信息操纵行为提供了空间(吴战篪等,2009;He 等,2012)。这意味着控股股东为了控制权私利既可以继续持有应当出售的可供出售金融资产,也可以立即出售原本可以继续持有的可供出售金融资产。也就是说,控股股东为了控制权私利,可

以利用可供出售金融资产项目,同时影响公司净资产项目和净收益项目。

在亚洲国家中,控股股东以控制权私利为目的的会计信息操纵行为往往会导致会计信息之价值相关性的减弱(Fan 和 Wong,2002;王化成和佟岩,2006)。因此,可供出售金融资产公允价值计量所带来的控股股东会计信息操纵空间的扩大(吴战篪等,2009;He 等,2012),很可能会导致公允价值信息之价值相关性的减弱。

综合上述分析,本章认为,控股股东的控制权比例对可供出售金融资产公允价值变动信息之价值相关性可能存在负向影响。因此,本章的第三个假设为:

假设3 控股股东控制权比例对可供出售金融资产公允价值变动信息之价值相关性存在负向影响。

第二节 研究设计

根据 Feltham 和 Ohlson(1995)的修正模型,本部分构建相应的实证检验模型。同时,在借鉴 Baker 和 Wurgler(2006)所构造 BW 指数之方法的基础上,本章相应构造我国证券市场的年度投资者情绪指标。

一、模型设定

基于 Feltham 和 Ohlson(1995)的修正模型,首先将公司每股净资产变动拆分为三部分——可供出售金融资产重分类确认的净资产项目、可供出售金融资产公允价值变动确认的净资产项目、当期其他净资产变动项目;其次将每股收益[①]拆分为五个部分——可供出售金融资产投资收益部分、交易性金融资产投资收益部分、其他投资收益部分、公允价值变动收益部分、其他每股收益部分。根据我国证券市场运行的特点,本章建立实证检验模型,检验可供出售金融资产公允价值变动信息的价值相关性。

根据 Feltham 和 Ohlson(1995)的修正模型,将公司账面价值和每股收益整理并拆分为:

$$R_{i,t} = a_0 + a_1 CR_{i,t} + a_2 AR_{i,t} + a_3 TR_{i,t} + a_4 OI_{i,t} + a_5 OE_{i,t} + a_6 FR_{i,t} + a_7 FC_{i,t} + a_8 Obc_{i,t} + u \tag{4-1}$$

考虑投资者情绪的影响,将模型(4-1)整理为:

[①] 本书中"每股收益"和"每股盈余"的经济含义是一致的,各章基于研究场景的不同而设定有差别的度量内容,并按习惯用法酌情表述。

$$R_{i,t} = b_0 + b_1 \text{CR}_{i,t} + b_2 \text{AR}_{i,t} + b_3 \text{TR}_{i,t} + b_4 \text{OI}_{i,t} + b_5 \text{OE}_{i,t} +$$
$$b_6 \text{FR}_{i,t} + b_7 \text{FC}_{i,t} + a_8 \text{Obc}_{i,t} + b_9 \text{IS}_t + b_{10} \text{IS}_t \times \text{FC}_{i,t} + u \quad (4-2)$$

进一步考虑控股股东控制权的影响,将模型(4-2)整理为:

$$R_{i,t} = c_0 + c_1 \text{CR}_{i,t} + c_2 \text{AR}_{i,t} + c_3 \text{TR}_{i,t} + c_4 \text{OI}_{i,t} + c_5 \text{OE}_{i,t} +$$
$$c_6 \text{FR}_{i,t} + c_7 \text{FC}_{i,t} + c_8 \text{Obc}_{i,t} + c_9 \text{CO}_{i,t} + c_{10} \text{CO}_{i,t} \times \text{FC}_{i,t} + u \quad (4-3)$$

最后,同时考虑投资者情绪和控股股东控制权的综合影响,有:

$$R_{i,t} = d_0 + d_1 \text{CR}_{i,t} + d_2 \text{AR}_{i,t} + d_3 \text{TR}_{i,t} + d_4 \text{OI}_{i,t} + d_5 \text{OE}_{i,t} +$$
$$d_6 \text{FR}_{i,t} + d_7 \text{FC}_{i,t} + d_8 \text{Obc}_{i,t} + d_9 \text{IS}_t + d_{10} \text{IS}_t \times \text{FC}_{i,t} +$$
$$d_{11} \text{CO}_{i,t} + d_{12} \text{CO}_{i,t} \times \text{FC}_{i,t} + u \quad (4-4)$$

其中,$P_{i,t}$为公司i第t期的期末股票价格,内含于模型中相关变量的度量;$R_{i,t}$为公司i第t期买入并持有的股票收益率;$\text{CR}_{i,t}$为公司i第t期每股公允价值变动损益额;$\text{AR}_{i,t}$为公司i第t期每股可供出售金融资产投资收益额;$\text{TR}_{i,t}$为公司i第t期每股交易性金融资产投资收益额;$\text{OI}_{i,t}$为除$\text{AR}_{i,t}$和$\text{TR}_{i,t}$外,公司i第t期由其他项目引起的每股投资收益额;$\text{OE}_{i,t}$为除$\text{CR}_{i,t}$和投资收益外,公司i第t期由其他项目引起的每股收益变动额;$\text{FR}_{i,t}$为公司i第t期因长期股权投资重分类为可供出售金融资产而确认的每股净资产变动额;$\text{FC}_{i,t}$为公司i第t期可供出售金融资产公允价值变动而确认的净资产变动额;$\text{Obc}_{i,t}$为除$\text{FR}_{i,t}$、$\text{FC}_{i,t}$和每股收益外,公司i第t期由引起净资产变动的其他项目变动而形成的当期每股净资产额;IS_t为公司i第t期投资者情绪指标,所在年度若投资者情绪为乐观,则 IS 取值为 1,否则取值为 0;$\text{OC}_{i,t}$为公司i第t期控股股东的控制权比例,借鉴 Fan 和 Wong(2002)的方法,若控股股东的控制权低于 20% 则 OC 取值为 0,高于 50% 则取值为 0.5,介于 20% 和 50% 之间则取原值;u为残差项。此外,本章检验模型还控制年度(Year)和行业(Industry)的固定效应。

二、投资者情绪的度量

根据曲晓辉和黄霖华(2013)的方法,构造投资者情绪指标如下:选择 A 股的市净率、市盈率、新增开户数和换手率四个指标测量投资者情绪,运用主成分分析法"提纯"上述指标的共同成分,以第一主成分构造的复合指数度量投资者情绪。

对上述四个投资者情绪代理变量进行 Z 值标准化处理和主成分分析,得到第一主成分,再对第一主成分进行 Z 值标准化处理后得到月度投资者情绪(ISM)的标准化表达式为:

$$ISM = 0.5078 \times PB + 0.4923 \times PE + 0.4977 \times NA + 0.502 \times TO \qquad (4-5)$$

其中,PB 为市净率,即 A 股月度的平均收盘价格与平均账面价值的比值;PE 为市盈率,即 A 股月度的平均收盘价格与平均每股收益的比值;NA 为月度新增开户数,即本月投资者的新增开户数量;TO 为换手率,即沪深两市各月成交额与市场流通市值的比值。

公式(4-5)为月度投资者情绪指标。当 ISM 值大于 0 时,投资者情绪为乐观,取值为 1;当 ISM 值小于 0 时,投资者情绪为悲观,取值为 0。若 ISM 为正的交易天数多于 ISM 为负的交易天数,则年度投资者情绪指标(IS)取值为 1,否则取值为 0。因此,2007 年和 2009 年 IS 取值为 1,其他年份(2008 年、2010 年和 2011 年)IS 取值为 0。

三、研究样本

中国 A 股上市公司于 2007 年 1 月 1 日正式开始实施《企业会计准则》(2006),为检验公允价值变动信息提供了样本选择的起始时间。另外,外部宏观经济环境变化和国有控股上市公司高管变更对实证结果可能会产生一定的干扰。一方面,2012 年中国经济开始转型——从过去 10 年 10% 以上的 GDP 增长率降至 7.5%;另一方面,2012 年中央和地方政府的党政领导换届,其中中央和地方国资委系统领导变更所引起的国有控股上市公司高管人员变更也会对这些公司的治理机制产生一定的影响。为了获取一个相对更干净的实证检验窗口期,本章以沪深两地在 2007—2011 年持有可供出售金融资产的 A 股上市公司为研究样本。首先,剔除未因可供出售金融资产公允价值变动而确认净资产的公司;其次,借鉴通行的选样方法,剔除金融类公司、当年上市的公司、净资产为负值的公司、ST 和 *ST 公司、数据缺失和明显异常的公司;最后,从 CSMAR 数据库、Wind 数据库和巨潮资讯网,手工收集整理得到 5 年 1 812 个样本。

表 4-1 的变量描述性统计结果显示,样本公司年收益率(R)的均值为 0.51、中位数为 0.01、最小值为 -0.84、最大值为 6.63。每股公允价值变动损益额(CR)的均值和中位数为 0、最小值为 -0.89 元、最大值为 0.53 元;每股可供出售金融资产投资收益额(AR)的均值为 0.04 元、中位数为 0.001 元、最小值为 -0.54 元、最大值为 1.69 元;每股交易性金融资产投资收益额(TR)的均值为 0.01 元、中位数为 0 元、最小值为 -0.25 元、最大值为 0.71 元;其他项目引起的每股投资收益额(OI)的均值为 0.08 元、中位数为 0.02 元、最小值为 -0.44 元、最大值为 2.96 元;其他项目

引起的每股收益变动额(OE)的均值为 0.21 元、中位数为 0.13 元、最小值为 -2.43 元、最大值为 4.04 元;其他项目引起的当期每股净资产额(Obc)的均值为 0.12 元、中位数为 -0.02 元、最小值为 -4.74 元、最大值为 10.76 元;长期股权投资重分类为以公允价值计量的可供出售金融资产而确认的每股净资产变动额(FR)的均值为 0.06 元、中位数为 0 元、最小值为 -0.02 元、最大值为 20.13 元。FR 占样本公司当年净资产变动额(FR、FC、OBC、CR、AR、TR、OI 和 OE 之和)近 12%,接近样本公司当年平均每股收益的 20%。样本描述性统计结果表明,FR 对公司的净利润项目和净资产项目都具有重要的影响,因而该项目对股票收益可能存在一定的影响与作用。

表 4-1 变量描述性统计

变量	均 值	标准差	最小值	中位数	最大值
R	0.51	1.21	-0.84	0.01	6.63
CR	0.00	0.05	-0.89	0.00	0.53
AR	0.04	0.13	-0.54	0.001	1.69
TR	0.01	0.04	-0.25	0.00	0.71
OI	0.08	0.19	-0.44	0.02	2.96
OE	0.21	0.45	-2.43	0.13	4.04
FR	0.06	0.58	-0.02	0.00	20.13
FC	-0.01	0.70	-10.94	-0.001	7.93
Obc	0.12	0.76	-4.74	-0.02	10.76
CO	0.33	0.19	0.00	0.36	0.50

注:样本数量为 1 812 个。

此外,可供出售金融资产公允价值变动确认的净资产变动额(FC)的均值为 -0.01 元、中位数为 -0.001 元、最小值为 -10.94 元、最大值为 7.93 元。与可供出售金融资产重分类确认的净资产变动额(FR)普遍为正数(仅 1 个为负数)的结果相比,近半数的可供出售金融资产公允价值变动确认的净资产数额(FC)为负数。因此,可供出售金融资产公允价值变动信息的价值相关性,以及投资者情绪和控股股东控制权对这一价值相关性的影响可能与可供出售金融资产重分类而确认的公允价值信息之价值相关性的结果有所差异。最后,控股股东的控制权比例(CO)的均值为 0.33、中位数为 0.36、最小值为 0、最大值为 0.50。由此可见,控股股东"一股独大"现象在中国上市公司中十分普遍。

第三节 实证结果分析

本部分主要进行相关数据的多元线性回归检验与分析,以验证相关的理论假设,为研究假设提供实证证据和计量分析支撑,并得出相应的结论。

一、相关系数检验

表 4-2 是各变量的 Pearson 相关系数检验结果。由表 4-2 可知,股票买入并持有的年收益率(R)与控股股东的控制权比例(CO)和其他项目引起的每股收益变动额(OE)的相关关系不显著;除此之外,股票收益率(R)与可供出售金融资产公允价值变动确认的每股净资产额(FC)、投资者情绪(IS)等其他主要的解释变量均在 1% 的统计水平上显著正相关。

表 4-2 变量相关系数之收益率

变量	R	CR	AR	TR	OI	OE	FR	FC	Obc	IS	CO
R	1.00										
CR	0.15^c	1.00									
AR	0.13^c	0.0003	1.00								
TR	0.11^c	-0.03	0.06^b	1.00							
OI	0.08^c	0.01	-0.01	0.02	1.00						
OE	0.01	-0.06^b	-0.18^c	0.002	-0.14^c	1.00					
FR	0.13^c	0.02	0.02	0.02	0.01	-0.02	1.00				
FC	0.28^c	0.07^c	0.01	0.07^c	0.05^b	0.06^c	0.04^a	1.00			
Obc	0.10^c	0.08^c	0.05^b	0.01	0.07^c	0.01	0.04	0.07^c	1.00		
IS	0.08^c	0.12^c	0.10^c	0.09^c	0.02	-0.04^a	0.08^c	0.27^c	0.05^b	1.00	
CO	-0.04	-0.005	-0.05^a	-0.03	0.01	0.10^c	-0.03	0.004	0.04	-0.02	1.00

注:a、b、c 分别表示 10%、5% 和 1% 的显著性水平。

可供出售金融资产公允价值变动确认的每股净资产额(FC)与股票收益率(R)在 1% 的统计水平上显著正相关说明,可供出售金融资产公允价值变动信息可能具有显著的价值相关性;同时,投资者情绪(IS)与股票收益率(R)显著正相关也表明,投资者情绪也可能对可供出售金融资产公允价值变动信息的价值相关性产生一定的影响。总体而言,表 4-2 中被解释变量和解释变量的相关关系与研究假设的预期大体一致。后续将对相关系数的检验结果做进一步的实证检验与分析。

表4-2还显示,各变量之间的相关系数值都小于0.5,这表明变量之间存在多重共线性问题的可能性较小。而且,多重共线性检验结果(限于篇幅,本章未详细列报检验结果)也显示,所有变量的方差膨胀因子(VIF值)都小于2,远远小于10(多重共线的临界值),这表明本章的实证回归模型不存在显著的多重共线性问题。

二、可供出售金融资产公允价值变动信息的价值相关性

表4-3为多元线性回归模型的检验结果。表4-3第(1)列的检验结果显示,股票收益率(R)与CR、AR和FR在1%的统计水平上显著正相关。这表明:R与公允价值变动收益、可供出售金融资产项目的投资收益和可供出售金融资产重分类确认的每股净资产变动额具有显著的价值相关性;R与交易性金融资产项目的投资收益额(TR)并不显著相关,这可能与TR项目金额较小,更容易受市场因素的影响有关。中国证券市场是发展中的资本市场,股票价格波动幅度较大(袁晨和付强,2012)。此外,可供出售金融资产公允价值变动额(FC)与股票收益率(R)在5%的统计水平上显著正相关。这表明可供出售金融资产公允价值变动信息存在显著的价值相关性,对投资者的估值决策具有重要的影响。

表4-3 多元线性回归结果

变量	R			
	(1)	(2)	(3)	(4)
截距项	1.75^c (10.69)	-0.45^c (-2.74)	1.80^c (10.82)	-0.40^b (-2.39)
CR	0.91^c (2.59)	0.91^c (2.58)	0.87^b (2.47)	0.86^b (2.46)
AR	0.43^c (3.47)	0.41^c (3.19)	0.39^c (3.15)	0.37^c (2.90)
TR	0.42 (1.00)	0.41 (0.97)	0.47 (1.11)	0.46 (1.08)
OI	0.40^c (4.79)	0.40^c (4.68)	0.38^c (4.43)	0.37^c (4.34)
OE	0.11^c (2.94)	0.11^c (2.90)	0.10^c (2.75)	0.10^c (2.72)
FR	0.11^c (3.90)	0.11^c (3.89)	0.11^c (3.90)	0.10^c (3.89)
FC	0.05^b (2.32)	0.04 (1.12)	0.15^c (3.14)	0.13^b (2.45)
Obc	0.07^c (3.32)	0.07^c (3.32)	0.07^c (3.45)	0.07^c (3.45)
IS		2.20^c (43.07)		2.19^c (43.04)

(续表)

变量	R			
	(1)	(2)	(3)	(4)
FC×IS		0.04 (0.77)		0.03 (0.70)
CO			-0.14 (-1.55)	-0.14 (-1.57)
FC×CO			-0.31^b (-2.28)	-0.31^b (-2.24)
Year	控制	控制	控制	控制
Industry	控制	控制	控制	控制
Adj. R^2	0.7023	0.7023	0.7033	0.7032
F 值	186.77	178.97	172.68	166.01
样本量	1 812	1 812	1 812	1 812

注：a、b、c 分别表示 10%、5% 和 1% 的显著性水平（双尾）；括号内为 t 值。

首先，本部分的研究发现为国际财务报告准则增强会计信息之价值相关性的推论（Barth 等，2008；Landsman 等，2012）在具体准则或项目层面提供了进一步的实证证据支持；其次，本部分关于可供出售金融资产公允价值信息具有价值相关性的结论与国内学者（曲晓辉和黄霖华，2013；徐经长和曾雪云，2013）关于可供出售金融资产的相关研究结论基本一致；再次，本部分的研究结果也将曲晓辉和黄霖华（2013）关于可供出售金融资产公允价值信息之价值相关性的研究推进到可供出售金融资产公允价值变动信息的价值相关性的层面；最后，本部分对可供出售金融资产引起的净资产变动进行了分类控制，分类为可供出售金融资产重分类引起的净资产变动和可供出售金融资产公允价值变动引起的净资产变动，并分别进行了实证检验。这一分类对徐经长和曾雪云（2013）的可供出售金融资产相关研究起到一定的补充作用。

综合上述分析，结合变量相关系数的检验结果，我们得出第一个结论：可供出售金融资产公允价值变动信息具有显著的价值相关性和决策有用性。可供出售金融资产公允价值变动确认的净资产额与持股公司的股票收益率显著正相关，即实证结果支持假设 1。

三、投资者情绪对会计信息之价值相关性的影响

表 4-3 第（2）列的检验结果显示，股票收益率（R）与投资者情绪（IS）在 1% 的统计水平上显著正相关。这表明：投资者情绪对股票收益率存在显著的影响，投资

者情绪乐观时股票收益率更高,反之亦反。本部分关于投资者情绪对股票收益率之影响的研究结果,从一个新视角支持了现有文献(Baker 和 Wurgler,2006;Stambaugh 等,2012;曲晓辉和黄霖华,2013)关于投资者情绪是股票价格之影响因素的发现。

实证检验结果还显示,投资者情绪(IS)与可供出售金融资产公允价值变动信息(FC)的交乘项对股票收益率(R)的影响并不显著,而且 t 值也比较小。但是,FC×IS 交乘项与 FC 的系数之和在 5% 的统计水平上显著为正(t 值分别为 2.13)①。这表明投资者情绪对可供出售金融资产公允价值变动信息的价值相关性存在显著的影响。当投资者情绪乐观时,可供出售金融资产公允价值变动信息与股票收益率具有价值相关性;当投资者情绪悲观时,可供出售金融资产公允价值变动信息与股票收益率不具有价值相关性。同时,表 4-3 第(4)列的检验结果进一步显示,即便控制了控股股东控制权对可供出售金融资产公允价值变动信息之价值相关性的影响(FC×CO),与第(2)列的检验结果相比,FC×IS 项的检验结果也并未发生显著变化。这表明投资者情绪对可供出售金融资产公允价值变动信息之价值相关性的影响并未受控股股东控制权的显著影响。

本章关于投资者情绪影响会计信息之价值相关性(股票收益率)的研究发现与现有文献(Stambaugh 等,2012;曲晓辉和黄霖华,2013)的相关研究结论保持一致;而且,本章研究结果为投资者情绪对公允价值信息之价值相关性的影响提供了中长期的实证证据支持,部分解答了现有文献(Mian 和 Sankaraguruswamy,2012;曲晓辉和黄霖华,2013)提出的投资者情绪对会计信息之价值相关性是否存在长期影响的实证问题。

基于上述分析,我们得出第二个结论:投资者情绪对可供出售金融资产公允价值变动信息与股票收益率的价值相关性存在显著影响。当投资者情绪乐观时,可供出售金融资产公允价值变动信息对股票收益率具有显著的正向影响;当投资者情绪悲观时,可供出售金融资产公允价值变动信息对股票收益率的影响与作用不显著。由此,假设 2 得到实证结果的有效支持。

四、控股股东控制权对会计信息之价值相关性的影响

表 4-3 第(3)列的回归结果显示,股票收益率(R)和控股股东的控制权比例

---

① 相关数据未列示。

(CO)负相关,但并不显著。这表明控股股东的控制权比例对股票收益率存在一定的负向影响,即控股股东的控制权比例越高,控制人越可能利用控制权牟取控制权私利,侵害中小投资者的权益。这种行为打压了市场上投资者对这类公司股票的追捧热情,在一定程度上限制了其股票价格的升幅;同时,股票收益率(R)与可供出售金融资产公允价值变动信息和控股股东的控制权比例之交乘项($FC \times CO$)在5%的统计水平上显著负相关。这更进一步表明控股股东的控制权比例对可供出售金融资产公允价值变动信息与股票收益率的价值相关性存在显著的负向影响,即控股股东的控制权比例越高,控制人利用可供出售金融资产项目牟取控制权私利的可能性越大。这种行为影响了理性投资者对可供出售金融资产公允价值变动的估值,限制了可供出售金融资产公允价值变动信息与股票收益率的价值相关性。同时,表4-3第(4)列的检验结果也显示,即便控制了投资者情绪对可供出售金融资产公允价值变动信息之价值相关性的作用($FC \times IS$),与第(3)列的检验结果相比,$FC \times CO$的检验结果并未发生显著变化。这表明控股股东控制权对可供出售金融资产公允价值变动信息之价值相关性的作用并未受到投资者情绪的显著影响。总之,本部分关于控股股东控制权对会计信息与股票收益率的价值相关性的影响的研究发现与现有文献(Fan 和 Wong,2002;王化成和佟岩,2006)的研究结论保持一致。

由此,我们得出结论:控制股东控制权对可供出售金融资产公允价值变动信息与股票收益率的价值相关性存在显著的负向影响;控股股东的控制权比例越高,控制权对可供出售金融资产公允价值变动信息与股票收益率之价值相关性的负向作用越强。实证结果支持假设3。

五、稳健性检验

为了检验上述实证结果的可靠性,本章进行了补充检验:(1)使用其他方法度量控股股东的控制权比例。借鉴 Fan 和 Wong(2002)度量控股股东的控制权比例的方法,剔除数据中控制权比例超过50%的样本,并使用新样本对实证部分含控股股东控制权的模型重新进行回归,检验结果与主回归结果保持一致。(2)控制管理层持股。管理层持股可以增进管理层利益和股东利益的一致性,这可能影响控股股东控制权对会计信息之价值相关性的作用。在稳健性检验的回归模型中,我们控制管理层持股(管理层持股比例),检验结果表明主回归结果保持不变。(3)控制其他因素。在分别控制股权制衡(第二至第十大股东的持股比例之和)、机构投资者持股比例、公司规模(公司资产期末市值)和金融危机(剔除金融危机样本)以及对样本进行缩尾处理之后,检验结果表明主要结论依然成立。限于篇幅,本章未详细报告上述稳健性检验的回归结果。

小结

《企业会计准则》(2006)最为重要的特色之一便是引入国际趋同的公允价值计量规范。国内学者的相关研究(刘永泽和孙嵩,2011;曲晓辉和黄霖华,2013)表明,公允价值计量规范的引入是实施《企业会计准则》(2006)后中国上市公司财务报告信息质量提升的重要推动力。然而,除了准则因素,会计信息质量还受到外部市场环境因素和内部公司治理机制因素的制约。具体而言,公允价值会计信息之价值相关性同时受到投资者情绪(市场因素)和控股股东控制权(公司治理因素)的单独或共同的作用。本章假设,市场环境中的投资者情绪及公司治理中的控股股东控制权比例对可供出售金融资产公允价值变动信息之价值相关性存在影响。

基于Feltham和Ohlson(1995)的修正模型,运用多元线性回归的实证分析方法,本章检验了可供出售金融资产公允价值变动信息的价值相关性,以及投资者情绪和控股股东控制权对可供出售金融资产公允价值变动信息之价值相关性的影响,并得出如下研究结论:

首先,可供出售金融资产公允价值变动信息与股票收益率存在显著的正向价值相关关系。具体而言,可供出售金融资产公允价值上升而确认的资本公积金额越大,股票收益率越高;反之亦反。

其次,投资者情绪会加剧股票收益率的波动,而且投资者情绪对可供出售金融资产公允价值变动信息与股票收益率的价值相关关系存在显著的正向影响。当投资者情绪乐观时,可供出售金融资产公允价值变动信息与股票收益率显著正相关;当投资者情绪悲观时,可供出售金融资产公允价值变动信息与股票收益率的正相关关系不显著。

最后,控股股东存在利用可供出售金融资产项目牟取控制权私利的行为。控股股东控制权对可供出售金融资产公允价值变动信息与股票收益率的价值相关性存在显著的负向影响。控股股东的控制权比例越大,控股股东利用可供出售金融资产项目牟取控制权私利的可能性越大,控制权对可供出售金融资产公允价值变动信息与股票收益率的相关关系的负向影响越强。

总之,本章的实证结果表明,公允价值计量增强了可供出售金融资产项目会计信息的价值相关性;而且,可供出售金融资产公允价值变动信息之价值相关性还受到投资者情绪和控股股东控制权等因素的共同影响。因此，实施高质量的会计准则所带来的会计信息质量的提升可能会受到投资者情绪等市场因素和控股股东控制权等公司治理因素的制约，甚至抵消。

参考文献

［1］邓传洲．公允价值的价值相关性：B 公司的证据［J］．会计研究，2005(10):55-62.

［2］刘永泽，孙翯．我国上市公司公允价值信息的价值相关性［J］．会计研究，2011(2):16-22.

［3］曲晓辉，黄霖华．投资者情绪、资产证券化与公允价值信息含量：来自 A 股市场 PE 公司 IPO 核准公告的经验证据［J］．会计研究，2013(9):14-21.

［4］王化成，佟岩．控股股东与盈余质量：基于盈余反应系数的考察［J］．会计研究，2006(2):66-74.

［5］伍燕然，韩立岩．不完全理性、投资者情绪与封闭式基金之谜［J］．经济研究，2007(3):117-127.

［6］吴战篪，罗绍德，王伟．证券投资收益的价值相关性与盈余管理研究［J］．会计研究，2009(6):42-49.

［7］徐经长，曾雪云．综合收益呈报方式与公允价值信息含量：基于可供出售金融资产的研究［J］．会计研究，2013(1):20-27.

［8］袁晨，付强．异质价格预期、无风险利率调整与证券市场波动［J］．管理科学学报，2012(8):84-96.

［9］BAKER M，WURGLER J. Investor sentiment and the cross-section of stock returns［J］. The Journal of Finance，2006，61(4):1645-1680.

［10］BARTH M E，LANDSMAN W R，LANG M H. International accounting standards and accounting quality［J］. Journal of Accounting Research，2008，46(3):467-498.

［11］BEATTY A，CHAMBERLAIN S，MAGLIOLO J. An empirical analysis of the economic implications of fair value accounting for investment securities［J］. Journal of Accounting and Economics，1996，22(6):43-77.

［12］FAN J P H，WONG T J. Corporate ownership structure and the informativeness of accounting earnings in East Asia［J］. Journal of Accounting and Economics，2002，33:401-425.

［13］FELTHAM G A，OHLSON J A. Valuation and clean surplus accounting for operating and financial activities［J］. Contemporary Accounting Research，1995，11(2):689-731.

［14］HE X J，WONG T J，YONG D Q. Challenges for implementation of fair value accounting in emerging markets：Evidence from China［J］. Contemporary Accounting Research，2012，29(2):538-562.

［15］LANDSMAN W R. Is fair value accounting information relevant and reliable：Evidence from capital market research［J］. Accounting and Business Research，2007，Special Issue:19-30.

[16] LANDSMAN W R, MAYDEW E L, THORNOCK J R.. The information content of annual earnings announcements and mandatory adoption of IFRS [J]. Journal of Accounting and Economics, 2012, 53(1): 34 – 54.

[17] MIAN G M, SANKARAGURUSWAMY S. Investor sentiment and stock market response to earnings news [J]. The Accounting Review, 2012, 87(4): 1357 – 1384.

[18] NELSON K. Fair value accounting for commercial banks: An empirical analysis of SFAS No. 107 [J]. The Accounting Review, 1996, 71(2): 161 – 182.

[19] STAMBAUGH R F, YU J F, YUAN Y. The short of it: Investor sentiment and anomalies [J]. Journal of Financial Economics, 2012, 104(2): 288 – 302.

第五章

分析师评级、投资者情绪与公允价值确认的价值相关性*

国内外研究者(Barth 等,2008;Landsman 等,2012;刘永泽和孙蒿,2011)从准则整体层面提供了国际财务报告准则(IFRS)与更高的会计/财务信息质量相关的大量的实证证据。然而,与 IFRS 整体层面的丰富文献相比,从具体准则特别是具体项目层面探讨 IFRS 对财务信息质量影响的相关研究明显不足,如果不探讨具体准则甚至具体项目,那么人们难以全面理解 IFRS 对财务信息质量的影响路径与作用机理。因此,本章基于《企业会计准则第 22 号——金融工具确认和计量》,探讨由被投资公司 IPO 所致,A 股上市公司的长期股权投资重分类为可供出售金融资产公允价值确认的价值相关性。

Lee(2001)呼吁加强行为财务与资本市场会计相结合的研究。投资者情绪对会计信息之价值相关性的影响是行为财务与资本市场会计交叉研究的重要方向。Mian 和 Sankaraguruswamy(2012)、曲晓辉和黄霖华(2013)进一步建议探讨投资者情绪对会计信息与股票价格之价值相关性的长期影响。有效市场假说是价值相关性理论的重要基石。价值相关性理论认为,市场是有效的,在理性市场参与者的作用下,股票价格能有效地反映会计信息(Holthausen 和 Watts,2001;Landsman 等,2012)。此外,证券分析师的行为能够提高股票价格的信息含量(Frankel 等,2006;朱红军等,2007)。因此,在探讨可供出售金融资产公允价值确认的价值相关性时,我们有必要综合考虑投资者情绪和证券分析师评级因素对价值相关性的影响与作用。

---

* 本章参阅了黄霖华,曲晓辉. 证券分析师评级、投资者情绪与公允价值确认的价值相关性:来自中国 A 股上市公司可供出售金融资产的经验证据[J]. 会计研究,2014(7):18-26.

本章选取2007—2011年发生长期股权投资重分类为可供出售金融资产事项的A股上市公司共计174个样本,运用Feltham和Ohlson(1995)的修正模型,检验样本公司的长期股权投资重分类为可供出售金融资产公允价值确认的价值相关性。实证结果表明,在公允价值计量模式下,可供出售金融资产之公允价值确认具有显著的价值相关性;而且,相较于影响净资产变动的其他项目,可供出售金融资产公允价值确认所致净资产变动信息具有更显著的价值相关性。同时,与投资者情绪的价值相关性不显著的检验结果不同,证券分析师关于买入和增持评级对绩优(以每股收益为标准)公司的价值相关性具有显著的正向作用。在可供出售金融资产公允价值确认的价值相关性方面,本章的研究发现为我国企业会计准则国际趋同背景下全面引入IFRS公允价值计量规范的经济后果评估以及相关会计准则的完善提供了有益的政策参考;同时,在探讨投资者情绪对公允价值确认之价值相关性在长时间窗口的影响以及证券分析师在搜寻公允价值信息以提高市场有效性的作用方面,本章的研究发现具有一定的理论价值。

第一节 文献回顾

证券投资公允价值确认的价值相关性仍然是有争议的实证问题,对此国内外学者并未形成一致的观点。部分学者认为,证券投资公允价值确认具有价值相关的信息增量;另一部分学者的研究结果却并未完全支持证券投资公允价值确认具有价值相关性的推论。

以Barth为代表的学者支持证券投资公允价值确认具有价值相关性的论点。Barth(1994)认为,证券投资公允价值信息与银行股票价格具有显著的价值相关性。Nelson(1996)利用200家规模最大美国银行1992年的相关数据,实证检验SFAS 107《金融工具公允价值的披露》下金融工具公允价值信息的价值相关性,发现证券投资公允价值信息具有增量的解释能力,而且只有已确认的公允价值才对股票价格具有增量的解释能力。Ahmed等(2006)研究发现,美国银行业上市公司根据SFAS 133《衍生金融工具和套期活动会计》确认的衍生金融工具公允价值具有显著的价值相关性。刘永泽和孙翯(2011)检验了公允价值变动损益信息对股票价格和股票收益的价值相关性的影响,发现我国会计准则国际趋同背景下的公允价值信息(包含证券投资公允价值的确认)在一定程度上增强了财务报告信息的价值相关性。

也有学者的研究发现与Barth等人的研究结论并不完全一致。Beatty等(1996)运用事件研究方法,检验SFAS 115《特定债务与权益工具投资会计》的实施等一系列事件对美国银行保险类公司股票价格的影响,发现证券投资未实现收益(或损失)公允价值的确认对美国银行股票价格具有显著影响,但对保险公司股票价格几乎不存在价值相关性。Khurana和Kim(2003)以美国银行数据为样本,检验SFAS 107《金融工具公允价值的披露》和SFAS 115《特定债务与权益工具投资会计》的公允价值信息的价值相关性,发现金融工具历史成本信息与股票价格的关联程度与这些金融工具公允价值信息与股票价格的关联程度并无太大区别,对于规模较小、信息环境不太透明的银行来说,历史成本的信息含量反而大于公允价值的信息含量。朱凯等(2009)以价值相关模型为基础,比较分析会计准则改革前后会计盈余信息的价值相关性,发现在实施新会计准则后,公允价值会计盈余信息的价值相关性并没有显著增强。

综合上述文献分析,在会计准则国际趋同和我国全面引入IFRS公允价值计量规范的背景下,证券投资公允价值确认的价值相关性问题仍然存在一定的争议,尚存很多有理论和现实意义的重要实证问题有待于从不同方面加以检验。

第二节 理论分析与研究假设

基于有效市场假说、价值相关性理论和投资者情绪理论,本部分主要对长期股权投资——可供出售金融资产公允价值确认的价值相关性以及证券分析师评级和投资者情绪对可供出售金融资产公允价值确认的价值相关性的影响,进行相关的理论分析和假设推演。

一、公允价值相关性理论分析

SFAS 5《或有事项会计》指出,如果财务数据(即会计或财务信息)对财务报告使用者的决策能够引致差异,财务数据就具有价值相关性。我国著名会计学家葛家澍(2010)也认为,从准则角度来看,相关性主要指财务信息与财务报表使用者相关。如果有些报表或某些项目已经通过财务报表使用者反复实践证明是无用的,则它们缺乏价值相关性。

但是,学术界对于价值相关性的界定与财务报告目标之价值相关性的含义并不一致。Beaver(1989)认为,会计信息的最高目标是决策有用性。估值有用性是决策有用性的重要组成,即会计信息有利于证券投资者的估值决策。Barth等(1998)

进一步认为,价值相关性是针对 FASB 的相关性定义的实证操作问题,因为价值相关性体现在财务数据与股票价格预测间存在显著的关联。当且仅当财务数据反映与被评估公司价值相关的信息,并且这些财务信息的计量能可靠地反映到股票价格中时,财务数据才具有价值相关性。Holthausen 和 Watts(2001)更直接地指出,价值相关性是指股票价格变动与特定会计数据之间的经验联系。

与传统的历史成本计量模式相比,公允价值会计为财务报表使用者的决策提供与当期价格关系更接近的财务信息(葛家澍,2010)。FASB 认为,公允价值是金融工具最相关的计量属性,对衍生金融工具而言则是唯一相关的计量属性。理论上,对于金融工具和衍生金融工具的计量而言,公允价值会计可以提供价值相关性更强的财务信息。具体而言,公允价值会计能够增强证券化资产财务信息的价值相关性,即证券化资产公允价值信息与其股票价格之间的相关关系更密切。

二、可供出售金融资产公允价值确认的价值相关性

《企业会计准则第 22 号——金融工具确认和计量》规定,被投资公司在 IPO 后,持股公司可根据持有意愿将按历史成本计量的长期股权投资重分类为以公允价值计量的可供出售金融资产,但其价格变动计入资本公积。这一重分类事项将导致持股公司所有者权益增加,即公允价值计量的每股净资产增加。根据 Feltham 和 Ohlson(1995)的修正模型,公司账面价值与股票价格具有价值相关关系。理论上,长期股权投资重分类为可供出售金融资产公允价值的确认会影响投资者的股票估值决策。

曲晓辉和黄霖华(2013)研究发现,PE 公司的 IPO 核准公告对持有 PE 公司股权的 A 股上市公司具有信息含量,而且披露的公允价值信息(发行价格)与累计超额收益率显著正相关。而 PE 公司的 IPO 核准公告向市场传递的信息是指持股公司在可预见的未来可以将长期股权投资重分类为以公允价值计量的可供出售金融资产,并在限售期满后将可供出售金融资产售出以实现资产证券化的投资收益。同时,已有的实证研究(如 Nelson,1996)也表明,与公允价值的信息披露相比,公允价值的确认具有更加显著的价值相关性。因此,长期股权投资重分类为可供出售金融资产公允价值的确认具有价值相关性。

综合上述分析,关于证券投资公允价值信息存在价值相关性的实证观点在学术界依然存在一定的争议,但是国内诸多实证研究结果(刘永泽和孙嵩,2011;徐经长和曾雪云,2013)表明,对证券投资而言公允价值的确认具有显著的价值相关性,

而且理论上公允价值是与证券资产更相关的计量属性(FASB,1998)。因此,本章的第一个假设为:

假设 1 长期股权投资重分类为可供出售金融资产公允价值的确认具有价值相关性。

三、证券分析师评级对公允价值确认的价值相关性的影响

基于有效市场假说,证券分析师的作用在于通过优于一般投资者的信息收集途径和专业分析能力,向证券市场参与者提供合理反映证券内在价值的有效信息,从而提高股票价格反映价值信息的速度,增强市场的有效性。可以认为,证券分析师是市场有效信息的供给者(Frankel 等,2006)。

诸多实证研究支持证券分析师在传递市场有效信息中起着积极作用的观点。Frankel 等(2006)证实,证券分析师的报告具有信息含量。Landsman 等(2012)进一步发现,在强制执行 IFRS 的国家中,分析师跟踪有利于提高上市公司盈余公告的信息含量。朱红军等(2007)的研究结果与国外学者的研究结论一致,即证券分析师跟踪具有提高股票价格信息含量及资本市场运行效率的作用。

基于上述分析可以认为,在我国证券市场上,证券分析师能起到提高资本市场运行效率的作用,提高股票价格对市场有效信息(可供出售金融资产公允价值信息)的反应速度。因此,本章的第二个假设为:

假设 2 证券分析师评级对可供出售金融资产公允价值确认的价值相关性具有影响。

四、投资者情绪对公允价值确认的价值相关性的影响

投资者情绪在投资决策中起着非常重要的作用。近年来国内外学者(如 Baker 和 Wurgler,2006;蒋玉梅和王明照,2009)的研究证实,投资者情绪对股票错误定价产生重要的作用。具体而言,投资者情绪乐观时股票的超额收益率更高,投资者情绪悲观时股票的超额收益率更低。

鉴于投资者情绪对股票错误定价产生重要的作用,Lee(2001)呼吁增进行为财务与资本市场会计相结合的研究。Mian 和 Sankaraguruswamy(2012)研究发现,投资者情绪对盈余公告的信息含量存在显著的正向作用:投资者情绪乐观时好消息的价值相关性更强,投资者情绪悲观时坏消息的价值相关性更强;反之亦反。曲晓辉和黄霖华(2013)进一步发现,投资者情绪对持股公司之 PE 公司 IPO 核准公告窗口

期的累计超额收益存在显著的正向作用,而且显著影响 IPO 公允价值(发行价格)信息的价值相关性。

但是,现有关于投资者情绪对会计信息之价值相关性影响的研究(Mian 和 Sankaraguruswamy,2012;曲晓辉和黄霖华,2013)多集中于短期市场反应。曲晓辉和黄霖华(2013)认为,投资者情绪在长时间窗口对公允价值信息之价值相关性的影响与作用可能会发生改变。Mian 和 Sankaraguruswamy(2012)进一步指出,为了全面理解投资者情绪对财务信息之价值相关性的影响,有必要进一步探究投资者情绪对较长期间会计信息之价值相关性的作用。这表明市场的有效性程度在长期与短期可能存在差异,投资者情绪对会计信息之价值相关性的长期影响的推论有待更多实证证据的支持。

有效市场假说依然是价值相关性理论的重要基石,现有的投资者情绪对公允价值信息之价值相关性影响的研究(Mian 和 Sankaraguruswamy,2012;曲晓辉和黄霖华,2013)并未完全背离有效市场假说,只是放宽了"经济人"完全理性的假设。而且,Mian 和 Sankaraguruswamy(2012)认为,当投资者情绪乐观时,投资者可能会高估未来的现金流量并低估风险,从而导致股票价格被高估;当投资者情绪悲观时,投资者可能会低估未来的现金流量并高估风险,从而导致股票价格被低估。那么,当时间窗口延长至包含投资者情绪乐观的期间和投资者情绪悲观的期间时,在投资者情绪乐观期间被高估的股票价格可能在投资者情绪悲观期间得到修正,反之亦成立。因此,基于可能同时包含乐观和悲观的投资者情绪的长时间窗口,投资者情绪对会计信息之价值相关性的影响可能会发生改变。

综合上述分析,基于有效市场假说以及投资者情绪与财务/会计信息之价值相关性的关系缺乏长时间窗口实证证据支持的事实,投资者情绪对可供出售金融资产公允价值确认之价值相关性的影响在长时间窗口的存在性有待进一步的实证检验。因此,本章的第三个假设为:

假设 3 投资者情绪可能并不影响可供出售金融资产公允价值确认的价值相关性。

第三节 研 究 设 计

一、研究模型

近年来,会计信息之价值相关性研究常用的价格模型和收益模型大多基于

Feltham 和 Ohlson(1995)的修正模型。在借鉴 Feltham-Ohlson 修正模型的基础上，根据研究目的，本章对价格模型做了适当调整；同时，在稳健性检验中使用收益模型，对实证结果的可靠性做进一步分析。

公司的每股净资产可以拆分为三部分——长期股权投资重分类为以公允价值计量的可供出售金融资产而形成的净资产变动额、每股收益和其他每股净资产，以此检验可供出售金融资产公允价值的确认与持股公司股票价格的增量是否相关。具体模型如下：

$$P_{i,t} = a_0 + a_1 \text{FBV}_{i,t} + a_2 \text{OBV}_{i,t} + a_3 \text{EPS}_{i,t} + u \qquad (5-1)$$

$$P_{i,t} = b_0 + b_1 \text{FBV}_{i,t} + b_2 \text{OBV}_{i,t} + b_3 \text{EPS}_{i,t} + b_4 \text{AL}_{i,t} + b_5 \text{IS}_{i,t} + u \qquad (5-2)$$

$$P_{i,t} = c_0 + c_1 \text{FBV}_{i,t} + c_2 \text{OBV}_{i,t} + c_3 \text{EPS}_{i,t} + c_4 \text{AL}_{i,t} + c_5 \text{IS}_{i,t} +$$
$$c_6 \text{FBV}_{i,t} \times \text{AL}_{i,t} + u \qquad (5-3)$$

$$P_{i,t} = d_0 + d_1 \text{FBV}_{i,t} + d_2 \text{OBV}_{i,t} + d_3 \text{EPS}_{i,t} + d_4 \text{AL}_{i,t} + d_5 \text{IS}_{i,t} +$$
$$d_6 \text{FBV}_{i,t} \times \text{IS}_{i,t} + u \qquad (5-4)$$

其中，$P_{i,t}$ 为公司 i 第 t 期的期末股票价格；$\text{FBV}_{i,t}$ 为公司 i 第 t 期因被投资公司 IPO，长期股权投资重分类为以公允价值计量的可供出售金融资产而确认的净资产公允价值变动额；$\text{OBV}_{i,t}$ 为除 FBV 和 EPS 外，公司 i 第 t 期由其他因素形成的每股净资产；$\text{EPS}_{i,t}$ 为公司 i 第 t 期的每股收益；$\text{AL}_{i,t}$ 为公司 i 第 t 期的证券分析师评级指标，被投资公司 IPO 首日至期末，若买入和增持评级的次数多于中性与卖出评级则 AL 取值为 1，否则取值为 0；$\text{IS}_{i,t}$ 为公司 i 第 t 期的投资者情绪指标；u 为残差。借鉴曲晓辉和黄霖华(2013)投资者情绪的度量方法计算月度投资者情绪指标，被投资 PE 公司 IPO 首日至期末，所在月份若投资者情绪指标为正值的月份多于投资者情绪指标为负值的月份则 IS 取值为 1，否则取值为 0。

二、样本选择

由于我国 A 股上市公司于 2007 年正式开始实施《企业会计准则》(2006)，本章以沪深两地 2007—2011 年持有 IPO 公司原始股的 A 股上市公司为研究样本。在剔除期末未将长期股权投资重分类为以公允价值计量的可供出售金融资产的公司、ST 与 *ST 公司、金融类公司、数据缺失和明显异常的公司后，从 CSMAR 数据库和上市公司年报手工收集整理得到 174 个样本。

三、描述性统计

1. 变量描述性统计

表 5-1 变量描述性统计结果显示,样本公司每股股票价格(P)的均值为 14.81 元、最小值为 1.84 元、最大值为 72.80 元。其他因素形成的每股净资产(OBV)的均值为 3.06 元、最小值为 0.06 元、最大值为 11.15 元。每股收益(EPS)的均值为 0.38 元、最小值为 -0.62 元、最大值为 2.54 元。被投资公司 IPO 后,长期股权投资重分类为以公允价值计量的可供出售金融资产而确认的净资产变动额(FBV)的均值为 0.67 元,占样本公司当期净资产比重近 20%,为样本公司当期平均每股收益的近两倍。曲晓辉和黄霖华(2013)证实,长期股权投资之 IPO 公允价值的披露对持股公司的股票价格具有显著的信息含量。这表明长期股权投资重分类为可供出售金融资产的预期对投资者具有重要的决策参考意义。与公允价值的信息披露相比,可供出售金融资产公允价值的确认在实质层面上更影响持股公司的财务数据,由此预计该事项也可能对样本公司的股票价格产生作用。

表 5-1 变量描述性统计

变量	均值	标准差	最小值	中位数	最大值
P	14.81	10.53	1.84	12.15	72.80
FBV	0.67	2.06	-0.35	0.17	23.68
OBV	3.06	1.81	0.06	2.52	11.15
EPS	0.38	0.43	-0.62	0.28	2.54

注:单位为元/股;样本量为 174 个。

2. 变量相关系数检验

表 5-2 是各变量的 Pearson 相关系数。由表 5-2 可知,P(股票价格)和 FBV、OBV、EPS、AL 与 IS 显著正相关。这说明被投资公司上市后,持股公司将长期股权投资重分类为以公允价值计量的可供出售金融资产而形成的净资产变动额可能显著影响持股公司的股票价格;同时,投资者情绪和证券分析师评级也可能对持股公司的股票价格产生显著的影响。总之,解释变量和被解释变量的相关关系与假设预期基本一致。这表明长期股权投资重分类为可供出售金融资产公允价值的确认对持股公司的股票价格具有显著的信息含量。后续将对这一结果做进一步的实证检验与分析。另外,解释变量 EPS 与 P 和 OBV 的相关系数值大于 0.5,EPS 与 AL 的相关系数值也接近 0.4,这可能与解释变量之间的多重共线性有关。但是,多重

共线性检验结果(限于篇幅,未详细列示检验结果)显示,EPS、OBV 和 AL 的 VIF 值都小于 3,这表明模型并不存在显著的多重共线性问题。

表 5-2 变量相关系数

变量	P	FBV	OBV	EPS	AL	IS
P	1.00					
FBV	0.36***	1.00				
OBV	0.39***	-0.09	1.00			
EPS	0.55***	-0.01	0.57***	1.00		
AL	0.33***	-0.06	0.18**	0.38***	1.00	
IS	0.23***	0.13*	-0.07	-0.13*	-0.09	1.00

注:***、**、* 分别表示在 1%、5% 和 10% 的统计水平上显著。

第四节 实证结果分析

一、可供出售金融资产公允价值确认的价值相关性

表 5-3 为模型(5-1)至模型(5-6)的 OLS 多元线性回归结果。模型(5-1)至模型(5-4)的检验结果显示:股票价格 P 与 FBV、OBV 和 EPS 显著正相关(至少 5% 的显著性水平)。这表明,长期股权投资重分类为以公允价值计量的可供出售金融资产而确认的公允价值变动额(FBV)会显著影响持股公司的股票价格,而且每单位 FBV 的变动额会导致股票价格两倍左右的同向变动。尽管经济意义上 FBV 对股票价格的解释力度不如 EPS,但显著强于 OBV,而且 FBV 与 P 的相关系数大约两倍于 OBV 与 P 的相关系数。由此可以得出结论,被投资公司 IPO 后,持股公司长期股权投资重分类为可供出售金融资产而确认的公允价值显著地影响持股公司的股票价格,而且其对股票价格的解释力度强于持股公司影响净资产变动额的其他项目。

本部分的研究发现为 IFRS 增进财务信息的价值相关性的论点(Barth 等,2008;Landsman 等,2012)在具体准则层面提供了进一步的实证证据,也与国内学者(刘永泽和孙蔓,2011;徐经长和曾雪云,2013)基于会计准则与 IFRS 全面趋同背景之中国数据得出的研究结论一致——证券投资公允价值的确认具有价值相关性。

表 5-3 多元回归结果

变量	符号	模型(5-1)	模型(5-2)	模型(5-3)	模型(5-4)	模型(5-5)	模型(5-6)
截距项	?	6.27*** (5.20)	1.87 (1.42)	1.92 (1.44)	1.36 (0.95)	2.06 (1.56)	1.31 (0.91)
FBV	+	1.93*** (6.66)	1.82*** (6.80)	1.85*** (6.67)	2.78*** (2.64)	1.86*** (6.79)	2.75*** (2.60)
OBV	+	0.95** (2.35)	0.98*** (2.67)	0.94** (2.49)	1.07*** (2.82)	1.05*** (2.76)	1.05*** (2.75)
EPS	+	11.33*** (6.67)	10.34*** (6.24)	10.44*** (6.21)	10.01*** (5.90)	8.65*** (4.68)	10.23*** (5.79)
AL	+		3.91*** (3.32)	4.15*** (3.15)	3.89*** (3.30)	4.15*** (3.20)	3.93*** (3.32)
IS	+		5.69*** (5.15)	5.71*** (5.15)	6.13*** (5.10)	5.64*** (5.14)	6.28*** (5.03)
FBV×AL	+			-0.43 (-0.41)		-1.29 (-1.16)	
FBV×IS	+				-1.02 (-0.94)		-0.99 (-0.91)
FBV×AL×DE	+					4.52** (2.21)	
FBV×IS×DE	+						-1.12 (-0.45)
Adj. R^2		0.45	0.54	0.54	0.54	0.55	0.54

注:被解释变量为公司年末股票价格(P);样本数量为 174 个;括号内是 t 值;***、**分别表示在 1%、5% 的统计水平上显著。

综合上述分析,结合表 5-1 描述性统计的发现和表 5-2 变量相关系数的结果,本章的第一个结论为:长期股权投资重分类为可供出售金融资产而确认的公允价值信息具有显著的价值相关性,经由可供出售金融资产确认的公允价值变动额会显著影响持股公司的股票价格。实证检验结果支持假设 1。

二、证券分析师评级对价值相关性的影响

表 5-3 中基于模型(5-2)至模型(5-6)的检验结果显示,股票价格(P)与证券分析师评级(AL)显著正相关(1% 的显著性水平)。这表明,证券分析师评级对股票价格具有显著的正向作用,被证券分析师评级为买入和增持的股票的价格更高,反之则更低。在模型(5-3)的回归结果中,证券分析师评级(AL)与净资产公

允价值变动额(FBV)的交乘项对股票价格(P)的作用并不显著,可能的解释是证券分析师评级对公允价值信息之价值相关性的作用还可能受到公司盈利状况的制约。朱红军等(2007)证实,证券分析师对股票价格信息含量的影响与盈余变动显著相关。同时,Ahmed 和 Takeda(1995)也发现,净利润会影响证券投资收益公允价值信息的价值相关性,更低的净利润水平会显著削弱证券投资收益公允价值信息的价值相关性。因此,本章在模型(5-3)和模型(5-4)中引入新变量 DE(若样本公司所在年份的每股收益大于市场平均每股收益则为绩优公司,DE 取值为 1;否则 DE 取值为 0),构建模型(5-5)和模型(5-6),进一步探讨净利润和证券分析师评级对可供出售金融资产公允价值确认之价值相关性的影响。

$$P_{it} = e_0 + e_1 FBV_{i,t} + e_2 OBV_{i,t} + e_3 EPS_{i,t} + e_4 AL_{i,t} + e_5 IS_{i,t} + \\ e_6 FBV_{i,t} \times AL_{i,t} + e_7 FBV_{i,t} \times AL_{i,t} \times DE_{i,t} + u \quad (5-5)$$

$$P_{i,t} = f_0 + f_1 FBV_{i,t} + f_2 OBV_{i,t} + f_3 EPS_{i,t} + f_4 AL_{i,t} + f_5 IS_{i,t} + \\ f_6 FBV_{i,t} \times IS_{i,t} + f_7 FBV_{i,t} \times IS_{i,t} \times DE_{i,t} + u \quad (5-6)$$

模型(5-5)的检验结果显示:证券分析师评级对非绩优公司的可供出售金融资产公允价值确认之价值相关性的影响系数为 0.57(FBV 与 FBV×AL 的回归系数之和);而证券分析师评级对绩优公司的可供出售金融资产公允价值确认之价值相关性的影响系数为 5.09(FBV、FBV×AL 与 FBV×AL×DE 的回归系数之和)。这显示对于绩优公司,证券分析师评级对公司可供出售金融资产公允价值信息之价值相关性的影响与作用都更加显著。同时,FBV×AL×DE 的回归系数在 5% 的统计水平上显著为正的检验结果进一步表明,证券分析师评级(AL)显著影响绩优公司(DE=1)可供出售金融资产公允价值确认(FBV)的价值相关性。而且,与模型(5-3)相比,模型(5-5)的解释力度也有一定程度的增进(提高 0.01)。这表明当证券分析师评级为买入和增持时,绩优公司可供出售金融资产公允价值的确认对股票价格具有更加显著的正向作用。

综上所述,证券分析师评级对持股公司股票价格具有价值相关的信息含量,证券分析师买入和增持评级与持股公司的股票价格显著正相关。同时,证券分析师评级显著影响绩优公司可供出售金融资产公允价值确认的价值相关性。当证券分析师评级为买入和增持时,可供出售金融资产公允价值的确认对绩优持股公司之股票价格的影响更强。实证结果与假设 2 基本保持一致。

三、投资者情绪对价值相关性的影响

模型(5-2)至模型(5-6)的检验结果显示:股票价格(P)与投资者情绪(IS)在1%的统计水平上显著正相关。这表明投资者情绪对持股公司的股票价格存在显著的影响,投资者情绪乐观时股票价格更高,投资者情绪悲观时股票价格更低。本章关于投资者情绪对股票价格影响的发现与现有文献(Baker和Wurgler,2006;蒋玉梅和王明照,2009)关于投资者情绪是股票错误定价的重要影响因素的结论保持一致。

在模型(5-4)和模型(5-6)的检验结果中,投资者情绪(IS)与公允价值确认(FBV)的交乘项对股票价格(P)的影响不显著;而且,模型(5-6)的回归结果也显示,FBV与IS和DE的交乘项对股票价格(P)的影响也不显著。这进一步表明投资者情绪对公允价值确认之价值相关性的影响与作用在较长时间窗口(样本平均时间窗口约为6个月)可能并不存在。本章的研究发现为投资者情绪对公允价值确认之价值相关性的影响提供了长时间窗口的实证证据支持,部分解答了现有文献(Mian和Sankaraguruswamy,2012;曲晓辉和黄霖华,2013)提出的投资者情绪对财务信息之价值相关性的长期影响的实证问题。

基于上述分析,本章可以得出结论:投资者情绪并不影响可供出售金融资产公允价值确认的价值相关性。实证结果支持假设3。

四、稳健性检验

为了检验上述实证结果的可靠性,我们进行了以下补充检验:(1)改用收益模型。使用收益模型进行价值相关性检验,结果表明本章的主要结论保持不变。(2)以资产收益率(ROA)区分绩优公司与非绩优公司。Ahmed和Takeda(1995)发现,ROA会影响证券投资公允价值信息的价值相关性。本部分用ROA区分绩优公司与非绩优公司,对模型(5-5)和模型(5-6)重新进行回归,检验结果与本章的主要结论保持一致。(3)控制其他因素。在控制证券分析师评级与投资者情绪的共同作用、机构投资者持股比例、公司规模、年度和行业等因素后重新进行回归,结果表明本章的主要结论依然成立。限于篇幅,未提供上述稳健性检验的数据。

小结

本章基于会计准则国际趋同背景,探讨《企业会计准则》(2006)全面引入公允价值计量规范是否提高A股上市公司长期股权投资重分类为可供出售金融资产而确认的公允价值信息的价值相关性,以及证券分析师评级和投资者情绪对公允价值确认之价值相关性的影响。以《企业会计准则第22号——金融工具确认和计量》为基础,选取2007—2011年发生长期股权投资重分类为以公允价值计量的可供出售金融资产事项的174家A股上市公司为研究样本,运用Feltham和Ohlson(1995)的修正模型进行实证检验,得出如下研究结论:

其一,长期股权投资重分类为可供出售金融资产而确认的公允价值信息具有显著的价值相关性。在被投资公司IPO后,A股上市公司将其持有的长期股权投资重分类为以公允价值计量的可供出售金融资产。这一重分类形成的以公允价值计量的净资产变动额与持股上市公司的股票价格显著正相关;而且,与其他净资产变动项目相比,该事项形成的净资产变动额的公允价值信息具有更加显著的价值相关性。

其二,证券分析师评级具有价值相关性,而且显著影响绩优公司可供出售金融资产公允价值确认的价值相关性。当证券分析师评级为买入和增持时,持股公司的股票价格更高,绩优持股公司的股票价格受到可供出售金融资产公允价值确认的影响也更强。

其三,投资者情绪对公允价值确认之价值相关性的影响与作用在长时间窗口可能并不存在。本章的经验数据表明,投资者情绪并不影响可供出售金融资产公允价值确认的价值相关性。

综合上述分析,长期股权投资重分类为可供出售金融资产而确认的公允价值信息与股票价格具有显著的价值相关性。同时,与投资者情绪的影响不显著不同,证券分析师关于买入和增持的评级对绩优公司的可供出售金融资产公允价值确认之价值相关性具有显著的正向影响。

参考文献

[1] 葛家澍. 厦门大学财务会计理论与概念框架讲稿[R]. 2010.

[2] 刘永泽,孙蔓. 我国上市公司公允价值信息的价值相关性[J]. 会计研究,2011(2):16-22.

[3] 蒋玉梅,王明照. 投资者情绪与股票横截面收益的实证研究[J]. 经济管理,2009(10):134-140.

[4] 曲晓辉,黄霖华. 投资者情绪、资产证券化与公允价值信息含量:来自 A 股市场 PE 公司 IPO 核准公告的经验证据[J]. 会计研究,2013(9):14-21.

[5] 徐经长,曾雪云. 综合收益呈报方式与公允价值信息含量:基于可供出售金融资产的研究[J]. 会计研究,2013(1):20-27.

[6] 朱红军,何贤杰,陶林. 中国的证券分析师能够提高资本市场效率吗:基于股价同步性和股价信息含量的经验证据[J]. 金融研究,2007(2):110-121.

[7] 朱凯,赵旭颖,孙红. 会计准则改革、信息准确度与价值相关性:基于中国会计准则改革的经验证据[J]. 管理世界,2009(4):47-54.

[8] AHMED A S, TAKEDA C. Stock market valuation of gains and losses on commercial banks' investment securities: An empirical analysis[J]. Journal of Accounting and Economics,1995,20(2):.207-225.

[9] AHMED A S, KILIC E, LOBO J G. Does recognition versus disclosure matter? Evidence from value-relevance of banks' recognized and disclosed derivative financial instruments[J]. The Accounting Review,2006,81(3):567-588.

[10] BAKER M, WURGLER J. Investor sentiment and the cross-section of stock returns[J]. The Journal of Finance,2006,61(4):1645-1680.

[11] BARTH M E. Fair value accounting: Evidence from investment securities and the market valuation of banks[J]. The Accounting Review,1994,69(1):1-25.

[12] BARTH M E, BEAVER W H, LANDSMAN W R. Relative valuation roles of equity book value and net income as a function of financial health[J]. Journal of Accounting and Economics,1998,25(1):1-34.

[13] BARTH M E, LANDSMAN W R, LANG M H. International accounting standards and accounting quality[J]. Journal of Accounting Research,2008,46(3):467-498.

[14] BEATTY A, CHAMBERLAIN S, MAGLIOLO J. An empirical analysis of the economic implications of fair value accounting for investment securities[J]. Journal of Accounting and Economics,1996,22(6):43-77.

[15] BEAVER W H. Financial Reporting: An Accounting Revolution[M]. Englewood Cliffs, NJ: Prentice-Hall,1989.

[16] FELTHAM G A, OHLSON J A. Valuation and clean surplus accounting for operating and

financial activities[J]. Contemporary Accounting Research,1995,11(2):689-731.

[17] FRANKEL R,KOTHARI S P,WEBER J. Determinants of the informativeness of analyst research[J]. Journal of Accounting and Economics,2006,41(1):29-54.

[18] HOLTHAUSEN R W,WATTS R L. The relevance of the value-relevance literature for financial accounting standard setting[J]. Journal of Accounting and Economics,2001,31(1):3-75.

[19] KHURANA I K,KIM M S. Relative value relevance of historical cost vs. fair value: Evidence from bank holding companies[J]. Journal of Accounting and Public Policy,2003,22(1):19-42.

[20] LANDSMAN W R,MAYDEW E L,THORNOCK J R. The information content of annual earnings announcements and mandatory adoption of IFRS [J]. Journal of Accounting and Economics,2012,53(1):34-54.

[21] LEE M C. Market efficiency and accounting research: A discussion of capital market research in accounting[J]. Journal of Accounting and Economics,2001,31(1):233-253.

[22] MIAN G M,SANKARAGURUSWAMY S. Investor sentiment and stock market response to earnings news[J]. The Accounting Review,2012,87(4):1357-1384.

[23] NELSON K. Fair value accounting for commercial banks:An empirical analysis of SFAS 107[J]. The Accounting Review,1996,71(2):161-182.

第六章

投资者情绪、资产证券化与公允价值信息含量*

我国《企业会计准则》(2006)实现了与国际财务报告准则的实质性趋同,全面引入了公允价值计量规范。然而,公允价值计量是否显著增进了财务报表的决策有用性?国内学者对此进行了大量的理论分析(姜国华和张然,2007;葛家澍和窦家春,2009;黄世忠,2010)和实证检验(刘奕均和胡奕明,2010;刘永泽和孙翯,2011)。但是,现有文献大多基于有效市场假说,对投资者非理性行为如何影响公允价值信息之价值相关性的实证检验几近空白。本章基于价值相关性理论和行为金融之投资者情绪理论,实证检验投资者情绪对 PE 公司 IPO 核准公告的信息含量和 IPO 公允价值信息(发行价格)之价值相关性的影响。

以我国《企业会计准则》(2006)全面引入公允价值计量规范为契机,本章选取持有 2007—2011 年 IPO 的 PE 公司股权之 192 家 A 股上市公司为研究样本,运用事件研究方法,发现 IPO 核准公告具有显著的信息含量,而且与 IPO 公允价值显著正相关。本章同时发现,由于我国资本市场的特殊性,散户在 IPO 市场中具有重要的影响,机构投资者行为对 IPO 核准公告信息含量的影响并不显著,但投资者情绪不但与 IPO 核准公告的信息含量正相关,而且显著影响 IPO 公允价值信息的价值相关性。本章的研究结论对我国全面引入国际趋同的公允价值计量规范之经济后果评估,以及投资者情绪和机构投资者在传递市场有效信息中的作用具有重要的政策参考意义,同时拓展了投资者情绪理论在公允价值会计领域的应用。本章是基于投资者情绪视角研究公允价值信息之价值相关性的实证研究文献,并且首次尝试运用投资者情绪理论分析资产证券化公允价值信息的信息含量和价值相关性。

---

* 本章参阅了曲晓辉,黄霖华. 投资者情绪、资产证券化与公允价值信息含量:来自 A 股市场 PE 公司 IPO 核准公告的经验证据[J]. 会计研究,2013(9):14-21.

第一节 文献回顾

证券投资公允价值信息的价值相关性研究,旨在探讨证券投资公允价值信息与持股公司股票价格变动的相互关系。根据这些公允价值信息是否在财务报表中确认,现有文献主要可以分为两大类:证券投资公允价值信息披露之价值相关性的研究和证券投资公允价值确认之价值相关性的研究。

一、证券投资公允价值信息披露的价值相关性

Barth(1994)采用价格模型和收益模型,检验了美国银行披露的证券投资公允价值信息的价值相关性。结果表明,在控制证券投资账面价值后,证券投资公允价值信息与银行股票价格增量相关。Barth 等(1996)证实,银行按 SFAS 107《金融工具公允价值的披露》披露的证券、贷款和长期负债的公允价值信息与账面价值信息相比,对银行股票价格具有更显著的解释能力;而且,银行业务越健康,公允价值信息对股票价格的解释能力越显著;同时,估值技术越先进,公允价值信息对股票价格的解释能力越强。邓传洲(2005)研究了 1997—2004 年我国 B 股公司按 IAS 39《金融工具:确认和计量》披露公允价值的股票价格反应,结果发现以公允价值计量的投资持有利得(损失)具有较弱的增量解释能力,而证券投资公允价值的调整则没有显示出价值相关性。

二、证券投资公允价值确认的价值相关性

Nelson(1996)对 200 家规模最大的美国银行 1992 年的相关数据进行分析,得出的结论与 Barth 等(1996)的结果不尽相同。但 Nelson(1996)也认为,相较于账面价值,已确认的证券投资公允价值具有增量解释能力。Ahmed 等(2006)发现,美国银行业上市公司根据 SFAS 133《衍生金融工具和套期活动会计》确认的衍生金融工具公允价值具有显著的价值相关性。吴战篪等(2009)检验了《企业会计准则》(2006)下上市公司证券投资收益公允价值信息的价值相关性,结果发现证券投资采用公允价值计量会显著增强会计信息的价值相关性。刘永泽和孙嵩(2011)基于金融工具公允价值变动损益信息对股票价格和股票收益的价值相关性影响的研究发现,会计准则国际趋同后公允价值信息在一定程度上增强了财务报告信息的价值相关性。黄霖华(2012)也发现,长期股权投资证券化后,持股上市公司的长期股

权投资(PE投资)重分类为以公允价值计量的可供出售金融资产所致净资产增加额之公允价值信息具有显著的价值相关性。

总之,正如Barth等(2008)基于21个国家数据得出的结论:整体而言,广泛采用公允价值计量规范的国际财务报告准则的实施提高了企业财务信息的质量,增进了财务数据的价值相关性。Landsman(2007)进一步指出,大部分实证研究发现公允价值的信息披露和确认具有显著的价值相关性。上述文献主要从准则和制度层面探讨公允价值信息的价值相关性,而且都是基于有效市场假说进行的市场检验。然而,近几年的行为金融研究发现,投资者并不是完全理性的,市场价格往往会受到投资者非理性行为的影响。与上述文献不同,本章基于中国A股上市公司数据,在国际会计准则趋同的背景下,探讨行为金融之投资者情绪如何影响PE公司IPO核准公告的信息含量以及IPO公允价值信息的价值相关性。

第二节 理论分析与研究假设

基于价值相关性理论和投资者情绪理论,本部分重点针对PE公司IPO核准公告的信息含量——IPO公允价值信息的价值相关性,以及投资者情绪和机构投资者对IPO公允价值信息之价值相关性的影响进行相关的理论分析和假设推演,为后文的实证检验提供理论支撑。

一、公允价值信息的价值相关性

提供与财务报表使用者的决策更相关(更能真实反映公司价值)的信息是会计准则制定者共同努力的目标。不同会计计量模式下生成的会计信息可能存在很大的差异,并影响财务报表使用者的决策。FASB认为公允价值是金融工具最相关的计量属性,对衍生金融工具而言则是唯一相关的计量属性,并将这一立场在1998年发布的SFAS 133《衍生金融工具和套期活动会计》中做了充分说明。虽然SFAS 133《衍生金融工具和套期活动会计》遭到实务界的强烈反对,但FASB还是坚持发布这一推行公允价值的会计准则。

SFAS 157《公允价值计量》中对公允价值的定义为:在计量日,市场参与者在有序交易的市场上出售资产收取的价格,或者转移负债付出的价格。公允价值应用于金融工具计量首次出现在1984年FASB发布的SFAS 80《期货合约会计》中。IASB在IAS 39《金融工具:确认和计量》中将公允价值定义为:在公平交易中,熟悉情况的交易双方自愿交换资产或者清偿负债的金额。我国《企业会计准则》(2006)对公允价值的定义援引了 IASB 的公允价值定义。按照市场活跃程度,《企业会计准则》(2006)将公允价值的应用划分为三个级次:第一个级次,资产或负债存在活跃市场的,应当以市场中的交易价格作为公允价值;第二个级次,资产不存在活跃市场但类似资产存在活跃市场的,应当以类似资产的交易价格作为公允价值;第三个级次,对于不存在同类或类似资产可比市场交易的资产,应当采用市场法、收益法和成本法等估值技术确定其公允价值。

总体而言,大部分实证研究发现公允价值的信息披露和确认具有显著的价值相关性,大部分国内外学者的相关研究也支持证券投资公允价值的信息披露与确认具有显著信息含量的观点(Barth,1994;Barth 等,1996;邓传洲,2005;吴战篪等,2009;刘永泽和孙翯,2011;黄霖华,2012)。

二、PE 公司 IPO 核准公告的信息含量

价值相关性理论认为,若某一事件的发生导致投资者对公司未来收益(股票价格)的预期发生改变,则该事件具有信息含量。此外,由于投资者对事件的解读存在差异,市场新的一致性预期的形成需要一段时间,其间市场会出现异常的交易量。因此,如果某一事件具有信息含量,在事件窗口期,市场将出现异常的交易量。但是,从现有的研究成果来看,价格方面的检验已经得到学术界的广泛认同,而交易量方面的检验在学术界仍存在分歧。本章主要从价格异常波动的角度检验事件的信息含量。

截至 2023 年,我国企业 IPO 采取核准制。一方面,在核准制下,中国证券监督管理委员会(以下简称"证监会")对拟发行人的实质状况进行审核,以判断发行人是否达到发行要求。若发行人的发行申请被证监会审核通过,则证监会将在官网公告审核结果并通知发行人和保荐机构到证监会领取核准批文。因此,发行人的审核批文本质上是 IPO 的"入场券"。另一方面,IPO 核准公告也是 PE 公司资产证券化的起点。《企业会计准则第 22 号——金融工具确认和计量》规定,被投资公司 IPO 后,持股公司可根据持有意愿将以历史成本计量的长期股权投资重分类为以公允价值计量的可供出售金融资产,但其变动计入资本公积。从这个意义上看,PE 公司的 IPO 过程对持股上市公司而言就是其长期股权投资的证券化过程。PE 公司 IPO 核准公告对持股上市公司而言就是其以历史成本计量的长期股权投资重分类为以公允价值计量的可供出售金融资产的起点。在《企业会计准则》(2006)国际趋同的背景下,证券投资收益的公允价值信息(吴战篪等,2009)和证券投资的公允价值变动损益信息(刘永泽和孙翯,2011)都具有显著的价值相关性。黄霖华(2012)进一步证实,长期股权投资证券化后重分类为以公允价值计量的可供出售金融资产导致持股上市公司的净资产显著增加,并且净资产增加额在股票价格和股票收益率两个维度都具有显著的价值相关性。由此可以得出推论,被投资的 PE 公司 IPO 核准公告对持有 PE 公司长期股权投资的 A 股上市公司具有信息含量。

证监会出台的《证券发行与承销管理办法》(证监会令〔第 208 号〕)规定,国内企业在 A 股首次公开发行股票应当通过向特定机构投资者询价的方式确定股票发行价格。询价对象及其管理的证券投资产品(以下称"股票配售对象")应当在中国证券业协会登记备案,接受中国证券业协会的自律管理。询价分为初步询价和累计投标询价。发行人及其主承销商应当通过初步询价确定发行价格区间,在发行价格区间内通过累计投标询价确定发行价格,最终在发行公告中公布 IPO 网上发行价格。

大部分持股 PE 公司的上市公司都有基金公司或证券公司等机构投资者的参与。本章全部样本中 94% 持股公司的前十大股东中含有机构投资者,而且机构投资者平均持股比例达到 5%;同时,机构投资者又是证券发行价格的询价对象。此外,IPO 核准公告与 IPO 发行公告间隔的时间比较短(中位数为 26 天)。我们有理由相信,在机构投资者的广泛参与下,市场能够合理预期 PE 公司的 IPO 发行价格,即核准公告的信息含量与 IPO 公允价值(发行价格)正相关。综合上述分析,本章的第一个假设为:

假设 1 PE 公司 IPO 核准公告具有信息含量,而且持股公司在窗口期的累计超额收益率与 IPO 公允价值正相关。

三、投资者情绪对信息含量的影响分析

基于传统古典经济学理论,Fama(1970)提出有效市场假说。Fama 认为,股票价格能充分反映相应资产的所有可获得信息,即"信息有效"。当信息发生变化时,股票价格一定会随之变动。然而,即便控制信息的变化,市场依然存在许多有效市场假说无法解释的异象,由此有效市场假说受到证券市场异象的强烈冲击。行为金融理论认为,市场异象存在的更为合理的解释是,投资者并不是完全理性的,而且投资者不是偶然偏离理性,而是经常重复地偏离理性。Robert 等(2012)运用投资者情绪理论解释了 11 种市场异象(表现为超额收益)。Gallimore 和 Gray(2002)

认为,投资者情绪在投资决策中起着非常重要的作用。Lee 等(2002)发现,股票超额收益与同期投资者情绪变化相关,投资者情绪变化影响收益的波动。Brown 和 Cliff(2004)也证实,投资者情绪越乐观,股票收益率相对越高;反之,则越低。Baker 和 Wurgler(2006)构造了度量投资者情绪的 BW 指数,并利用 BW 指数进行市场检验,研究结果同样表明投资者情绪对不易估值和套利型股票的收益率有较大影响。Robert 等(2012)的研究结果也证实,投资者情绪乐观时股票超额收益率较高,投资者情绪悲观时股票超额收益率较低。

国内大部分学者的研究发现与国外学者的研究结论一致。伍燕然和韩立岩(2007)验证了投资者情绪对市场长期收益反转和短期收益惯性的作用,并进一步论证了投资者情绪是资产定价的重要因素。蒋玉梅和王明照(2009)发现,投资者情绪对当期和未来短期的股票超额收益具有一定的影响,表现为投机型股票(公司表现为亏损、高资产负债率、高账面市值比等)在投资者情绪乐观时获得超额收益,在投资者情绪悲观时则相反但并不显著。张婷等(2013)基于中国内地、中国香港和台湾地区的数据证实,投资者情绪对市场价值异象具有重要影响,是价值异象形成的重要原因。

综合上述分析,国内外学者普遍发现,投资者情绪对证券市场股票收益率具有重要影响;进一步而言,投资者情绪乐观时股票超额收益率更高,投资者情绪悲观时股票超额收益率更低,而且这一发现普遍适用于我国证券市场。因此,我们预计投资者情绪对 IPO 核准公告事件窗口期的累计超额收益率存在正向作用,并影响 IPO 公允价值信息的价值相关性。基于上述分析,本章的第二个假设为:

假设 2 投资者情绪与持股公司在其 PE 公司 IPO 核准公告窗口期的累计超额收益率和 IPO 公允价值信息的价值相关性正相关。

四、机构投资者对核准公告信息含量的影响分析

中国资本市场仍然处于发展中,现存主流文献认为是弱式有效市场(张月飞等,2006)。同时,在我国资本市场上,虽然机构投资者处于快速发展中,但尚未形成决定性优势。我国证监会发布的《中国资本市场发展报告》(2008)显示,2007 年 1 月至 8 月现金及持股市值在 100 万元以下个人投资者的持股账户数量占实际持有股票账户数量的 99.3%,参与交易的账户数量占总数的 99.3%,交易金额占总交易额的 73.6%,持股市值占总市值的 45.9%。

现有关于机构投资者行为与市场波动的研究并未得出一致的结论,既有支持

机构投资者能稳定市场的文献(Cohen等,2002;祁斌等,2006;石美娟和童卫华,2009),也有主张机构投资者会加剧市场波动的研究(Dennis和Strickland,2002;刘奕均和胡奕明,2010)。支持稳定论的学者认为,机构投资者存在信息优势,其交易行为向市场传递了信息,有效削弱了市场信息的不对称性,促进了市场价格向价值回归,平缓了市场波动。支持加剧论的学者则主张,机构投资者存在广泛的羊群行为和短期行为,这种非理性行为使得他们更加关注短期价格信息而忽视长期价值信息,其结果必然导致市场波动加剧。

综合上述分析,尽管机构投资者的市场作用尚未形成定论,但是基于我国资本市场弱式有效的大背景、个人投资者的主导性地位以及投资者情绪对市场价格的重大影响,机构投资者并不能在市场信息的传递中起主导作用,即机构投资者在IPO核准公告事件中并不能很好地充当价值信息传递者的主角,市场价格经常偏离价值。基于此,本章的第三个假设为:

假设3 机构投资者持股比例与持股公司在其PE公司IPO核准公告事件窗口期的累计超额收益率不相关。

第三节 研究设计

一、模型

(一)模型设定

事件研究的价格模型通常用于测量某一可辨别事件的价格反应效果。其有效性体现于这样的事实:如果市场是理性的,那么事件是否对投资者产生影响将立即通过价格反映出来,并可以通过对较短时间内的价格变动加以测量。

国内外许多学者采用个股收益率与市场收益率的差值或均值调整模型来计算超额收益率(abnormal return,AR)(Chen等,2000;李正和李增泉,2012)。因此,本章也使用个股收益率与市场收益率的差值来计算AR;在稳健性检验中,用均值调整模型对实证结果的可靠性做进一步分析。

借鉴Feltham和Ohlson(1995)的修正模型,结合我国证券市场运行的特点,本章建立实证模型(6-4)、(6-5)、(6-6)来检验PE公司IPO核准公告的信息含量。

由Feltham和Ohlson(1995)的修正模型有:

$$P = \beta_0 + \beta_1 BV + \beta_2 EPS + \varepsilon \qquad (6-1)$$

对模型(6-1)做差分处理,有:

$$\triangle P = r_0 + r_1 \triangle BV + r_2 \triangle EPS + \varepsilon \qquad (6-2)$$

在 PE 公司 IPO 核准公告期,本章仅观测持股上市公司短窗口的股票价格变动,而且窗口期的可预期变化只有账面价值,因此 $\triangle EPS \to 0$。

由模型(6-2),有:

$$\triangle P/P = r_0 + r_1 \triangle BV/P + \varepsilon \qquad (6-3)$$

令 $\triangle P/P = CAR$,$\triangle BV/P = PFV$,模型(6-3)依然成立,有:

$$CAR_{i,t} = a_0 + a_1 PFV_{i,t} + \varepsilon \qquad (6-4)$$

控制投资者情绪和机构投资者持股比例对 CAR(累计超额收益率)的影响,进一步得到模型(6-5)和模型(6-6)。

$$CAR_{i,t} = b_0 + b_1 PFV_{i,t} + b_2 IS_{i,t} + b_3 PFV_{i,t} \times IS_{i,t} + \varepsilon \qquad (6-5)$$

$$CAR_{i,t} = c_0 + c_1 PFV_{i,t} + c_2 IS_{i,t} + c_3 PFV_{i,t} \times IS_{i,t} + c_4 II_{i,t} + \varepsilon \qquad (6-6)$$

其中,P 为公司股票价格;$\triangle P/P$ 为公司股票收益率;BV 为公司账面价值;EPS 为公司每股收益;CAR 为累计超额收益率;PFV 为 IPO 核准公告日按被投资 PE 公司 IPO 公允价值(发行价格)计算的公司长期股权投资重分类为可供出售金融资产之预期每股净资产变动额;IS 为 IPO 核准公告日所在月份 A 股市场的投资者情绪指标;II 为 IPO 核准公告日所在会计期间披露的公司十大股东中机构投资者持股比例。

本章使用 CAR(-1,0)、CAR(-3,0)、CAR(-5,0)、CAR(-7,0)、CAR(-10,0) 共五个时间窗口的累计超额收益率来检验持股上市公司股票价格对 PE 公司 IPO 核准公告的短期市场反应。之所以选择 PE 公司 IPO 核准公告公布之前和公布日期间的累计超额收益率作为被解释变量,主要原因是 PE 公司的 IPO 进程在 IPO 核准公告公布日之前就已经展开,投资者有可能已经通过其他途径了解相关情况。

(二)投资者情绪

考虑到我国证券市场发展的特点,国内许多学者(蒋玉梅和王明照,2009;邵新建等,2010;卢闯和李志华,2011)在构造投资者情绪指数时都选用多个指标。邵新建等(2010)进一步发现,投资者情绪的四个维度指标——市净率、市盈率、新增开户数和换手率——对 IPO 公司上市初期的股票收益率有显著影响。本章借鉴邵新建等(2010),对投资者情绪(复合)指数构造如下:选择 A 股的市净率(PB)、市盈率(PE)、新增开户数(ACCOUT)、换手率(TURNOVER)四个指标测度投资者情绪,运用主成分分析法"提纯"上述指标的共同成分,以第一主成分构造的复合指数度量投资者情绪。其中,市净率为 A 股月度平均价格与平均账面价值的比值;市盈率为 A 股月度平均价格与平均每股收益价值的比值;新增开户数为本月投资者的新增开户数;换手率为沪深两市月度成交额与市场流通股市值的比值。

对上述四个投资者情绪代理变量进行 Z 值标准化处理和主成分分析,得到第一主成分,再对第一主成分进行 Z 值标准化处理(Z^-)后得到投资者情绪(IS)的标准化表达式为:

$$IS = 0.5078 \times Z^-PB + 0.4923 \times Z^-PE + 0.4977 \times Z^-ACCOUT + 0.502 \times Z^-TURNOVER \quad (6-7)$$

当 IS 大于零时,投资者情绪为乐观,IS 取值为 1;当 IS 小于零时,投资者情绪为悲观,IS 取值为 0。

二、样本选择

我国 A 股上市公司于 2007 年正式开始实施《企业会计准则》(2006),因此本章以持有 2007—2011 年 IPO 公司原始股的 A 股上市公司作为研究样本。在剔除 ST 和 *ST 公司、金融类公司、数据缺失及明显异常的公司后,从 CSMAR 数据库和巨潮资讯网共得到 192 个样本。样本公司的具体分布情况如表 6 - 1 所示。

表 6 - 1 样本公司分布情况

	2007 年	2008 年	2009 年	2010 年	2011 年	合计
深市主板	12	2	12	14	5	45
深市中小板	0	0	3	3	2	8
沪市主板	57	2	18	43	19	139
合 计	69	4	33	60	26	192

第四节 实证结果分析

一、描述性统计

变量的描述性统计结果如表 6 - 2 所示,在全部五个事件观测时间窗口,累计超额收益率(CAR)的均值和中位数都大于 0。同时,在五个事件观测时间窗口,所有 CAR 均通过均值大于 0 的 T 检验(在 5% 的统计水平上显著,单尾)。由此可以初步得出结论,PE 公司 IPO 核准公告导致大部分持股公司的股票价格异常波动,PE 公司 IPO 核准公告具有信息增量。

表6-2 变量的描述性统计

变量	均值	标准差	最小值	中位数	最大值	T
CAR(-1,0)	0.51	4.17	-11.74	0.11	18.18	1.70
CAR(-3,0)	1.73	5.99	-13.41	1.01	35.71	3.99
CAR(-5,0)	1.30	7.43	-18.29	0.11	52.12	2.41
CAR(-7,0)	2.16	8.95	-18.31	0.99	60.86	3.34
CAR(-10,0)	3.46	9.96	-18.58	1.54	61.62	4.80
PFV	0.38	0.84	0.001	0.11	6.42	—
II	0.05	0.05	0	0.04	0.22	—

注:CAR 的单位为%,PFV 的单位为元/股,II 的单位为%,投资者情绪 IS 为哑变量;T 为 CAR 均值大于 0 的 T 检验值。

从表6-2还可以发现,全部样本公司根据 IPO 公允价值计算的每股净资产增加额的均值为0.38元。0.38元的净资产增加额,对持股上市公司而言是相当可观的,因为这相当于大多数 A 股上市公司年(每股)利润的76%(2010年 A 股平均每股收益为0.4988元)。机构投资者的平均持股比例为5%,总体而言,机构投资者对样本公司的影响与《中国资本市场发展报告》(2008)的研究发现一致。

二、变量的相关系数

表6-3列示了各变量的 Pearson 相关系数。表6-3的结果显示,总体而言,累计超额收益率 CAR 与 PFV(以公允价值计量的预计每股净资产变动额)和 IS(投资者情绪)显著正相关。这表明 PE 公司 IPO 核准公告的信息含量受到其 IPO 公允价值和投资者情绪的影响:持股公司按 IPO 公允价值计量的每股净资产变动额越大,投资者情绪越乐观,在 PE 公司 IPO 核准公告窗口期观测到的持股公司累计超额收益率越高。但是,表6-3的数据也表明,机构投资者持股比例与 PE 公司 IPO 核准公告的信息含量无关。当然,这只是根据相关系数得出的初步推论,后续将做进一步的多元线性回归检验。

另外,PFV、IS 和 II 三个变量的相关系数值都远小于0.5;同时,多重共线性检验结果也显示,PFV、IS 和 II 三个变量的 VIF 值都小于10。这表明模型(6-4)、(6-5)和(6-6)不存在显著的多重共线性问题。

表 6-3 变量相关系数

变量	①	②	③	④	⑤	⑥	⑦	⑧
①CAR(-1,0)	1.00							
②CAR(-3,0)		1.00						
③CAR(-5,0)			1.00					
④CAR(-7,0)				1.00				
⑤CAR(-10,0)					1.00			
⑥PFV	0.14	0.14**	0.11*	0.06*	0.14***	1.00		
⑦IS	0.10**	0.20**	0.11***	0.15***	0.13***	-0.07	1.00	
⑧II	-0.03	-0.05	-0.07	-0.08	-0.14	-0.07	-0.16	1.00

注:被解释变量为CAR;***、**、*分别表示在1%、5%和10%的统计水平上显著。

三、IPO 公允价值信息含量与价值相关性的关系

表 6-4 的实证检验结果显示,CAR(-1,0)回归结果的 Adj. R^2 为负值。这一结果的可能原因是,模型中仅有一个解释变量(PFV),但在窗口(-1,0)PFV 并未引起持股公司股票产生显著的累计超额收益。但是,PFV 的回归系数在其他三个模型中均显著,而且 CAR(-7,0)的 P 值也近似于 10%;同时,在全部模型中 PFV 的回归系数均为正值。表 6-4 的回归结果表明,整体而言,以 IPO 公允价值核算的长期股权投资预期每股净资产变动额与持股公司事件窗口期的累计超额收益率正相关。实证模型的回归结果与描述性统计的发现一致,即持股公司在 IPO 核准事件窗口期存在显著的正向累计超额收益。

表 6-4 多元回归结果(一)

变量	符号	CAR(-1,0)	CAR(-3,0)	CAR(-5,0)	CAR(-7,0)	CAR(-10,0)
PFV	+	0.25 (0.71)	1.06** (2.08)	1.12* (1.77)	1.24 (1.63)	2.17*** (2.57)
常数项		0.42 (1.26)	1.33*** (2.82)	0.87 (1.48)	1.69** (2.39)	2.63*** (2.63)
Adj. R^2		-0.26%	1.71%	1.11%	0.84%	2.86%

注:被解释变量为CAR;括号内是 t 值;***、**、*分别表示在1%、5%和10%的统计水平上显著。

正如 Landsman(2007)所言,大部分实证研究发现公允价值的信息披露和确认具有显著的价值相关性。上述检验结果与国内外大部分文献的研究结论一致。Barth(1994)发现,美国银行披露的证券投资公允价值信息与银行股票价格增量相关。基于会计准则国际趋同背景的中国《企业会计准则》(2006)的 A 股上市公司数据,刘永泽和孙蒿(2011)也表明,金融工具公允价值变动损益信息与股票价格变动

的长期市场反应存在价值相关性。黄霖华(2012)进一步发现,PE公司IPO所致持股公司长期股权投资证券化公允价值的确认具有显著的价值相关性。

综合上述分析,结合表6-2描述性统计的T检验结果和表6-3变量相关系数检验结果,可以得出本章的第一个结论:总体而言,PE公司IPO核准公告对持股上市公司具有显著的信息含量。持股公司之PE公司IPO核准公告的信息含量与以PE公司IPO公允价值(发行价格)计量的预期每股净资产变动额正相关。实证结果支持假设1。

四、投资者情绪对信息含量的影响分析

表6-5的多元回归结果显示,投资者情绪IS在五个观测时间窗口都对CAR有显著的正向影响。与表6-4的回归结果相比,PFV和IS交乘项对CAR的解释力度也明显强于PFV对CAR的解释力度,而且五个模型中有四个模型的回归结果至少在10%的统计水平上显著;同时,PFV的回归系数(当IS为0时,PFV在模型中的回归系数)都变为不显著。这表明在投资者情绪(IS)的作用下,PFV的价值相关性出现分化:当投资者情绪乐观时,PFV具有更显著的价值相关性;反之亦反。此外,模型整体的解释力度也有显著的改进,除了CAR(-1,0),其他四个模型的Adj. R^2都大于5%。

表6-5 多元回归结果(二)

变量	符号	CAR(-1,0)	CAR(-3,0)	CAR(-5,0)	CAR(-7,0)	CAR(-10,0)
PFV	+	-0.07 (-0.17)	0.37 (0.61)	0.37 (0.48)	0.30 (0.33)	0.65 (0.64)
IS	+	1.18* (1.77)	2.66*** (2.90)	2.29** (1.96)	3.51** (2.52)	3.15** (2.07)
PFV×IS	+	1.03 (1.40)	2.16** (2.14)	2.32* (1.80)	2.93* (1.91)	4.55*** (2.71)
常数项		-0.04 (-0.09)	0.31 (0.53)	-0.01 (-0.01)	0.35 (0.40)	1.44 (1.50)
Adj. R^2		3.00%	10.75%	5.93%	7.81%	10.86%

注:被解释变量为CAR;括号内为t值;***、**、*分别表示在1%、5%和10%的统计水平上显著。

上述实证结果表明,本章关于投资者情绪对累计超额收益影响的研究发现与现有文献的主要结论保持一致。Lee等(2002)发现,超额收益与同期投资者情绪变化相关,投资者情绪变化影响收益的波动。Robert等(2012)用BW指数度量投资者情绪,发现投资者情绪乐观时股票超额收益率较高,投资者情绪悲观时股票超额收

益率较低。伍燕然和韩立岩(2007)验证了投资者情绪对我国证券市场长期收益反转和短期收益惯性的影响。蒋玉梅和王明照(2009)也表明,投资者情绪对我国证券市场当期和未来短期的相对超额收益具有一定的影响。

此外,在表6-5的回归结果中,PFV的回归系数都变得不显著,这可能主要受PFV和IS交乘项的影响所致。这也从相反的方面证明,投资者情绪(IS)对累计超额收益率(CAR)存在显著的影响:当投资者情绪悲观时,投资者对好消息(IPO核准公告)的反应更弱。

总体而言,上述实证检验结果支持假设2,由此本章的第二个结论为:投资者情绪与持股公司之PE公司IPO核准公告窗口期的信息含量显著正相关;同时,投资者情绪对IPO公允价值信息的价值相关性存在显著的正向影响。

五、机构投资者对信息含量的影响分析

表6-6的多元回归结果显示,机构投资者持股(II)对所有CAR的影响都不显著;而且,模型整体的解释力度(Adj. R^2)相比表6-5中模型的解释力度更小。其他主要解释变量的回归结果与表6-5的回归结果大致相同。

表6-6 多元回归结果(三)

变量	符号	CAR(-1,0)	CAR(-3,0)	CAR(-5,0)	CAR(-7,0)	CAR(-10,0)
PFV	+	-0.04 (-0.10)	0.40 (0.65)	0.38 (0.49)	0.29 (0.31)	0.57 (0.56)
IS	+	1.24* (1.85)	2.71*** (2.93)	2.30** (1.95)	3.47** (2.47)	2.99** (1.95)
PFV×IS	+	1.02 (1.39)	2.15** (2.12)	2.32* (1.79)	2.94* (1.91)	4.57*** (2.72)
II	+	4.59 (0.77)	3.78 (0.46)	0.98 (0.09)	-2.46 (-0.20)	-11.81 (-0.86)
常数项		-0.33 (-0.57)	0.07 (0.09)	-0.06 (-0.07)	0.50 (0.43)	2.17* (1.70)
Adj. R^2		2.79%	10.37%	5.43%	7.34%	10.74%

注:被解释变量为CAR;括号内是t值;***、**、*分别表示在1%、5%和10%的统计水平上显著。

由于中国资本市场尚处于发展中,机构投资者的作用可能更为复杂。其一,中国证券市场是散户(中小投资者)主导的市场,机构投资者在市场中并未形成决定性影响。表6-2的描述性统计也表明,在全部样本公司中,机构投资者平均持股比例仅为5%,这一结果与《中国资本市场发展报告》(2008)的研究结论一致。其二,中国资本市场尚处于发展中,市场的有效程度并不高,只是弱式有效市场(张月飞

等,2006)。其三,机构投资者并未起到有效的市场稳定作用,反而由于其羊群行为和短期行为而加剧市场的波动(刘奕均和胡奕明,2010)。

也许正是因为发展中市场的特点和机构投资者作用的复杂性,中国股市的震荡才更加剧烈,投资者情绪对股票收益率的影响与作用才更大。总而言之,假设3得到实证检验结果的有效支持,由此得出本章的第三个结论:机构投资者对持股公司之PE公司IPO核准公告的信息含量的影响并不显著。

六、稳健性检验

为了检验上述实证结果的可靠性,本章还进行以下补充检验:(1)改用均值调整模型。使用均值调整模型计算累计超额收益率,并以此进行价值相关性检验,结果表明本章的主要结论保持不变。(2)更换投资者情绪度量方式。将投资者情绪指标用标准化后的连续变量替代虚拟变量,重新进行回归检验,发现本章的主要结论也没有改变。(3)剔除金融危机的影响。金融危机的顺周期效应会对公允价值会计产生巨大冲击(黄世忠,2009)。考虑到2008年金融危机可能对检验结果产生影响,剔除样本中2008年的数据,检验结果显示本章的主要结论保持一致。(4)控制其他因素。本章还控制模型的年度、行业和公司市值的固定效应,检验结果表明本章的主要结论依然成立。限于篇幅,未详细报告稳健性检验的回归结果。

小结

本章基于我国《企业会计准则》(2006)国际趋同的背景,探讨PE公司IPO核准公告的信息含量,以及投资者情绪对PE公司IPO核准公告的信息含量和IPO公允价值信息的价值相关性的影响。选取2007—2011年持有IPO之PE公司股权的192个A股上市公司样本,运用事件研究方法,进行信息含量分析和价值相关性检验,得出如下结论:

首先,持股公司在PE公司IPO核准公告窗口期产生显著的正向累计超额收益;而且,PE公司IPO公允价值信息与持股公司IPO核准公告窗口期的信息含量正相关。持股公司在事件窗口期的累计超额收益率与以PE公司IPO公允价值(发行价格)计量的预期每股净资产变动额显著正相关。

其次,投资者情绪与持股公司之PE公司IPO核准公告的信息含量和公允价值信息的价值相关性显著正相关。投资者情绪对持股公司之PE公司IPO核准公告窗口期的累计超额收益产生显著正向作用,而且显著影响IPO公允价值信息的价值相关性。

最后，机构投资者不影响 IPO 核准公告的信息含量。机构投资者持股比例对持股公司之 PE 公司 IPO 核准公告窗口期的累计超额收益的影响不显著。

总之，从短期看，PE 公司 IPO 核准公告对 A 股持股上市公司具有信息含量，而且窗口期持股公司的累计超额收益率与 PE 公司 IPO 公允价值正相关；但是，机构投资者对 IPO 核准公告的信息含量不产生显著影响。中国资本市场仍然是一个以个人投资者为主导的、发展中的资本市场，投资者情绪对股票超额收益具有重要影响，投资者情绪对 IPO 核准公告的信息含量和公允价值信息的价值相关性均产生显著的正向影响。因此，本章的研究结论为我国企业会计准则国际趋同背景下公允价值会计的引入与应用的经济后果评估，以及投资者情绪和机构投资者在传递市场有效信息中的作用提供了有益的实证证据与政策参考。同时，本章拓展了投资者情绪理论在公允价值会计领域的应用，丰富了基于投资者情绪视角探讨公允价值会计的国内外文献。

参考文献

［1］财政部会计司. 企业会计准则讲解［M］. 北京：人民出版社，2008.

［2］邓传洲. 公允价值的价值相关性：B 公司的证据［J］. 会计研究，2005(10)：55 - 62.

［3］葛家澍，窦家春. 基于公允价值的会计计量问题研究［J］. 厦门大学学报，2009(3)：27 - 35.

［4］葛家澍，徐跃. 会计计量属性的探讨：市场价格、历史成本、现行成本与公允价值［J］. 会计研究，2006(9)：7 - 14.

［5］黄霖华. 资产证券化公允价值信息的价值相关性［R］. 厦门大学工作论文，2012.

［6］黄世忠. 公允价值会计的顺周期效应及其应对策略［J］. 会计研究，2009(11)：23 - 29.

［7］黄世忠. 后危机时代公允价值会计的改革与重塑［J］. 会计研究，2010(6)：13 - 20.

［8］李正，李增泉. 企业社会责任报告鉴证意见是否具有信息含量［J］. 审计研究，2012(1)：78 - 86.

［9］刘奕均，胡奕明. 机构投资者、公允价值与市场波动［J］. 财经研究，2010(2)：110 - 120.

［10］刘永泽，孙翯. 我国上市公司公允价值信息的价值相关性［J］. 会计研究，2011(2)：16 - 22.

［11］卢闯，李志华. 投资者情绪对定向增发折价的影响研究［J］. 中国软科学，2011(7)：155 - 164.

[12] 姜国华,张然. 稳健性与公允价值:基于股票价格反应的规范性分析[J]. 会计研究,2007(6):20-25.

[13] 蒋玉梅,王明照. 投资者情绪与股票横截面收益的实证研究[J]. 经济管理,2009(10):134-140.

[14] 祁斌,黄明,陈卓思. 机构投资者与股市波动性[J]. 金融研究,2006(9):54-64.

[15] 邵新建,巫和懋,覃家琦,等. 中国IPO市场周期:基于投资者情绪与政府择时发行的分析[J]. 金融研究,2010(11):123-143.

[16] 石美娟,童卫华. 机构投资者提升公司价值吗[J]. 金融研究,2009(6):150-161.

[17] 吴战篪,罗绍德,王伟. 证券投资收益的价值相关性与盈余管理研究[J]. 会计研究,2009(6):42-49.

[18] 伍燕然,韩立岩. 不完全理性、投资者情绪与封闭式基金之谜[J]. 经济研究,2007(3):117-127.

[19] 张婷,于瑾,吕东锴. 新兴市场投资者情绪与价值溢价异象[J]. 国际金融研究,2013(1):87-95.

[20] 张月飞,史振涛,陈耀光. 香港与大陆股市有效性的比较研究[J]. 金融研究,2006(6):33-40.

[21] AHMED S A, KILIC E, LOBO J G. Does recognition versus disclosure matter? Evidence from value-relevance of banks' recognized and disclosed derivative financial instruments[J]. The Accounting Review,2006,81(3):567-588.

[22] BAKER M, WURGLER J. Investor sentiment and the cross-section of stock returns[J]. The Journal of Finance,2006,61(4):1645-1680.

[23] BARTH M E. Fair value accounting:Evidence from investment securities and the market valuation of banks[J]. The Accounting Review,1994,69(1):1-25.

[24] BARTH M E, BEAVER W H, LANDSMAN W R. Value-relevance of banks' fair value disclosures under SFAS No. 107[J]. The Accounting Review,1996,71(4):513-537.

[25] BARTH M E, LANDSMAN W R, LANG M H. International accounting standards and accounting quality[J]. Journal of Accounting Research,2008,46(3):467-498.

[26] BROWN G W, CLIFF M T. Investor sentiment and the near-term stock market[J]. Journal of Empirical Finance,2004,11(1):1-27.

[27] CHEN J P C, SU X, ZHAO R. An emerging's reaction to initial modified audit opinions:Evidence from the Shanghai Stock Exchange[J]. Contemporary Accounting Research,2000,17(3):429-455.

[28] COHEN R B, GOMPERS P A, VUOLTEENAHO T. Who underreacts to cash-flow news? Evidence from trading between individuals and institutions[J]. Journal of Financial Economics,2002,66(2):409-462.

[29] DENNIS P J, STRICKLAND D. Who blinks in volatile markets, individuals or institutions[J]. The Journal of Finance,2002,57(5):1923-1950.

[30] FAMA E F. Efficient capital markets: A review of theory and empirical work[J]. The Journal of Finance,1970,25(2):383-417.

[31] FELTHAM G A,OHLSON J A. Valuation and clean surplus accounting for operating and financial activities[J]. Contemporary Accounting Research,1995,11(2):689-731.

[32] GALLIMORE P,GRAY A. The role of investor sentiment in property investment decisions [J]. Journal of Property Research,2002,19(2):111-120.

[33] LANDSMAN W R. Is fair value accounting information relevant and reliable: Evidence from capital market research[J]. Accounting and Business Research,2007,Special Issue:19-30.

[34] LEE W Y,JIANG C X,INDRO D C. Stock market volatility, excess returns, the role of investor sentiment[J]. Journal of Banking and Finance,2002,26(12):2277-2299.

[35] NELSON K. Fair value accounting for commercial banks: An empirical analysis of SFAS No. 107[J]. The Accounting Review,1996.71(2):161-182

[36] ROBERT F S,YU J F,YU Y. The short of it: Investor sentiment and anomalies[J]. Journal of Financial Economics,2012,104(2):288-302.

第三篇

公允价值的经济后果研究

第七章　会计信息与分析师的信息解释行为

第八章　公允价值计量与 IPO 投资者情绪定价

本篇探讨公允价值的经济后果,检验会计信息与分析师信息解释行为、公允价值计量与 IPO 投资者情绪定价的相关性。

第七章
会计信息与分析师的信息解释行为*

伴随我国资本市场的不断发展和完善,作为信息中介的证券分析师在资本市场上发挥的作用愈发重要(李丹和贾宁,2009)。对于投资者来说,分析师的价值主要体现在以下两个方面:对私有信息的挖掘(信息挖掘角色)和对公开信息的解释(信息解释角色)(Ramnath 等,2008)。一方面,若分析师通过自身拥有的信息渠道致力于挖掘私有信息,那么他发布的研究报告会披露企业尚未公开披露的信息;另一方面,若分析师利用自身具备的行业和专业知识致力于解读企业已披露的公开信息,那么企业公开披露的信息含量越高,分析师在研究报告中可以解读的内容越多,进而使得分析师的研究报告越具信息含量。因此,一系列的实证文献对分析师在资本市场上所扮演的角色进行了检验(Francis 等,2002;Livant 和 Zhang,2012;Ivkovic 和 Jegadeesh,2004;Chen 等,2010)。基于中国资本市场的经验证据,薛祖云和王冲(2011)发现分析师同时扮演了上述两种角色。可见,已有研究对于分析师的角色进行了广泛的讨论。但是,相关文献只是停留在对分析师的角色作用本身进行检验的阶段,尚未发现关于分析师信息解释和信息挖掘的具体内容及其行为特征的研究。与此同时,根据描述性统计,在我国资本市场上分析师大多进行企业公开信息披露之后的追踪分析,而非公开信息披露之前的信息挖掘。鉴于此,本章基于分析师的信息解释角色,针对企业财务报告中的会计信息,解析分析师信息解释的具体内容及其行为特征,为理解分析师解读会计信息提供新的经验证据。

基于中国 A 股主板上市公司 2007—2013 年的数据,本章的实证结果表明:首先,分析师倾向于解读应计信息含量较高的财务报告。但是,应计利润总额中的可

---

* 本章参阅了曲晓辉,毕超. 会计信息与分析师的信息解释行为[J]. 会计研究,2016(4):19-26.

操控性应计主要来自管理层的机会主义行为,而真正能够体现企业正常经营活动的是不可操控性应计,本章利用修正 Jones 模型对应计利润总额进行拆分,结果发现分析师更倾向于解读不可操控性应计含量较高的财务报告。其次,分析师倾向于解读会计信息可比性程度较高的财务报告。最后,针对存在公允价值信息的样本,本章发现分析师更倾向于解读利润表的公允价值信息。

本章的主要贡献体现在以下两个方面:第一,以往有关分析师角色作用的文献仅仅关注分析师更倾向于扮演哪一种角色;本章基于分析师的信息解释角色,从会计信息的角度对分析师解释的信息内容及其行为特征进行了检验,为资本市场上分析师对会计信息的解读提供了新的经验证据。第二,为了满足投资者对信息的需求,分析师之间会存在一定程度的竞争,特别是在企业公开信息披露(如盈余公告)之后的短窗口期内,这种竞争会更加激烈。与以往有关分析师的研究不同,本章主要针对盈余公告之后短窗口期内的分析师活动进行检验,有助于人们理解在激烈竞争的情形下分析师的行为特征。

第一节 文献回顾与研究假设

一、文献回顾

有关分析师角色作用的研究主要源于学者对于财务报告决策有用性的担忧,他们认为伴随信息技术以及其他竞争性信息来源(如财经媒体和分析师)的不断发展,在投资者所使用的信息集合中,企业财务报告所占比重逐渐下降(Lev 和 Zarowin,1999)。作为竞争性信息来源的重要组成部分,分析师发布的研究报告在很大程度上削弱了企业财务报告对投资者的决策有用性。早期的研究发现,伴随分析师跟踪数目的增加,市场对盈余公告的反应不断减弱(Dempsey,1989;Shores,1990),这一结果与分析师扮演的信息挖掘角色一致。但是,分析师跟踪数目只能间接反映分析师报告的信息含量,因此之后的大部分文献利用分析师报告引发的市场反应作为信息含量的替代变量,对分析师报告与盈余公告在信息含量上的相关性进行检验。Francis 等(2002)、Frankel 等(2006)发现,分析师报告与盈余公告之间是一种互补关系,在信息含量上正相关,分析师主要扮演信息解释角色。与此相反,Ivkovic 和 Jegadeesh(2004)、Chen 等(2010)发现,分析师报告与盈余公告之间是一种替代关系,在信息含量上负相关,分析师主要扮演信息挖掘角色。上述研究主要检验了分析师报告与盈余公告的相互联系,但是除了盈余公告,企业还进行其他类型的信息披露。Livant和Zhang(2012)对企业其他类型的信息披露与分析师报告的关系进行分析,发现相比于在其他时间段的分析师报告,分析师在企业披露信息后三天内发布的研究报告会引起更强烈的市场反应,因此分析师的价值主要体现于其对公开信息的解释。基于中国上市公司数据,薛祖云和王冲(2011)发现分析师同时扮演了信息挖掘和信息解释两种角色。

综上所述,已有文献对于分析师在资本市场上所扮演角色进行了充分的探讨,但仍停留在对分析师所扮演角色进行检验的阶段。本章认为,无论是关于分析师的信息挖掘角色或信息解释角色的研究都亟待深入,特别是基于中国资本市场的经验数据,针对分析师的信息解释行为做进一步探讨,检验分析师解释的信息内容及其行为特征,如此才更具理论价值和现实意义。

二、理论分析与研究假设

对于分析师的信息解释角色,其基本前提在于企业的信息披露应具有信息含量。作为企业信息披露的重要组成部分,财务报告在很大程度上决定了企业信息披露所传递的信息内容。因此,本章分别从对财务报告形成重要影响的应计项信息、可比性会计信息及公允价值信息三个方面,对分析师的会计信息解释行为特征做进一步的探讨。

根据估值模型,对企业未来现金流进行折现可以确定企业价值。因此,企业的真实现金流可以作为评价企业经营业绩的重要指标。为了满足投资者对信息的需求,管理层必须定期且及时向外界披露有关企业经营状况的信息,以缓解企业内部人与外部人之间的信息不对称。然而,由于存在不及时的固有缺陷,企业的现金流并不能够准确衡量企业当期实现的经营成果。与此同时,由于会计分期的存在,企业的现金流也无法实现收入与费用相配比(Dechow,1994)。作为企业会计盈余的重要组成部分,应计利润项目的存在能够有效缓解企业现金流不及时的缺陷以及收入与费用无法配比的问题,进而提高会计盈余对于投资者的使用价值。因此,应计利润水平越高,财务报告中会计盈余所传递的信息含量就越高,满足上述分析师扮演信息解释角色的基本前提。此外,相较于普通投资者,分析师能够运用所拥有的行业和专业知识准确剖析会计应计项对企业当期业绩和未来业绩的影响,进而展现分析师的信息处理能力。

以原则为导向的会计准则为管理层提供了更大的职业判断空间(包括会计政

策和会计估计的选择),其初衷在于帮助管理层传递其拥有的私有信息(Watts 和 Zimmerman,1986)。然而,代理问题的存在使得管理层利用会计准则赋予的职业判断空间来操控盈余,以掩盖其获取的控制权私利(Leuz 等,2003)。因此,应计利润总额中的可操控性应计主要来自管理层的机会主义行为,真正能够体现企业正常经营活动的应该是不可操控性应计。与此同时,当企业的应计项质量较高时,分析师的盈余预测会更加准确(李丹和贾宁,2009)。由此,本章提出以下假设:

假设 1 分析师倾向于解读应计信息含量较高的财务报告。

假设 2 相较于可操控性应计,分析师更倾向于解读不可操控性应计含量较高的财务报告。

资本市场上的投资者常常面临多种投资机会,更可比的会计信息有助于投资者对不同的投资机会进行比较,从而作出最优投资决策,并最终提高资本市场的资源配置效率。因此,可比性能改善投资者对会计信息有用性的评价。作为会计信息质量特征之一,可比性受到准则制定者的极大关注。相关经验证据同样发现,伴随着会计信息质量的提升和可比性的改善,会计准则国际趋同能够提高企业盈余公告中的信息含量(Landsman 等,2012)。可见,企业间会计信息的可比性程度越高,企业财务报告所传递的信息含量也越高。

综上所述,可比性会计信息满足了分析师扮演信息解释角色的基本前提。一方面,可比性会计信息可以降低分析师对会计信息的处理成本。根据分析师跟踪的成本-收益原则(Lang 和 Lundholm,1996),分析师更倾向于跟踪会计信息可比性程度较高的企业。另一方面,分析师通常会选择同行业的类似企业(peer firm)作为其分析结论的支撑性依据(Boni 和 Womack,2006;De Franco 等,2015)。当企业的会计信息可比性程度较高时,可供分析师选择的参照企业更多,进而能够帮助他们提供更准确的盈余预测(De Franco 等,2011)。由此,本章提出以下假设:

假设 3 分析师倾向于解读会计信息可比性程度较高的财务报告。

我国于 2006 年出台了新的企业会计准则体系,实现了与国际财务报告准则的实质性趋同,而公允价值的广泛使用是新会计准则的一个重要特征。理论分析认为,相较于历史成本信息,公允价值信息更具价值相关性(黄世忠,1997;葛家澍,2001),也符合国际财务报告准则所强调的决策有用性。一方面,公允价值反映了资产所处活跃市场的公开报价、类似资产的交易价格、通过估值技术得到的价值,如果价格信息来源是可靠的(例如第一层次公允价值),那么价格信息将会形成对资产未来现金流的无偏估计。另一方面,相较于历史成本,当资产的价格下跌以及金融工具价值变动风险提高时,公允价值能够及时捕捉该类信息,并通过公允价值的波动反映于财务报告。基于国内外的样本,大部分实证研究发现公允价值信息具有价值相关性(Barth,1994;Barth 等,1996;刘永泽和孙翯,2011;曲晓辉和黄霖华,2013)。综合上述分析,公允价值信息的价值相关性满足分析师扮演信息解释角色的基本前提。此外,公允价值信息的获得是应用公允价值计量属性的难点所在,相较于普通投资者,分析师的有用性体现在能够利用自身具备的行业和专业知识以及更多的信息资源对公允价值信息的可靠性进行评价,并进一步分析公允价值对企业当期和未来经营状况的影响。相关研究同样发现公允价值信息有助于分析师作出更准确的盈余预测(Magnan 等,2015)。由此,本章提出以下假设:

假设4 分析师倾向于解读含公允价值信息的财务报告。

第二节 研究设计

一、数据来源与样本选择

我国2006年出台的与国际财务报告准则实质性趋同的新企业会计准则体系自2007年1月1日起在上市公司中实施。本章选取2007—2013年全部A股主板上市公司作为初选样本①。样本起始于2007年是为了避免会计准则变化对盈余公告信息含量以及分析师报告行为的影响,截止于2013年是由于获取分析师报告的统计数据滞后于财务报告信息披露。本章对样本进行如下筛选:(1)剔除金融类公司样本;(2)剔除IPO当年的样本;(3)剔除样本期间发生ST、*ST和PT的样本;(4)剔除数据缺失的样本。为了避免异常值的影响,对所有连续变量进行5%的缩尾处理。为了控制潜在的自相关问题,对模型中所有回归系数的标准误在企业层面上进行聚类处理。股东户数和机构投资者持股比例数据来自Wind数据库,股票日换手率数据来自RESSET数据库,其他财务数据均来自CSMAR数据库。

---

① 区别于薛祖云和王冲(2011)的样本区间(2003—2009),本章选取的是新会计准则实施后的"干净"样本,可以更好地反映准则趋同对分析师报告行为的影响。

二、变量定义与模型设计

(一) 盈余公告与分析师报告的信息含量

对于盈余公告的信息含量,本章根据盈余公告当天及前后1天($-1,0,+1$)的经市场收益率调整后的超额收益率之和的绝对值来度量。具体计算公式如下:

$$EA\_AAR_t = \left| \sum_{n=-1}^{1} AR_n \right| \quad (7-1)$$

其中,AR 为根据市场调整模型计算得到的超额收益率。

对于分析师报告信息含量,由于很难区分在盈余公告之后分析师发布的研究报告是信息解释还是信息挖掘,特别是距盈余公告日时间较长的分析师报告在很大程度上并不是针对企业财务报告进行信息解读,因此参考 Livant 和 Zhang(2012)的研究设计,将盈余公告后第2—6天分析师发布的研究报告视为分析师对公开信息的解释。先计算分析师发布研究报告当天经市场收益率调整后的超额收益率,然后对分析师发布研究报告当天的所有超额收益率进行加总并取绝对值,具体计算公式如下:

$$ANA\_AAR_{t+1} = \left| \sum_{n=2}^{6} AR_n \right| \quad (7-2)$$

其中,AR 为根据市场调整模型计算得到的超额收益率,倘若在盈余公告后第2—6天中的某一天没有分析师报告发布,那么当天的超额收益取值为0。

(二) 实证模型设计

为了检验分析师对会计信息的解释行为特征,本章建立以下模型:

$$\begin{aligned}ANA\_AAR_{t+1} = &\ \beta_0 + \beta_1 EA\_AAR_t + \beta_2 Acc\_Infor + \\ &\ \beta_3 EA\_AAR_t \times Acc\_Infor + \beta_4 Std\_AAR + \\ &\ \beta_5 Mean\_AAR + \beta_6 LMV + \beta_7 Num\_ANA + \\ &\ \beta_8 PANA\_AAR + \beta_9 IMR + \varepsilon\end{aligned} \quad (7-3)$$

其中,ANA_AAR_{t+1} 为盈余公告后第2—6天分析师报告的信息含量;EA_AAR_t 为盈余公告的信息含量。根据已有研究(Francis 等,2002),若分析师的信息解释角色成立,则分析师报告与盈余公告是一种互补关系,两者在信息含量上正相关,因此模型(7-3)中 EA_AAR_t 的回归系数应显著为正。为了研究分析师对会计信息的解释行为特征,在模型(7-3)中加入会计信息(Acc_Infor)以及 EA_AAR_t 和 Acc_Infor 的交乘项。针对特定的会计信息,若 EA_AAR_t 与 Acc_Infor 交乘项的回归系数显著为正,则说明分析师更倾向于解读此类会计信息。Acc_Infor 主要包括应计项信息

(Accrual)、可比性会计信息(Comp)和公允价值信息(FV)。对于应计项信息,首先对应计利润总额(R_ATA)进行检验,然后根据修正 Jones 模型将应计利润总额拆分,进而对可操控性应计(R_ADA)和不可操控性应计(R_ANDA)做进一步检验。对于可比性会计信息,根据 De Franco 等(2011)的方法,得到企业层面会计信息可比性的两种度量值(R_Compacctind 和 R_Compacct4),并将其代入模型进行检验。对于公允价值信息,主要考察分析师是否更倾向于解读含公允价值信息的财务报告(Dum_FV)。参照已有的研究(Francis 等,2002;Chen 等,2010),在模型(7-3)中加入盈余公告前后股票收益率的标准差(Std_AAR)和均值(Mean_AAR),以控制盈余公告前后企业股票收益率的基本特征。此外,加入企业规模(LMV)、分析师跟踪(Num_ANA)及盈余公告前分析师报告的信息含量(PANA_AAR),对盈余公告前的企业信息环境进行控制。

然而,由于企业所处的信息环境会同时影响企业盈余公告的信息含量和分析师发布研究报告的可能性,因此盈余公告与分析师报告的信息含量的相关性在一定程度上受到内生性的影响。本章参考 Chen 等(2010)的研究设计,采用 Heckman 两阶段方法,在第一阶段中对模型(7-4)进行 Probit 回归:

$$\begin{aligned}
\text{Dum\_ANA}_{t+1} = &\ \alpha_0 + \alpha_1 \text{EA\_AAR}_t + \alpha_2 \text{Acc\_Infor} + \alpha_3 \text{EA\_AAR}_t \times \text{Acc\_Infor} + \\
& \alpha_4 \text{Std\_AAR} + \alpha_5 \text{Mean\_AAR} + \alpha_6 \text{LMV} + \alpha_7 \text{Num\_ANA} + \\
& \alpha_8 \text{PANA\_AAR}_{t+1} + \alpha_9 \text{Num\_SH} + \alpha_{10} \text{Inst} + \alpha_{11} \text{Turnover} + \\
& \alpha_{12} \text{MTB} + \alpha_{13} \text{Lag}(\text{Dum\_ANA}_{t+1}) + \varepsilon
\end{aligned} \quad (7-4)$$

其中,Dum_ANA_{t+1} 为哑变量,若存在分析师在企业盈余公告后第 2—6 天发布研究报告则取值为 1,否则取值为 0。除了加入模型(7-3)的控制变量,进一步加入股东规模(Num_SH)、机构投资者持股比例(Inst)、股票换手率(Turnover)和企业成长性(MTB)等变量,以衡量投资者对分析师报告的需求。此外,为了控制分析师行为的持续性,加入 Dum_ANA 的滞后项。在第二阶段中将由第一阶段估计得到的逆米尔斯比率(IMR)代入模型(7-3)进行回归,以控制内生性问题对模型(7-3)的影响。相关变量的定义和计算方法参见表 7-1。

表 7-1 变量的定义和计算方法

	变量	变量解释与具体计算方法
被解释变量	ANA_AAR_{t+1}	分析师预测的信息含量:盈余公告后第 2—6 天,分析师发布研究报告当天的超额收益率(经市场收益率调整)之和的绝对值
	Dum_ANA_{t+1}	分析师发布研究报告的哑变量:若企业存在分析师在盈余公告后第 2—6 天发布研究报告则取值为 1,否则取值为 0

（续表）

	变量	变量解释与具体计算方法
解释变量	EA_AAR_t	盈余公告的信息含量：盈余公告当天及前后 1 天的超额收益率（经市场收益率调整）之和的绝对值
	R_ATA	应计利润总额：根据净利润与经营性现金流之差得到应计利润总额，并对其绝对值（ATA）按从小到大的顺序进行四等分位数分组
	R_ADA	可操控性应计利润：根据修正 Jones 模型（Dechow 等,1995）计算得到可操控性应计利润，并对其绝对值（ADA）按从小到大的顺序进行四等分位数分组
	R_ANDA	不可操控性应计利润：根据应计利润总额与可操控性应计利润之差值得到不可操控性应计利润，并对其绝对值（ANDA）按从小到大的顺序进行四等分位数分组
	R_Compacctind R_Compacct4	会计信息可比性：根据 De Franco 等（2011）的方法计算出会计信息可比性的两种替代变量（Compacctind 和 Compacct4），并对其按从小到大的顺序进行四等分位数分组
	Dum_FV	企业是否存在公允价值信息的哑变量：观察资产负债表中的金融资产或金融负债账户（交易性金融资产、衍生金融资产、可供出售金融资产和交易性金融负债），若其中任何一个账户不为零则取值为1，否则取值为0
	R_NFVPS	每股公允价值净资产（NFVPS）=（以公允价值计量的金融资产－以公允价值计量的金融负债）/流通股股数，对其绝对值按从小到大的顺序进行四等分位数分组
	R_EFVPS	每股公允价值净损益（EFVPS）= 公允价值产生的损益/流通股股数。其中，公允价值产生的损益为"公允价值变动损益"加上"投资收益"账户中归属于交易性金融资产、交易性金融负债以及公允价值变动直接计入当期损益的其他金融资产和金融负债的部分（张金若等,2013），本章对其绝对值按从小到大的顺序进行四等分位数分组
控制变量	Std_AAR	盈余公告前后各 90 天的超额收益率（经市场收益率调整）的标准差
	Mean_AAR	盈余公告前后各 90 天的超额收益率（经市场收益率调整）的均值
	LMV	企业规模，截至盈余公告前第 30 天的股票流通股市值的自然对数
	Num_ANA	分析师跟踪，截至盈余公告前第 30 天的分析师跟踪数目的自然对数
	PANA_AAR	盈余公告前第 2—30 天分析师报告的信息含量
	Num_SH	股东规模，企业股东总人数的自然对数
	Inst	机构投资者持股比例，机构投资者持有的股数/总股数
	Turnover	股票换手率，股票日换手率的均值
	MTB	企业成长性，市场价值与账面价值之比

第三节　实证结果分析

一、描述性统计分析

根据2007—2013年分析师在企业盈余公告前后发布研究报告的频率分布(限于篇幅未列示),平均超过15%的分析师报告出现在盈余公告后的7天之内(包括盈余公告当天),而在盈余公告之前对应区间分析师报告出现的比例为2.5%。由此可见,分析师大多进行的是公告之后的追踪分析而非公告之前的信息挖掘。分析师在盈余公告之后的短窗口期内面临激烈的竞争,也反映出当企业盈余公告发布之后,投资者对信息(特别是分析师提供的专业解读)有着强烈的需求。与此同时,由于企业公开披露的信息毕竟有限,因此对此类信息的解读同样有限。随着盈余公告之后时间的推移,能够被分析师解读的素材逐步减少,分析师发布研究报告的频率也逐步降低。

表7-2是各变量的描述性统计分析。有37.9%的样本在盈余公告后第2—6天内存在分析师报告(Dum_ANA_{t+1}的均值为0.379)。在信息含量方面,企业盈余公告当天及前后1天的市场反应(EA_AAR_t)的均值为0.036,盈余公告后分析师报告引起的市场反应(ANA_AAR_{t+1})的均值为0.021。在应计项信息方面,可操控性应计利润的绝对值(ADA)的均值为0.072,说明企业存在一定程度的盈余管理行为。在可比性会计信息方面,根据De Franco等(2011)计算得到的两个可比性变量($Compacctind$和$Compacct4$)的均值分别为-0.017和-0.003,由于计算方法不同,两者存在一定的差异。在公允价值信息方面,存在公允价值信息的样本比例为39.4%(Dum_FV的均值为0.394)。

表7-2　描述性统计分析

变量	样本数	均值	标准差	最小值	25%分位数	中位数	75%分位数	最大值
Dum_ANA_{t+1}	7 030	0.379	0.485	0	0	0	1.000	1.000
ANA_AAR_{t+1}	2 504	0.021	0.019	0.001	0.007	0.015	0.029	0.070
EA_AAR_t	7 030	0.036	0.03	0.002	0.012	0.027	0.051	0.109
Std_AAR	7 030	0.015	0.004	0.008	0.012	0.015	0.018	0.022
$Mean\_AAR$	7 030	0.016	0.004	0.009	0.013	0.016	0.019	0.024

(续表)

变量	样本数	均值	标准差	最小值	25%分位数	中位数	75%分位数	最大值
LMV	7 030	15.230	0.944	13.676	14.534	15.162	15.861	17.128
Num_ANA	7 030	1.692	0.974	0	1.099	1.792	2.485	3.135
PANA_AAR	7 030	0.007	0.014	0	0	0	0.006	0.050
Num_SH	7 030	10.536	0.894	9.09	9.839	10.474	11.162	12.300
Inst	7 030	0.322	0.232	0.016	0.112	0.282	0.519	0.746
Turnover	7 030	2.292	1.433	0.449	1.103	1.963	3.222	5.444
MTB	7 030	1.719	0.843	0.823	1.089	1.445	2.082	3.927
ATA	7 030	0.066	0.055	0.005	0.022	0.050	0.093	0.207
ANDA	6 954	0.048	0.047	0.003	0.015	0.032	0.062	0.183
ADA	6 954	0.072	0.066	0.004	0.022	0.050	0.100	0.247
Compacctind	4 324	−0.017	0.008	−0.039	−0.021	−0.015	−0.011	−0.008
Compacct4	4 324	−0.003	0.003	−0.011	−0.004	−0.003	−0.002	−0.001
Dum_FV	7 030	0.394	0.489	0	0	0	1.00	1.000
NFVPS	2 767	0.270	0.493	−0.005	0.004	0.043	0.264	1.889
EFVPS	2 452	0.013	0.039	−0.042	−0.001	0.001	0.011	0.142

二、多元回归分析结果

表7-3报告了针对应计项信息(假设1和假设2)的检验结果。基于应计利润总额(R_ATA),$EA\_AAR_t \times Accrual$ 在第(1)列中的回归系数显著为正(系数值 = 0.025, t = 2.88),说明分析师倾向于解读应计信息含量较高的财务报告,假设1得证。由于应计利润总额中的可操控性部分主要来自管理层的机会主义行为,并不能够表达管理层所拥有的私有信息,真正能够体现企业正常经营活动情况的应该是不可操控性应计,接下来利用修正Jones模型对应计利润总额进行拆分。表7-3第(2)列和第(3)列报告了对应计利润总额拆分之后的检验结果。基于可操控性应计部分(R_ADA),$EA\_AAR_t \times Accrual$ 在第(2)列中的回归系数并不显著(系数值 = 0.013, t = 1.33);相反,基于不可操控性应计部分(R_ANDA),$EA\_AAR_t \times Accrual$ 在第(3)列中的回归系数显著为正(系数值 = 0.036, t = 4.29)。由此可见,相对于可操控性应计,分析师更倾向于解读不可操控性应计含量较高的财务报告,假设2得证。

表7-3 应计项信息与分析师的信息解释行为

变量	(1) Accrual = R_ATA ANA_AAR$_{t+1}$	(2) Accrual = R_ADA ANA_AAR$_{t+1}$	(3) Accrual = R_ANDA ANA_AAR$_{t+1}$
截距项	0.036** (1.97)	0.033* (1.79)	0.032* (1.73)
EA_AAR$_t$	0.146*** (4.82)	0.179*** (5.71)	0.114*** (3.92)
R_Accrual	-0.001*** (-2.60)	-0.001* (-1.88)	-0.001*** (-3.37)
EA_AAR$_t$ × Accrual	0.025*** (2.88)	0.013 (1.33)	0.036*** (4.29)
Std_AAR	0.338 (0.99)	0.465 (1.33)	0.354 (1.03)
Mean_AAR	0.362 (1.10)	0.264 (0.79)	0.343 (1.04)
Size	-0.001* (-1.83)	-0.001* (-1.68)	-0.001 (-1.54)
Num_ANA	-0.002 (-1.05)	-0.001 (-0.95)	-0.001 (-0.81)
PANA_AAR$_{t+1}$	-0.006 (-0.25)	-0.002 (-0.06)	0.001 (0.03)
IMR	-0.009 (-1.54)	-0.008 (-1.42)	-0.008 (-1.28)
样本数	2 504	2 482	2 482
Adj. R^2	0.159	0.155	0.161

注：***、**、* 分别表示在1%、5%、10%的统计水平上显著（双尾）。出于篇幅考虑，只报告了第二阶段的回归结果。

表7-4报告了针对可比性会计信息（假设3）的检验结果，从中可以发现，对于两种会计信息可比性变量，EA_AAR$_t$ × Comp 的回归系数均显著为正。根据表7-4的检验结果，分析师更倾向于解读会计信息可比性程度较高的财务报告，假设3得证。其原因在于：一方面，可比性程度较高的会计信息能够提高财务报告所传递的信息含量；另一方面，出于信息处理成本的考虑，分析师更倾向于跟踪会计信息可比性程度较高的企业，并能够提供更准确的盈余预测（De Franco 等,2011）。

表7-4 可比性会计信息与分析师的信息解释行为

变量	(1) Comp = R_Compacctind ANA_AAR$_{t+1}$	(2) Comp = R_Compacct4 ANA_AAR$_{t+1}$
截距项	0.016 (0.79)	0.010 (0.52)

(续表)

变量	(1) Comp = R_Compacctind ANA_AAR$_{t+1}$	(2) Comp = R_Compacct4 ANA_AAR$_{t+1}$
EA_AAR$_t$	0.127*** (3.29)	0.159*** (3.96)
R_Comp	-0.002*** (-3.92)	-0.001* (-1.93)
EA_AAR$_t$ × Comp	0.037*** (3.22)	0.026** (2.31)
Std_AAR	0.665* (1.66)	0.682* (1.71)
Mean_AAR	0.211 (0.56)	0.182 (0.48)
LMV	-0.000 (-0.50)	-0.000 (-0.24)
Num_ANA	-0.000 (-0.09)	-0.000 (-0.04)
PANA_AAR$_{t+1}$	-0.011 (-0.36)	-0.013 (-0.41)
IMR	-0.005 (-0.69)	-0.004 (-0.65)
样本数	1 611	1 611
Adj. R^2	0.177	0.172

注：***、**、* 分别表示在1%、5%、10%的统计水平上显著（双尾）。出于篇幅考虑，只报告了第二阶段的回归结果。

表7-5报告了针对公允价值信息（假设4）的检验结果。本章检验了分析师是否更倾向于解读含公允价值信息的财务报告（Dum_FV），表7-5第（1）列的检验结果显示，EA_AAR$_t$ × FV的回归系数并不显著。根据之前的描述性统计分析，近60%的样本不含公允价值信息，接下来只针对含公允价值信息的样本，并计算每股公允价值净资产（R_NFVPS）和每股公允价值净损益（R_EFVPS），将公允价值信息拆分为资产负债表公允价值信息和利润表公允价值信息，以检验分析师对这两类公允价值信息的解释行为特征。表7-5第（2）列和第（3）列分别报告了基于不同类公允价值信息的检验结果。针对资产负债表公允价值信息，EA_AAR$_t$ × FV在第（2）列中的回归系数并不显著；而针对利润表公允价值信息，EA_AAR$_t$ × FV在第（3）列中的回归系数显著为正（系数值=0.037，t=2.79）。综合上述经验证据，分析师并没有表现出更倾向于解读含公允价值信息的财务报告；但是基于含公允价值信息的样本，发现分析师更倾向于解读利润表公允价值信息。

表7-5 公允价值信息与分析师的信息解释行为

变量	(1) FV = Dum_FV ANA_AAR$_{t+1}$	(2) FV = R_NFVPS ANA_AAR$_{t+1}$	(3) FV = R_EFVPS ANA_AAR$_{t+1}$
截距项	0.034* (1.87)	-0.006 (-0.21)	0.046** (2.18)
EA_AAR$_t$	0.215*** (10.36)	0.149*** (2.82)	0.083* (1.76)
FV	-0.001 (-0.45)	0.000 (0.47)	-0.002*** (-3.24)
EA_AAR$_t$ × FV	0.006 (0.19)	0.011 (0.60)	0.037*** (2.79)
Std_AAR	0.411 (1.19)	-0.003 (-0.01)	0.454 (0.96)
Mean_AAR	0.296 (0.88)	0.800* (1.81)	0.453 (1.11)
LMV	-0.001* (-1.83)	0.000 (0.17)	-0.002* (-1.86)
Num_ANA	-0.002 (-1.17)	0.001 (0.57)	-0.002 (-1.05)
PANA_AAR$_{t+1}$	-0.007 (-0.27)	0.045 (1.27)	-0.007 (-0.17)
IMR	-0.010 (-1.61)	0.002 (0.22)	-0.011* (-1.78)
样本数	2 504	1 067	931
Adj. R^2	0.154	0.139	0.147

注：***、**、*分别表示在1%、5%、10%的统计水平上显著（双尾）。出于篇幅考虑，只报告了第二阶段的回归结果。

三、稳健性检验

为了检验上述结果的可靠性，本章进行稳健性检验。

(1) 重构盈余公告和分析师报告的信息含量的度量窗口，基于盈余公告当天及前后2天(-2,-1,0,+1,+2)的时间窗口度量盈余公告信息含量，并基于盈余公告后一周(+3,+9)的时间窗口度量分析师报告信息含量（薛祖云和王冲，2011）①。

(2) 利用经业绩调整的Jones模型（Kothari等，2005），重新计算企业的可操控性

---

① 薛祖云和王冲（2011）基于盈余公告前后第1—5周的时间窗口度量分析师报告信息含量。

应计和不可操控性应计,运用 Cascino 和 Gassen(2015)、Neel(2013)的方法对会计信息可比性重新度量。

(3)我国于 2007 年实施新企业会计准则,新准则的实施无论是对管理层会计方法的选择还是对企业会计信息的披露都会造成一定程度的影响;进一步地,在新准则实施之后,特别是在实施的第一年,投资者往往不能准确判断准则变化对相关会计项目的影响。因此,投资者会迫切需要证券分析师对企业财务报告进行专业化解读。为了避免新准则实施当年对实证结果的影响,本章进一步剔除 2007 年的样本。

(4)对所有连续变量分别进行 3% 和 2% 的缩尾处理。研究发现,上述稳健性检验结果与主检验结果基本一致,本章结论并没有发生改变。限于篇幅,未详细报告上述稳健性检验回归结果。

小结

现有文献对于分析师在资本市场上所扮演角色的研究已经很充分,但对于分析师解释的信息内容及其行为特征的研究尚付阙如。本章以我国 2007—2013 年 A 股主板上市公司为研究样本,针对财务报告中的会计信息,探讨分析师信息解释的具体内容及其行为特征。结果发现:首先,分析师倾向于解读应计项信息含量较高的财务报告,并且相较于可操控性应计,分析师更倾向于解读不可操控性应计项含量较高的财务报告;其次,分析师倾向于解读会计信息可比性程度较高的财务报告;最后,针对含公允价值信息的样本,分析师更倾向于解读利润表公允价值信息。

参考文献

[1]葛家澍. 关于会计计量的新属性:公允价值[J]. 上海会计,2001(1):3-5.

[2]黄世忠. 公允价值会计:面向 21 世纪的计量模式[J]. 会计研究,1997(12):1-4.

[3]李丹,贾宁. 盈余质量、制度环境与分析师预测[J]. 中国会计评论,2009(4):351-370.

[4]刘永泽,孙蔓. 我国上市公司公允价值信息的价值相关性:基于企业会计准则国际趋同背景的经验证据[J]. 会计研究,2011(2):16-22.

[5]曲晓辉,黄霖华. 投资者情绪、资产证券化与公允价值信息含量:来自 A 股市场 PE 公司 IPO 核准公告的经验证据[J]. 会计研究,2013(9):14-21.

[6]薛祖云,王冲. 信息竞争抑或信息补充:证券分析师的角色扮演:基于我国证券市场的实证分析[J]. 金融研究,2011(11):167-182.

[7] BARTH M E, BEAVER W H, Landsman W R. Value – relevance of banks' fair value disclosures under SFAS No. 107 [J]. The Accounting Review, 1996, 71(4):513 – 537.

[8] BARTH M E. Fair value accounting:Evidence from investment securities and the market valuation of banks [J]. The Accounting Review, 1994, 69(1):1 – 25.

[9] BONI L, Womack K. Analysts, industries, and price momentum[J]. Journal of Financial and Quantitative Analysis,2006,41(1):85 – 109.

[10] CASCINO S, GASSEN J. What drives the comparability effect of mandatory IFRS adoption[J]. Review of Accounting Studies,2015,20(1):242 – 282.

[11] CHEN X,CHENG Q,LO K. On the relationship between analyst reports and corporate disclosures: Exploring the roles of information discovery and interpretation [J]. Journal of Accounting and Economics,2010,49(3):206 – 226.

[12] DECHOW P, SLOAN R, SWEENEY A. Detecting earnings management [J]. The Accounting Review,1995,70(2):193 – 225.

[13] DECHOW P. Accounting earnings and cash flows as measures of firm performance:The role of accounting accruals[J]. Journal of Accounting and Economics,1994,18(1):3 – 42.

[14] DE FRANCO G, HOPE O, LAROCQUE S. Analysts' choice of peer companies [J]. Review of Accounting Studies,2015,20(1):82 – 109.

[15] DE FRANCO G, KOTHARI S, VERDI R. The benefits of financial statement comparability[J]. Journal of Accounting Research,2011,49(4):895 – 931.

[16] DEMPSEY S. Predisclosure information search incentives, analyst following, and earnings announcement price response[J]. The Accounting Review,1989,64:748 – 757.

[17] FRANCIS J, SCHIPPER K, VINCENT L. Earnings announcements and competing information[J]. Journal of Accounting and Economics,2002,33(3):313 – 342.

[18] FRANKEL R, KOTHARI S, WEBER J. Determinants of the informativeness of analyst research[J]. Journal of Accounting and Economics,2006,41(1/2):29 – 54.

[19] IVKOVIC Z, JEGADEESH N. The timing and value of forecast and recommendation revisions[J]. Journal of Financial Economics,2004,73(3):433 – 463.

[20] KOTHARI S, LEONE A, WASLEY C. Performance matched discretionary accrual measures[J]. Journal of Accounting and Economics,2005,39(1):163 – 197.

[21] LANG M H, LUNDHOLM R L. Corporate disclosure policy and analyst behavior [J]. The Accounting Review, 1996, 71(4):467 – 492.

[22] LANDSMAN W, MAYDEW E, THORNOCK J. The information content of annual

earnings announcements and mandatory adoption of IFRS[J]. Journal of Accounting and Economics,2012,53(1/2):34-54.

[23] LEUZ C,NANDA D,WYSOCKI P D. Earnings management and investor protection:An international comparison[J]. Journal of Financial Economic,2003,69(3):505-527.

[24] LEV B,ZAROWIN P. The boundaries of financial reporting and how to extend them[J]. Journal of Accounting Research,1999,37:353-385.

[25] LIVANT J,ZHANG Y. Information interpretation or information discovery:Which role of analysts do investors value more[J]. Review of Accounting Studies,2012,17(3):612-641.

[26] MAGNAN M,MENINI A,PARBONETTI A. Fair value accounting:Information or confusion for financial markets[J]. Review of Accounting Studies,2015,20(1):559-591.

[27] NEEL M. Accounting comparability and economic outcomes of mandatory IFRS adoption[Z]. Working Paper,University of Houston,2013.

[28] RAMNATH S,ROCK S,SHANE P. The financial analyst forecasting literature:A taxonomy with suggestions for further research[J]. International Journal of Forecasting,2008,24(1):34-75.

[29] SHORES D. The association between interim information and security returns surrounding earnings announcements[J]. Journal of Accounting Research,1990,28:164-181.

[30] WATTS R,ZIMMERMAN J. Positive Accounting Theory[M]. Englewood Cliffs,NJ:Prentice Hall,1986.

第八章

公允价值计量与 IPO 投资者情绪定价*

Macve(2015)、Kothari 等(2010)指出,IASB 和 FASB 扩大公允价值计量在财务报告中使用范围的主张引起了学术界与实务界的广泛争论。这场争论的焦点在于公允价值计量能否有效增强会计信息的决策有用性。Kothari 等(2010)、曲晓辉和黄霖华(2013)、雷宇(2016)认为,公允价值会计信息决策有用性的增强有赖于市场机制的有效运行。然而,市场机制并未如会计准则制定者预设的那样完美和有效地运行。因此,在市场非理性的背景下,如何客观地分析公允价值会计信息的决策有用性成为回应上述争论的关键,但遗憾的是这方面的经验证据依然十分有限。在我国会计准则公允价值计量规范与国际财务报告准则加速趋同的背景下[①],这一问题的解决显得更加迫切。

市场机制运行的有效性直接受到市场发展水平的制约。Kothari 等(2010)、He 等(2012)指出,在市场发展水平较低的背景下,市场缺乏可靠的交易价格,公允价值主要取决于管理层的估计和判断,这往往会引发管理层的机会主义行为。管理层的机会主义行为会导致公允价值会计信息质量下降,并制约会计信息的决策有用性。或许正如 Jensen 和 Meckling(1976)所言,理性投资者能够看穿管理层的机会主义行为。然而,更多的时候投资者却以相同的方式重复偏离理性。Gallimore 和 Gray(2002)指出,投资者偏离理性的原因在于投资者情绪在投资决策中起着非常重要的作用。由此可见,投资者情绪也是制约市场机制有效运行、影响公允价值会

---

* 本章参阅了黄霖华,曲晓辉,万鹏,等. 公允价值计量、投资者情绪与会计信息决策有用性[J]. 当代财经,2017(10):111 – 121.

[①] 2013 年 1 月 1 日第 13 号国际财务报告准则《公允价值计量》(IFRS 13)生效。2014 年 1 月 28 日我国财政部发布《关于印发〈企业会计准则第 39 号——公允价值计量〉的通知》,自 2014 年 7 月 1 日起在所有执行《企业会计准则》的企业范围内实行,鼓励在境外上市的企业提前执行。

计信息决策有用性的关键性因素。

投资者情绪与公允价值会计信息决策有用性的关系亟待从以下三方面展开研究:(1)基于我国资本市场的现实条件,探讨公允价值会计信息对投资者情绪定价(投资者情绪驱动的股票错误定价)的直接作用机制;(2)结合我国各地市场发展水平,考察市场发展水平对公允价值会计信息决策有用性的制约机制;(3)公允价值计量和会计信息决策有用性对 IPO 定价效率的影响机制。为此,本章基于投资者情绪理论和公允价值会计理论,使用我国上市公司 IPO 披露的财务数据和发行定价数据,检验市场非理性的背景下公允价值会计计量改革对增强会计信息决策有用性的作用,以期拓展本领域文献,并为公允价值计量的相关争论和提升资本市场资源配置效率提供有益的经验证据支持。

考虑到广泛采用公允价值计量的《企业会计准则》(2006)实施和 IPO 暂停的情况,本章基于我国 A 股主板市场 2007—2012 年的 702 个 IPO 样本,运用多元线性回归的实证分析方法,对上述问题进行了检验。研究发现:(1)公允价值计量提高了会计信息质量,抑制了会计信息不对称下的 IPO 投资者情绪定价,增强了会计信息的决策有用性;(2)市场发展水平越高,公允价值计量项目的盈余管理空间越小,因此市场发展水平的提升对公允价值会计信息决策有用性具有正向促进作用;(3)公允价值计量增强了会计信息的决策有用性,抑制了 IPO 定价的非理性成分,提升了市场的 IPO 定价效率。

本章对现有文献的可能贡献有:(1)揭示了公允价值计量抑制 IPO 投资者情绪定价的作用机制,补充了市场非理性背景下公允价值会计信息决策有用性的相关文献;(2)验证了市场发展水平对公允价值会计信息决策有用性的积极作用,补充了不同市场发展水平条件下公允价值会计信息决策有用性的经验证据;(3)关于公允价值计量抑制 IPO 投资者情绪定价的相关研究结论对平抑公允价值计量的相关争论和提升资本市场资源配置效率具有一定的政策参考价值。

第一节 文献回顾与研究假设

基于投资者情绪理论和公允价值会计理论,本部分重点分析投资者情绪和公允价值计量影响会计信息决策有用性的作用机理,以及市场发展水平对公允价值会计信息决策有用性的制约机制,并提出相应的假设,为实证检验部分提供理论支撑。

一、公允价值计量与投资者情绪定价

（一）投资者情绪与股票定价

投资者情绪在投资决策中起着重要作用。Baker 和 Wurgler(2006)、Mian 和 Sankaraguruswamy(2012)研究发现,投资者情绪是股票错误定价的重要影响因素。这种影响与作用得到 Stambaugh 等(2012)的证实：当投资者情绪乐观时,由高估导致的股票错误定价更为普遍,市场异象得到强化。俞红海等(2015)、宋顺林和唐斯圆(2016)等国内学者的研究进一步证实,投资者情绪也是影响我国 IPO 定价异象的重要驱动因素。

Yu 和 Yuan(2011)将投资者情绪影响股票错误定价的市场机制归结为情绪型投资者对股票交易产生的影响。其一,当市场情绪乐观时,更多的情绪型投资者参与交易,他们对市场的影响与作用也更大；其二,情绪型投资者缺乏评估投资风险和投资收益的经验,进而影响市场的预期超额收益与市场风险的匹配关系。这表明强化市场的预期超额收益与市场风险的匹配关系、缓解情绪型投资者对股票错误定价的影响是机构投资者的重要作用；但遗憾的是,机构投资者亦存在羊群效应和乐观偏差等非理性投资行为。尽管如此,机构投资者和情绪型投资者的非理性投资行为还是存在显著的差异：相较于情绪型投资者的噪声交易,机构投资者的非理性投资行为更可能是一种基于市场情绪驱动的风险与收益匹配的偏误。换言之,机构投资者的情绪型投资行为主要表现为：在市场情绪的驱动下,机构投资者对目标公司未来现金流或现金折现率的过度乐观或悲观估计。Baker 和 Wurgler(2006)指出,过度乐观估计未来现金流或折现率是情绪驱动的股票错误定价的重要原因。

（二）公允价值计量与投资者情绪定价

那么,会计信息质量的提升是否有助于缓解与未来现金流或折现率相关的投资者情绪驱动的股票错误定价呢？Jensen 和 Meckling(1976)指出,会计信息质量差异导致的信息不对称问题会影响会计信息使用者对公司未来现金流和折现率的估计。现金流和折现率的错误估计是机构投资者的情绪投资行为的驱动因素。Mian 和 Sankaraguruswamy(2012)证实,投资者受会计盈余信息影响的情绪驱动导致的股票错误定价是一般性股票错误定价的重要形式。由此可见,会计信息质量的提升有助于缓解信息不对称驱动的情绪投资行为,提升机构投资者对上市公司未来现金流或折现率的合理估计水平,抑制会计信息驱动的投资者情绪定价,增强会计信息的决策有用性。

综上所述,正如 Landsman(2007)所指出的,公允价值计量整体上提高了会计信息质量。在机构投资者主导的 IPO 定价中,公允价值计量(主要是公允价值变动损益项目)有助于降低会计信息使用者与管理层之间的信息不对称程度,抑制会计信息驱动的投资者情绪定价行为。因此,公允价值计量有助于抑制会计信息不对称下的 IPO 投资者情绪定价,增强会计信息的决策有用性。基于上述分析,本章的第一个假设为:

假设1 公允价值变动损益与 IPO 投资者情绪定价负相关。

二、市场发展水平与会计信息决策有用性

一方面,交易市场的活跃程度取决于各地区的市场发展水平。我国市场发展水平在不同地区之间存在巨大的不平衡。樊纲等(2010)研究发现,在东部一些沿海省市,市场化改革已经取得决定性进展,市场发育程度相对较高;而在中西部一些省份,由于制度缺失和监管缺位,市场发育相对不足。樊纲和王小鲁(2003)认为,市场发展水平的差异并非简单取决于某一项规章制度或者单一的经济指标,而是一系列经济、社会和法律制度等共同作用的结果。正如韦伯(1998)所言,市场发展水平越高,各类组织越倾向于采用恰当的会计方法来支持合理的核算,并据此决定应做什么和不应做什么。管考磊(2016)进一步指出,企业契约的执行情况可以通过会计信息质量得到一定程度的反映。姜英兵和严婷(2012)也证实,市场发展水平越高,会计信息质量越高。会计信息质量的提高有助于缓解管理层与投资者之间的信息不对称,抑制会计信息不对称下的 IPO 投资者情绪定价。由此可见,市场发展水平的提高对于抑制会计信息不对称下的 IPO 投资者情绪定价、增强会计信息的决策有用性具有积极的意义。

另一方面,市场发展水平对公允价值会计信息质量也产生直接的作用。Kothari 等(2010)、He 等(2012)指出,在缺乏可靠的市场交易价格的背景下,公允价值计量可能伴随盈余管理空间扩大而引发管理层的机会主义行为。以投资性房地产项目为例,公允价值计量所带来的问题在于投资性房地产往往并不存在统一和透明的活跃交易市场,因此与金融工具项目公允价值可以直接依据活跃交易市场报价确定不同,投资性房地产公允价值的确定更依赖管理层的估计。Dietrich 等(2000)、邹燕等(2013)表明,在缺乏统一和透明的活跃交易市场的背景下,投资性房地产公允价值计量模式往往会扩大管理层的盈余管理空间。由此可见,公允价值会计信息质量也直接受到市场发展水平的制约。

综合上述分析,市场发展水平直接影响公允价值会计信息质量,而且通过会计

信息的形成机制间接影响会计信息质量。由此可知,市场发展水平对公允价值会计信息(公允价值变动损益项目)与投资者情绪定价的相关关系具有正向作用。基于此,本章的第二个假设为:

假设2 市场发展水平对公允价值变动损益与投资者情绪定价的相关关系存在正向作用。

第二节 研究设计

一、样本选择

我国 A 股上市公司于 2007 年开始实行广泛采用国际趋同的公允价值计量属性的《企业会计准则》(2006),同时我国资本市场 2012 年 11 月及之后一年多 IPO 暂停及恢复后申购价格相关规定发生变更。因此,本章以沪深两市 2007—2012 年[①]在上海证券交易所和深圳证券交易所 IPO 的 A 股主板上市公司[②]为研究样本。在此基础上,对样本及数据进行如下处理:(1)剔除金融行业上市公司;(2)剔除在 CSMAR 数据库和上市公司年报数据系统中同时缺失数据的样本;(3)剔除数据明显异常的样本。经过上述处理后,从 CSMAR 数据库和巨潮资讯网手工收集整理得到共 702 个样本。样本公司分布情况如表 8-1 所示。

表 8-1 样本公司分布情况

	2007 年	2008 年	2009 年	2010 年	2011 年	2012 年	合计
深市	95	71	58	188	115	51	578
沪市	15	6	7	36	35	25	124
合计	110	77	65	224	150	76	702

二、研究模型

(一) 投资者情绪定价

Stambaugh 等(2012)、曲晓辉和黄霖华(2013)等对投资者情绪的度量直接采

---

① 我国证券市场 2012 年 11 月至 2014 年 1 月暂停 IPO,2014 年 1 月 IPO 短暂重启(5 家公司 IPO);随后因为 IPO 新规存在问题,从 2014 年 2 月开始 IPO 再度暂停直至 6 月;2015 年 7 月至 11 月,因为 IPO 制度改革,IPO 又再次暂停。所以,2013 年 IPO 公司数量为 0;同时考虑 2014 年和 2015 年新股发行制度持续改革可能对检验结果存在制度变迁的干扰,本章没有包含 2014 年和 2015 年的 IPO 样本。

② 创业板上市公司的上市门槛显著异于主板上市公司,尤其是上市前的盈利要求明显比主板上市公司低。每股收益是本章重要的被解释变量,为了统一口径标准,本章以主板 IPO 公司为研究对象。

用或借鉴 Baker 和 Wurgler(2006)构建的 BW 投资者情绪指数。然而,BW 投资者情绪指数并非尽善尽美,其主要不足之处在于:只度量市场层面的投资者情绪而未能具体到公司层面。为了更好地反映公司层面的投资者情绪对 IPO 定价的影响,本章借鉴 Goyal 和 Yamada(2004)、谭跃和夏芳(2011)的方法,将 IPO 公司发行价格对应的托宾 Q 与 IPO 期间公司基本面的三个变量——净资产收益率、资产负债率和主营业务收入增长率——进行回归并控制行业,以其拟合值作为基准的托宾 Q(Q^b),再用其残差($Q^e = Q - Q^b$)衡量投资者情绪定价。

(二)研究模型

借鉴曲晓辉和黄霖华(2013)、谭跃和夏芳(2011)的方法,结合我国资本市场运行的特点和实证检验的要求,本章设定模型(8-1)和模型(8-2)分别检验假设1和假设2。

$$IP_i = a_0 + a_1 FV_i + a_2 OE_i + a_3 BV_i + a_4 LN\_Issue_i + a_5 LN\_Size_i + a_6 PE_i + a_7 Fame_i + Ind + Year + u \quad (8-1)$$

$$IP_i = b_0 + b_1 FV_i + b_2 FV_i \times MI_i + b_3 OE_i + b_4 BV_i + b_5 LN\_Issue_i + b_6 LN\_Size_i + b_7 PE_i + b_8 Fame_i + Ind + Year + u \quad (8-2)$$

其中,IP_i 为公司 i 的投资者情绪定价指标,即 IPO 投资者情绪定价金额;FV_i 为公司 i 距发行期最近的半年度会计期间①每股公允价值变动损益额;OE_i 为公司 i 距发行期最近的半年度会计期间每股收益折算为年度值后扣除 FV_i 的余额;BV_i 为公司 i 距发行期最近的半年度会计期间每股账面价值;LN_Issue_i 为公司 i 发行股数的自然对数;LN_Size_i 为公司 i 距发行期最近的半年度会计期间销售额折算为年度值后的自然对数;PE_i 为 IPO 发行后公司 i 的全面摊薄市盈率;$Fame_i$ 为承销商声誉,前十大承销商 Fame 取值为 1,否则取值为 0;MI_i 为公司 i 所在省份发行年度的市场发展水平,参照王小鲁等(2017)的中国分省份市场化指数,若所在省份的市场发展水平小于中位数即市场发展水平低则 MI 取值为 1,否则取值为 0;Ind 为行业控制变量;Year 为年度控制变量;u 为残差。各变量定义参见表 8-2。

---

① 公允价值变动损益项目的主要组成来自交易性金融资产。交易性金融资产具有较强的时效性,取值于距 IPO 发行定价期间最近的年报或半年报,有助于更好地观测公允价值变动损益项目与 IPO 定价的相关关系。

表8-2 变量定义

变量	变量名称	说明
IP	投资者情绪定价	IPO投资者情绪定价金额
FV	公允价值变动损益	每股公允价值变动损益额
OE	扣除公允价值变动损益后的其他盈余	每股收益扣除公允价值变动损益额(FV)后的余额
BV	账面价值	每股账面价值
LN_Issue	发行量	发行股数的自然对数
LN_Size	公司规模	销售额的自然对数
PE	市盈率	IPO发行后全面摊薄市盈率
Fame	券商声誉	承销商声誉
MI	市场发展水平	发行年度所在省份的市场发展水平

第三节 实证结果分析

一、描述性统计分析

（一）变量描述性统计

表8-3变量的描述性统计结果显示，IPO样本公司投资者情绪定价（IP）的均值为-6.150元、最小值为-145.20元、最大值为77.85元；市盈率（PE）的均值为40.62、最小值为6.67、最大值为113.64。同期（2007—2012年）二级市场的平均股价为9.49元，平均市盈率为25.55，即样本公司IPO发行市盈率是二级市场2倍左右。由此可见，投资者情绪可能是制约会计信息决策有用性、影响我国资本市场资源配置效率的重要因素。

每股公允价值变动损益（FV）的均值为0.001元、最小值为-0.18元、最大值为0.17元；扣除公允价值变动损益后的每股收益（OE）的均值为0.820元、最小值为0.02元、最大值为6.70元。FV项目的金额较小，但吴战篪等（2009）、刘永泽和孙翯（2011）的研究结果表明：公允价值变动损益项目具有显著的价值相关性，显著影响股票价格。因此，尽管公允价值变动损益额较小，但仍然可能对会计信息不对称下的IPO投资者情绪定价产生作用。

表 8-3　变量的描述性统计

变量	均值	标准差	最小值	中位数	最大值
IP	-6.150	10.607	-145.20	-5.77	77.85
FV	0.001	0.014	-0.18	0	0.17
OE	0.820	0.540	0.02	0.69	6.70
BV	6.880	3.300	1.32	6.40	27.55
Issue	133.300	604.110	12.50	34.84	12 000.00
Size	45.210	331.910	0.58	7.04	610.15
PE	40.620	17.000	6.67	35.89	113.64

注：Issue 为发行量，单位为百万股；Size 为销售额，单位为亿元；除 PE 外，其他变量的单位为元/股。

与此同时，样本公司发行量（Issue）的均值为 1.33 亿股、最小值为 0.125 亿股、最大值为 120 亿股；样本公司年度销售额（Size）的均值为 45.210 亿元、最小值为 0.58 亿元、最大值为 610.15 亿元。Issue 和 Size 的标准差较大（超过 300），在回归模型中采用自然对数形式。

（二）变量的相关系数检验

表 8-4 是各变量的 Pearson 相关系数。由表 8-4 可知，每股公允价值变动损益（FV）与 IPO 投资者情绪定价（IP）显著负相关。这表明公允价值计量提高了会计信息质量，抑制了 IPO 投资者情绪定价，增强了会计信息的决策有用性。IPO 投资者情绪定价（IP）与扣除公允价值变动损益后的每股收益（OE）显著负相关。这表明每股收益越高，IPO 投资者情绪定价程度越低。IP 与 OE 的相关关系与预期存在一定的偏差，后续实证分析部分将对这一偏差做进一步的检验与分析。除此之外，其他解释变量和被解释变量的相关关系与研究假设的预期大体保持一致。

表 8-4　变量的相关系数

变量	IP	FV	OE	BV	LN_Issue	LN_Size	PE	Fame
IP	1.00							
FV	-0.19***	1.00						
OE	-0.11***	-0.03	1.00					
BV	-0.13***	0.05	0.66	1.00				
LN_Issue	-0.04	0.09**	-0.18***	-0.34	1.00			
LN_Size	-0.15***	0.08**	0.13***	-0.08**	0.80***	1.00		
PE	0.29***	0.02	-0.06	0.37***	-0.12***	-0.16***	1.00	
Fame	-0.01	-0.002	0.05	-0.01	0.06*	0.08**	-0.05	1.00

注：***、**、* 分别表示在 1%、5% 和 10% 的统计水平上显著。

解释变量 LN_Issue 与 LN_Size 的相关系数大于 0.5，这表明解释变量之间可能存在多重共线性问题。但是,多重共线性检验结果(限于篇幅,未详细列示)显示,LN_Issue 和 LN_Size 的 VIF 值小于3,这表明模型并不存在显著的多重共线性问题。

二、公允价值计量、投资者情绪与会计信息决策有用性的检验结果

表8-5为模型(8-1)和模型(8-2)的 OLS 多元线性回归结果。模型(8-1)的检验结果显示,每股公允价值变动损益(FV)对 IPO 投资者情绪定价(IP)存在显著负向影响。这表明公允价值计量整体上提高了会计信息质量,有效降低了不同投资主体之间的信息不对称程度,在一定程度上缓解了机构投资者的情绪定价行为,抑制了投资者情绪对 IPO 定价的影响,增强了会计信息的决策有用性。本章的研究发现为 Mian 和 Sankaraguruswamy(2012)、曲晓辉和黄霖华(2013)所证实的会计信息不对称驱动的情绪定价的结论提供了 IPO 定价层面——公司层面的实证证据。

表8-5 主检验结果

变量	符号	模型(8-1)		模型(8-2)	
		(1)	(2)	(3)	(4)
FV	-	-115.06*** (-4.16)	-93.94*** (-3.66)	-184.16*** (-5.00)	-176.00*** (-5.19)
FV×MI	+			155.10*** (2.82)	184.70*** (3.66)
OE	+	0.92 (0.90)	4.78*** (4.65)	1.10 (1.08)	5.11*** (5.00)
BV	-	-0.80*** (-4.83)	-1.53*** (-8.30)	-0.92*** (-5.00)	-1.57*** (-8.58)
LN_Issue	-		0.26 (0.34)		0.41 (0.53)
LN_Size	-		-0.95 (-1.64)		-1.09* (-1.89)
PE	+		0.31*** (10.42)		0.31*** (10.62)
Fame	+		0.54 (0.77)		0.51 (0.73)
截距项	?	-0.91 (-0.29)	5.85 (0.74)	-0.73 (-0.24)	7.40 (0.94)
Ind		控制	控制	控制	控制
Year		控制	控制	控制	控制
样本量		702	702	702	702
Adj. R^2		0.16	0.29	0.17	0.30

注:括号内为双尾检验的 T 值;***、* 分别表示在1%和10%的统计水平上显著。

与此同时,表8-5模型(8-1)的检验结果还显示,虽然 IPO 投资者情绪定价

(IP)与扣除公允价值变动损益后的每股收益(OE)正相关,但在缺失 LN_Issue、LN_Size、PE、Fame 等控制变量的情况下并不显著。这表明扣除公允价值变动损益后的每股收益项目对 IPO 投资者情绪定价的作用还受到其他控制变量的制约。由此可见,相关系数检验结果中 IP 与 OE 的显著性关系(见表8-4)并不影响主检验结果。

发行量(LN_Issue)与 IPO 投资者情绪定价(IP)正相关,但并不显著。这表明公司发行规模越大,IPO 投资者情绪定价程度越高,与预期不一致。可能的原因是:发行量并不能很好地度量 IPO 公司规模。另外,使用销售额(LN_Size)度量 IPO 公司规模的检验结果显示,销售额与投资者情绪定价(IP)负相关。由此可见,销售额越高,公司规模越大,投资者情绪定价越低。使用 IPO 发行股数度量的发行规模与投资者情绪定价正相关更为合理的解释是发行规模更好地反映了个人投资者的参与程度:发行规模越大,个人投资者中签数越多,越多的个人投资者(情绪型投资者)参与 IPO 新股申购,从而产生更严重的投资者情绪定价。其他主要控制变量的检验结果与假设预期保持一致。

基于上述检验,每股公允价值变动损益越大,IPO 投资者情绪定价越低,支持假设1。由此本章得出结论:公允价值计量模式的使用显著抑制了 IPO 投资者情绪定价,增强了会计信息的决策有用性。

三、市场发展水平与会计信息决策有用性的检验结果

表8-5 中模型(8-2)的检验结果显示,每股公允价值变动损益(FV)和市场发展水平(MI)的交乘项对投资者情绪定价(IP)产生显著的正向作用。这表明市场发展水平对每股公允价值变动损益与 IPO 投资者情绪定价之间的相关关系具有显著的正向作用,即市场发展水平影响公允价值会计信息质量。这种影响反映到 IPO 投资者情绪定价上并表现为:市场发展水平越高,公允价值会计信息质量越高,IPO 投资者情绪定价越低,会计信息决策有用性越强。本章关于市场发展水平影响公允价值会计信息质量的研究结论与 Kothari 等(2010)、He 等(2012)发现的市场发展水平影响公允价值会计信息质量的相关结论一致。

基于上述检验,市场发展水平对公允价值变动损益与 IPO 投资者情绪定价的相关关系具有正向作用,实证结果支持假设2。由此本章得出结论:市场发展水平越高,公允价值会计信息质量越高,IPO 投资者情绪定价越低,会计信息决策有用性越强。

四、稳健性检验

为了检验实证结果的可靠性,本章进行以下稳健性检验:(1)用中介组织发育和

法律制度环境指数替代市场发展水平指数。Coase(1937)认为市场经济的本质是契约经济,樊纲和王小鲁(2003)也认为制度环境是衡量市场发展水平的重要指标,因此本章用中介组织发育和法律制度环境指数替代市场发展水平指数,代入模型(8-2)重新回归,结果与第二个结论保持一致,如表8-6第(1)列所示。(2)考虑金融危机的影响。黄世忠(2009)指出,金融危机的顺周期效应可能影响公允价值变动损益信息在股票定价中的作用。为了控制金融危机的影响,本章剔除2008年的样本,用剩余的625个样本进行检验,回归结果与主检验结论一致,如表8-6第(2)—(3)列所示。(3)替换投资者情绪定价指标。为了检验投资者情绪定价度量方法的可靠性,本章用市盈率(PE)作为投资者情绪的替代变量,若PE高于均值则设定为存在投资者情绪定价(同时控制年度和行业影响)。将新的投资者情绪定价指标代入模型(8-1)和模型(8-2)重新进行检验,回归结果显示主检验结论依然成立,如表8-6第(4)—(5)列所示。

表8-6 稳健性检验结果

变量	符号	(1)	(2)	(3)	(4)	(5)
FV	−	−136.92*** (−4.68)	−101.31*** (−3.57)	−223.98*** (−5.59)	−20.47* (−1.84)	−36.12** (−2.18)
FV×MI	+	175.58*** (3.01)		237.27*** (4.28)		60.65 (0.92)
OE	+	5.15*** (5.01)	5.84*** (5.24)	6.28*** (5.70)	−0.75 (−1.03)	−0.59 (−0.77)
BV	+	−1.60*** (−8.67)	−1.59*** (−8.21)	−1.63*** (−8.56)	0.24** (2.07)	0.22* (1.79)
LN_Issue	−	0.38 (0.50)	0.08 (0.10)	0.22* (0.26)	1.31*** (2.96)	1.38*** (3.10)
LN_Size	−	−1.02* (−1.77)	−0.90 (−1.43)	−1.11* (−1.77)	−0.57* (−1.71)	−0.59* (−1.76)
PE	+	0.31*** (10.50)	0.31*** (10.13)	0.31*** (10.31)	0.48*** (9.44)	0.48*** (9.37)
Fame	+	0.43 (0.61)	0.27 (0.35)	0.17 (0.23)	−0.39 (−0.92)	−0.41 (−0.96)
截距项	?	6.63 (0.84)	5.89 (0.69)	9.14 (1.07)	−19.44*** (−4.10)	−19.92*** (−4.15)
Ind		控制	控制	控制		
Year		控制	控制	控制		
样本量		702	625	625	702	702
Adj. R^2		0.30	0.30	0.32	0.83	0.84

注:括号内为双尾检验的T值(或Z值,最后两列为Z值);***、**、*分别表示在1%、5%和10%的统计水平上显著。

小结

Kothari 等(2010)认为,公允价值会计信息决策有用性的增强有赖于市场机制的有效运行。具体而言,公允价值计量改革带来的会计信息质量的提高可能受到投资者情绪和市场发展水平的制约。

基于我国 A 股主板市场 2007—2012 年的 IPO 样本,本章检验了复杂市场条件下公允价值会计信息的决策有用性,以及市场发展水平对公允价值会计信息决策有用性的影响,研究发现:

(1)每股公允价值变动损益与 IPO 投资者情绪定价负相关。公允价值计量提高了会计信息质量,降低了信息不对称程度,抑制了 IPO 投资者情绪定价,增强了会计信息决策有用性。

(2)市场发展水平对公允价值会计信息决策有用性的增强具有正向促进作用。市场发展水平越高,以公允价值计量的会计项目盈余管理空间越小,公允价值会计信息对 IPO 投资者情绪定价的抑制作用越强,会计信息决策有用性也越强。

(3)每股公允价值变动损益越大,IPO 投资者情绪定价越低,IPO 定价效率越高。也即,公允价值计量增强了会计信息决策有用性,抑制了会计信息不对称驱动的 IPO 投资者情绪定价,提高了 IPO 定价效率。

本章的研究结论揭示了在投资者情绪和市场发展水平的共同约束下,公允价值计量模式的使用增强会计信息决策有用性的作用机理,为针对公允价值计量的争论提供了实证支持,对提升资本市场资源配置效率具有一定的政策参考价值。

参考文献

[1]樊纲,王小鲁,朱恒鹏. 中国市场化指数:各地区市场化相对进程2009年报告[M]. 北京:经济科学出版社,2010.

[2]樊纲,王小鲁. 中国各地区市场化相对进程报告[J]. 经济研究,2003(3):9-18.

[3]管考磊. 企业声誉对财务报告质量的影响研究[J]. 当代财经,2016(9):121-127.

[4]黄世忠. 公允价值会计的顺周期效应及其应对策略[J]. 会计研究,2009(11):23-29.

[5]姜英兵,严婷. 制度环境对会计准则执行的影响研究[J]. 会计研究,2012(4):69-78.

[6]雷宇. 公允价值的概念性难题及其解释:兼论财务报告目标的重构[J]. 中南财经政法大学学报,2016(1):72-81.

[7]刘永泽,孙嵩. 我国上市公司公允价值信息的价值相关性[J]. 会计研究,2011(2):16-22.

[8]韦伯. 论经济与社会中的法律[M]. 张乃根,译. 北京:中国大百科全书出版社,1998.

[9]曲晓辉,黄霖华. 投资者情绪、资产证券化与公允价值信息含量:来自A股市场PE公司IPO核准公告的经验证据[J]. 会计研究,2013(9):14-21.

[10]宋顺林,唐斯圆. 投资者情绪、承销商定价与IPO定价[J]. 会计研究,2016(2):66-72.

[11]谭跃,夏芳. 股价与中国上市公司投资:盈余管理与投资者情绪的交叉研究[J]. 会计研究,2011(8):30-39.

[12]王小鲁,樊纲,余静文. 中国分省份市场化指数报告(2016)[M]. 北京:社科文献出版社,2017.

[13]吴战篪,罗绍德,王伟. 证券投资收益的价值相关性与盈余管理研究[J]. 会计研究,2009(6):42-49.

[14]俞红海,李心丹,耿子扬. 投资者情绪、意见分歧与中国股市IPO之谜[J]. 管理科学学报,2015(3):78-89.

[15]邹燕,王雪,吴小雅. 公允价值计量在投资性房地产中的运用研究:以津滨发展及同行业同地区公司为例[J]. 会计研究,2013(9):22-28.

[16]BAKER M,WURGLER J. Investor sentiment and the cross-section of stock returns[J]. The Journal of Finance,2006,61(4):1645-1680.

[17]COASE R H. The nature of the firm[J]. Economica. New Series,1937,4(16):386-405.

[18]DIETRICH J R,HARRIS M S,MULLER III K A. The reliability of investment property fair value estimates[J]. Journal of Accounting and Economics,2000,30(2):125-158.

[19]GALLIMORE P,GRAY A. The role of investor sentiment in property investment decisions[J]. Journal of Property Research,2002,19(2):111-120.

[20]GOYAL V K,YAMADA T. Asset price shocks,financial constraints,and investment:Evidence from Japan[J]. Journal of Business,2004,77(1):175-199.

[21]HE X J,WONG T J,YONG D Q. Challenges for implementation of fair value accounting in emerging markets:Evidence from China[J]. Contemporary Accounting Research,2012,29(2):538-562.

[22]JENSEN M C,MECKLING W H. Theory of the firm:Managerial behavior,agency costs and ownership structure[J]. Journal of Financial Economics,1976,3:305-360.

[23]KOTHARI S P,RAMANNA K,SKINNER D J. Implications for GAAP from an analysis of positive research in accounting[J]. Journal of Accounting Economics,2010,50(2):246-286.

[24]LANDSMAN W R. Is fair value accounting information relevant and reliable:Evidence from capital market research[J]. Accounting and Business Research,2007,Special Issue:19-30.

[25] MACVE R H. Fair value vs conservatism? Aspects of the history of accounting, auditing, business and finance from ancient mesopotamia to modern China[J]. The British Accounting Review,2015,47(2):124-141.

[26] MIAN G M, SANKARAGURUSWAMY S. Investor sentiment and stock market response to earnings news[J]. The Accounting Review,2012,87(4):1357-1384.

[27] STAMBAUGH R F, YU J F, YUAN Y. The short of it: Investor sentiment and anomalies[J]. Journal of Financial Economics,2012,104(2):288-302.

[28] YU J, YUAN Y. Investor sentiment and the mean-variance relation[J]. Journal of Financial Economics,2011,100(2):367-381.

第四篇
金融工具的公允价值研究

第九章　金融工具公允价值的预测能力

第十章　金融工具国际准则的发展与启示

本篇探讨金融工具的公允价值,检验金融工具公允价值的预测能力,分析金融工具国际准则的发展及启示。

第九章

金融工具公允价值的预测能力[*]

一般认为,历史成本是面向过去的,公允价值是面向未来的,公允价值能够比历史成本更好地预测未来收益和未来现金流量。然而,对此已有文献尚未给出有力证据。国外学者已经检验了美国银行业债券投资公允价值对债券投资未来利息收入的预测能力(Evans 等,2014)和美国银行业贷款公允价值对未来贷款损失的预测能力(Cantrell 等,2014),但结果相左:前者的检验结果表明公允价值的预测能力更强,后者则发现摊余成本的预测能力更强。从国内来看,截至 2015 年我们尚未发现直接检验公允价值预测能力的相关文献。本章以我国 A 股上市公司的交易性金融工具为研究对象,以归属于交易性金融工具的暂时性差异衡量公允价值与历史成本的核算差异,以交易性金融工具期末账面余额与其暂时性差异之差衡量交易性金融工具的历史成本,以下期的交易性金融工具投资收益作为交易性金融工具未来收益的代理变量,检验交易性金融工具的公允价值是否比历史成本更有助于预测未来收益。检验结果表明,相较于历史成本,公允价值对未来收益具有增量的预测能力。

关于会计信息质量特征体系的层次划分,各准则制定机构均认为相关的会计信息应当具有预测价值。那么,公允价值的预测能力是否会左右公允价值信息的价值相关性呢?本章认为,公允价值信息的价值相关性源于公允价值面向未来的特征,即公允价值对未来收益的预测能力。本章以交易性金融工具公允价值对未来收益的预测模型的回归残差作为公允价值预测能力的代理变量,检验公允价值的预测能力对公允价值信息的价值相关性的影响。结果表明,交易性金融工具公允

---

* 本章参阅了曲晓辉,张瑞丽. 公允价值的预测能力研究:来自 A 股市场交易性金融工具的经验证据[J]. 当代会计评论,2015(1):39–53.

价值的预测能力对其价值相关性有正向作用,交易性金融工具公允价值信息的价值相关性随着公允价值预测能力的提高而增强。

本章可能的贡献为:基于交易性金融工具视角,发现了公允价值对未来收益的预测能力优于历史成本,以及公允价值信息的价值相关性随着公允价值预测能力的提高而增强的经验证据,发展了公允价值预测能力的研究文献。本章以公允价值应用广泛、估值可靠的交易性金融工具为对象进行研究,并将研究样本扩展到全部 A 股上市公司,研究结果支持 Cantrell 等(2014)的推测:如果公允价值是可靠的,那么公允价值应比历史成本更具预测能力。此外,本章拓展了 Evans 等(2014)仅检验单一债券投资公允价值的预测能力的研究,同时用价格模型和收益模型检验公允价值预测能力对其价值相关性的影响,预测能力的度量也使用两种方法,从而使结论更加稳健。

第一节　文献回顾与研究假设

一、公允价值的预测能力

18 世纪英国的产业革命发生后,随着专业化分工的持续发展和企业规模的不断扩大,企业经营所需资金仅靠有限的投资者和债权人已远远不能满足,股份公司这一组织形式使得企业可以在证券市场上向众多投资者和债权人筹资。随着社会化募资成为越来越重要的筹资方式,证券市场也得到空前的发展。社会化募资使得股份公司的投资者和债权人从原来的一个或少数几个,发展到数量众多且相对分散。作为持股分散的小股东,委托人的财富实现模式从最初的对被投资企业"拥有较多股份/财产—选择委托人—监督与考核委托人",逐渐转变为对被投资企业"拥有少量股份/财富—在资本市场上寻找安全、高效的投资对象—随时准备获利兑现或斩仓止损",并促使会计目标从受托责任观逐渐转向决策有用观,会计计量从基于实际交易、以历史成本为主要计量属性、重视可核查性逐渐转向基于价值特别是未来投资的获利价值,广泛应用公允价值计量属性,重视会计信息的价值相关性(刘峰和葛家澍,2012)。20 世纪 90 年代以来,公允价值计量在实务界得到越来越广泛的应用,公允价值甚至有取代历史成本成为主导计量属性之势。

在决策有用观下,会计目标是向现实的、潜在的会计信息使用者提供决策所需信息,强调会计信息的价值相关性。决策是面向未来的,决策有用观要求企业提供有关自身未来获利能力和风险的信息。对于历史成本和公允价值这两种计量属性而言,面向过去的历史成本无法提供这些信息,而面向现在和未来的公允价值则可以反映资产的现时市场价值、未来现金流量现值。Barth(2000)指出,由于估值反映预期未来现金流量的现时市场价值,如果公允价值的估计是可靠的,那么公允价值的变动会在未来收益中得到体现,因此公允价值变动可以反映未来收益的变化。黄学敏(2004)认为,历史成本会计主要提供公司过去的财务信息,公允价值会计则更多地反映公司现在和未来的信息。葛家澍(2007)指出,公允价值面向现在和未来,在金额、时间安排等方面力求反映市场的风险和不确定性,其在决策有用性上优于历史成本。

然而,对于公允价值相较于历史成本的增量预测能力,经验证据尚显不足且研究结论矛盾。Dichev 和 Tang(2008)认为,公允价值变动应当是完全不可预测的,所以公允价值计量会降低盈余的信息含量。Bezold(2009)则直言"公允价值不能预测盈余"。刘斌等(2013)在对比了包含公允价值变动损益和不包含公允价值变动损益的会计盈余的持续性后指出,公允价值会计增大了利润波动幅度、降低了盈余预测能力。上述结论主要基于本期公允价值变动来预测未来公允价值变动,由于公允价值变动不可预测,因此当盈余中包含公允价值变动损益信息之后,盈余的信息含量会下降、盈余的持续性会减弱。Evans 等(2014)提出,在评价公允价值面向未来的特征时,应当基于公允价值信息对未来财务业绩的预测能力。他们以1994—2008 年美国银行业为样本的研究表明,债券投资的公允价值和摊余成本之间的差异与债券投资未来利息收入显著正相关,支持债券投资公允价值具有增量预测能力的论点。Cantrell 等(2014)的研究思路与 Evans 等(2014)类似,他们用贷款的公允价值和摊余成本之间的差异与未来贷款损失的联系评价贷款公允价值的预测能力,但检验结果否定贷款公允价值具有增量预测能力的推论。他们推测,由于大部分银行贷款缺乏公开市场,且贷款公允价值只需在附注中披露而不必在表内确认,因此贷款公允价值数据是有噪声、不可靠的,致使按净历史成本列示的贷款可以更好地预测未来信用损失。

检验某项资产公允价值的预测能力,不应基于本期公允价值变动与未来公允价值变动间联系的角度,而应基于资产的公允价值变动与未来收益间联系的角度。如果公允价值的估计是可靠的,公允价值与历史成本间的差异就代表了继续持有资产的机会成本或机会利益,而机会利益的预期会最终反映在企业未来收益之中。可以预期,公允价值比历史成本更有助于预测未来收益。由此,本章的第一个假设为:

假设1 公允价值对未来收益的预测能力优于历史成本。

二、公允价值的预测能力对其价值相关性的影响

FASB 在 1980 年发布的《财务会计概念公告第 2 号》(SFAC 2)中提出,决策有用的会计信息必须具有相关性和可靠性,能够影响决策过程的信息必定具有预测价值和(或)反馈价值。IASC 在 1989 年发布的《编报财务报表的框架》中认为,相关的信息能够帮助信息使用者评估过去、现在或未来的事件,或者帮助他们确证或纠正过去的评估,从而影响到信息使用者的决策。2010 年 9 月,FASB 和 IASB 分别以 SFAC 8 和《财务报告概念框架(2010)》为名,在其发布的联合概念框架中将"相关性"定义为:相关的财务信息是指能够对投资者的决策产生影响的信息,能够影响决策的信息具有预测价值、反馈价值,或者两者兼具。我国《企业会计准则——基本准则》(2006)对相关性的定义为:企业提供的会计信息应当与财务会计报告使用者的经济决策需要相关,有助于财务会计报告使用者对企业过去、现在或未来的情况作出评价或者预测。从上述定义可以看出,无论是 FASB 的 SFAC 2 还是 IASC 的《编报财务报表的框架》,抑或 FASB 和 IASB 2010 年发布的联合概念框架以及我国的企业会计准则,均认为相关性是指与会计信息使用者决策相关,相关的会计信息应当具有预测价值和反馈价值。那么,作为公允价值预测价值的重要体现,公允价值的预测能力能否提高公允价值的决策相关性?

对于相关性,国内外主要从权益价值角度进行检验,假设权益投资者是财务报告的主要使用者,检验股票价格或股票价格变动与特定会计指标的关系,即价值相关性检验。目前,国内外不少文献检验了公允价值信息的价值相关性(Barth,1994;王鑫,2013;曲晓辉和黄霖华,2013;Barth 等,1996;Carroll 等,2003;Badertscher 等,2014),已有研究成果大都提供了公允价值信息具有价值相关性的经验证据,尤其是有活跃市场报价的投资性证券公允价值。然而,对于公允价值信息具有价值相关性的原因,相关文献并没有给出直接的经验证据,仅 Evans 等(2014)以债券投资为对象检验了公允价值的预测能力的股价反应。可以预期,公允价值信息的价值相关性源于公允价值面向未来的特征,公允价值对未来收益的预测能力越高,公允价值信息的价值相关性越强。据此,本章的第二个假设为:

假设2 公允价值信息的价值相关性随着公允价值预测能力的提高而增强。

第二节 研究设计

一、研究对象选择

要证明公允价值对未来收益的预测能力优于历史成本,需要同时掌握资产或负债的公允价值、历史成本和未来收益的数据。在我国目前的会计实务中,各资产或负债项目要么按公允价值计量,要么按历史成本计量,不可能同时以公允价值和历史成本进行计量。然而,我国《企业会计准则》(2006)允许的以公允价值进行后续计量的方法(在资产负债表日以公允价值调整账面价值,公允价值与原账面价值之间的差额计入当期损益或其他综合收益)在税务处理中并不被允许。2008年施行的《中华人民共和国企业所得税法实施条例》规定,企业的各项资产,包括固定资产、生物资产、无形资产、长期待摊费用、投资资产、存货等,以历史成本为计税基础。企业持有各项资产期间资产的增值或减值,除国务院财政、税务主管部门规定可以确认损益外,不得调整该项资产的计税基础。因此,会计上以公允价值进行后续计量的资产或负债项目,税务上却必须按历史成本进行后续计量,由此这些资产或负债项目的公允价值与历史成本间的核算差异就成为会计—税收差异。也就是说,虽然公司只报告资产或负债项目的期末公允价值,却可以根据会计—税收差异推算其历史成本,而会计—税收差异数据可以从递延所得税明细中获取。

我国《企业会计准则》(2006)中以公允价值进行后续计量的项目主要有交易性金融工具(包括交易性金融资产和交易性金融负债、直接指定为以公允价值计量且其变动计入当期损益的金融资产和金融负债)和可供出售金融资产。[①] 其中,交易性金融工具的持有时间通常不超过一年,可以用其对下一年损益的影响近似替代其未来收益;可供出售金融资产的持有时间相对较长且不确定,不易估算其未来收益。此外,交易性金融工具往往存在活跃市场报价,其公允价值估计相较于可供出售金融资产、投资性房地产等项目更加可靠,更能体现公允价值计量的特征。因

---

① 截至2013年年报,2 546家A股上市公司中共有575家(22.58%)持有交易性金融工具,511家(20.07%)持有可供出售金融资产,30家(1.18%)持有衍生金融工具(包括衍生金融资产和衍生金融负债),52家(2.04%)持有并采用公允价值模式计量投资性房地产,1家持有并采用公允价值模式计量生物资产。

此,本章选择交易性金融工具为研究对象。

交易性金融工具的损益影响涉及"公允价值变动损益"和"投资收益"两个科目。以交易性金融资产为例,根据准则的规定,在资产负债表日,企业应按交易性金融资产的公允价值高于账面余额的差额,借记"交易性金融资产——公允价值变动"科目,贷记"公允价值变动损益"科目(若公允价值低于账面余额则做相反的会计分录);在出售交易性金融资产时,应按实际收到的金额借记"银行存款"等科目,按其账面余额贷记"交易性金融资产——成本"和"公允价值变动损益"科目,并将公允价值与初始入账金额之间的差额确认为"投资收益",同时将该交易性金融资产原已确认的"公允价值变动损益"转入"投资收益"。交易性金融负债的账务处理与交易性金融资产类似。按照上述会计处理方法,投资收益账户的发生额可以反映交易性金融工具从购入至售出的实际投资收益,因此可以选用下一年的投资收益账户发生额作为交易性金融工具未来收益的代理变量。

鉴于上述原因,本章选择交易性金融工具为研究对象,以交易性金融工具的期末账面余额衡量交易性金融工具公允价值,以交易性金融工具的公允价值与其暂时性差异之差衡量交易性金融工具的历史成本,以下一年的交易性金融工具投资收益作为交易性金融工具未来收益的代理变量,检验交易性金融工具的公允价值是否比历史成本更有效地预测未来收益。

二、公允价值的增量预测能力

Cantrell 等(2014)设计了对立的赛马检验(horse race test)模型对比贷款公允价值和贷款历史成本对未来贷款损失的预测能力,本章参照 Cantrell 等(2014)建立两个对立的模型,以便对比交易性金融工具的公允价值和历史成本的预测能力。

$$TFI_{t+1} = \alpha + \beta_1 TFI_t + \beta_2 TFHC_t + \varepsilon_t \quad (9-1)$$

$$TFI_{t+1} = \alpha + \beta_1 TFI_t + \beta_2 TFFV_t + \varepsilon_t \quad (9-2)$$

其中,TFI_t为当期交易性金融工具的投资收益,即投资收益明细中归属于交易性金融资产、交易性金融负债、直接指定为以公允价值计量且其变动计入当期损益的金融资产;TFI_{t+1}为下一年交易性金融工具的投资收益;$TFFV_t$为交易性金融工具公允价值,即资产负债表中交易性金融资产和交易性金融负债的期末账面余额之和;$TFHC_t$为交易性金融工具历史成本,即 $TFFV_t$ 减去交易性金融工具的公允价值与历史成本间差额($FVDIFF_t$)后的净额。为了消除公司规模对变量间可比性的影响,以上各变量均用发行在外的普通股股数予以标准化。① 如果交易性金融工具的公允价值和历史成本均有助于预测未来收益,模型(9-1)和模型(9-2)中的β_2就会显著大于0。如果公允价值比历史成本的预测能力更高,模型(9-1)的拟合优度会显著大于模型(9-2)。

除了直接对比公允价值和历史成本的预测能力,本章还参照 Cantrell 等(2014),建立以下模型检验公允价值相对于历史成本是否具有增量预测能力:

$$TFI_{t+1} = \alpha + \beta_1 TFI_t + \beta_2 TFHC_t + \beta_3 FVDIFF_t + \varepsilon_t \qquad (9-3)$$

其中,$FVDIFF_t$为交易性金融工具的公允价值与历史成本间的差额,即交易性金融工具的累计公允价值变动,等于递延所得税明细中归属于交易性金融资产、交易性金融负债、直接指定以公允价值计量且其变动计入当期损益的金融资产的暂时性差异余额,并用发行在外普通股股数予以标准化。若公允价值比历史成本能够更有效地预测未来收益,则模型(9-3)中的β_3应显著大于0。

三、预测能力对价值相关性的影响

如果预测能力是价值相关性的一个重要成因,那么公允价值的预测能力越高,公允价值信息的价值相关性就会越强。为了证明这一点,本章在常用的检验公允价值信息的价值相关性的价格模型(9-4)和收益模型(9-6)中加入反映公允价值预测能力的交乘项,分别建立模型(9-5)和模型(9-7),检验公允价值的预测能力对其价值相关性的影响。

$$P_t = \alpha + \beta_1 BVPS_{t-1} + \beta_2 OEPS_t + \beta_3 FVDIFF_t + \varepsilon_t \qquad (9-4)$$

$$P_t = \alpha + \beta_1 BVPS_{t-1} + \beta_2 OEPS_t + \beta_3 FVDIFF_t + \\ \beta_4 FVDIFF_t \times ERROR_t + \beta_5 ERROR_t + \varepsilon_t \qquad (9-5)$$

$$R_t = \alpha + \beta_1 OEPS_t/P_{t-1} + \beta_2 \Delta FVDIFF_t/P_{t-1} + \varepsilon_t \qquad (9-6)$$

$$R_t = \alpha + \beta_1 OEPS_t/P_{t-1} + \beta_2 \Delta FVDIFF_t/P_{t-1} + \beta_3 \Delta FVDIFF_t/P_{t-1} \times \\ ERROR_t/P_{t-1} + \beta_4 ERROR_t/P_{t-1} + \varepsilon_t \qquad (9-7)$$

其中,P_t为股票价格,R_t为股票收益率。由于我国上市公司年度财务报告集中在每年的1—4月披露,P_t选取第$t+1$年4月份的最后一个交易日(4月30日)的股票收盘价,若当日公司股票停盘,则向前追溯至该公司有交易数据当日的股票收盘价;R_t选取第t年5月1日至第$t+1$年4月30日间考虑现金股利再投资的年个股收益率。

---

① 此处使用股份数量而未使用总资产进行标准化是为了与假设2的检验模型的变量设计保持一致,稳健性检验部分使用总资产进行标准化。

$BVPS_{t-1}$为年初每股净资产;$OEPS_t$为不含公允价值变动损益的每股盈余;$\Delta FVDIFF_t$为本年新增的交易性金融工具的累计公允价值变动($\Delta FVDIFF_t = FVDIFF_t - FVDIFF_{t-1}$),并用发行在外普通股股数予以标准化;$ERROR_t$为交易性金融工具公允价值的绝对预测误差,是模型(9-3)的回归残差取绝对值,$ERROR_t$值越大表明公允价值的预测能力越弱。在收益模型中,所有解释变量用年初股票价格(第 t 年 5 月份的第一个交易日的股票收盘价)予以标准化。预期模型(9-4)的 β_3 和模型(9-6)的 β_2 均显著大于 0,表明公允价值是价值相关的;模型(9-5)的 β_4 和模型(9-7)的 β_3 均显著小于 0,表明较大的公允价值预测误差预计会减弱公允价值信息的价值相关性,即公允价值信息的价值相关性随着公允价值预测能力的提高而增强。

四、样本选择和数据来源

本章以 2007—2013 年持有交易性金融工具的 A 股上市公司为初始样本,并进行如下处理:①剔除因投资收益明细或递延所得税明细披露不详而无法分离归属于交易性金融工具的投资收益、递延所得税资产和递延所得税负债的样本;②剔除股票交易数据缺失的样本。最终获得公司—年度观测值 977 个。数据均来自 CSMAR 数据库,使用 Stata 12.0 和 Excel 2013 处理数据。为避免异常值的影响,对所有变量上下 1% 分位数范围内的数值进行缩尾处理。①

本章未区分交易性金融资产、交易性金融负债,而是将之统称为交易性金融工具。这是因为我们在整理数据时发现不少公司的递延所得税明细、投资收益明细并不区分交易性金融资产与交易性金融负债,而是一并归类为交易性金融工具进行披露,加之二者的定义、会计处理都非常相似,为了保留尽可能多的样本,本章统称为交易性金融工具。

我们在整理递延所得税明细时还发现不少公司未披露可抵扣、应纳税暂时性差异明细,但披露递延所得税资产、递延所得税负债的明细。为了保留尽可能多的样本,对于这种情况,本章将归属于交易性金融工具的递延所得税资产、递延所得税负债的明细金额除以 25% 的企业所得税税率,近似计算归属于交易性金融工具的可抵扣、应纳税暂时性差异。

---

① 即使未进行缩尾处理,基本回归结果也保持不变。

第三节 实证结果分析

一、公允价值的增量预测能力

表 9-1 是预测能力检验模型用到的变量的描述性统计。从中可以看出,归属于交易性金融工具的每股投资收益(TFI_t)的中位数为 0.0016、每股公允价值($TFFV_t$)的中位数为 0.0330、每股历史成本($TFHC_t$)的中位数为 0.0390。977 个样本中,共有 529 个样本(54.15%)的交易性金融工具产生的累计公允价值变动($FVDIFF_t$)大于 0,即交易性金融工具的公允价值大于历史成本。

表 9-1 变量的描述性统计——预测能力分析($N=977$)

变量	标准差	均值	最小值	25%分位数	中位数	75%分位数	最大值
TFI_{t+1}	0.1148	0.0251	-0.2847	0.0000	0.0013	0.0143	0.8311
TFI_t	0.1723	0.0408	-0.2447	0.0001	0.0016	0.0200	1.3356
$TFFV_t$	1.8526	0.5334	-0.0164	0.0033	0.0330	0.1610	14.3328
$TFHC_t$	1.8895	0.5456	0	0.0069	0.0390	0.1614	14.7222
$FVDIFF_t$	0.0867	0.0128	-0.2258	-0.0030	0.0001	0.0083	0.6039

注:对所有数据进行 1% 的缩尾处理。

表 9-2 是预测能力检验模型中用到的各个变量之间的 Pearson 相关系数(右上方)和 Spearman 相关系数(左下方)。从中可以看出,被解释变量(TFI_{t+1})与各个解释变量之间均存在显著的正相关关系。交易性金融工具的公允价值($TFFV_t$)与历史成本($TFHC_t$)之间的相关性很强,但二者不会同时进入回归方程。其余变量间的 Pearson 相关系数偏大,但后文对模型(9-1)、模型(9-2)、模型(9-3)的回归检验中各个变量的 VIF 值均不超过 1.5,因此模型不存在多重共线性问题。

表 9-2 相关系数分析——预测能力分析($N=977$)

变量	TFI_{t+1}	TFI_t	$TFFV_t$	$TFHC_t$	$FVDIFF_t$
TFI_{t+1}	1.0000	0.3618***	0.4315***	0.4502***	0.4027***
TFI_t	0.2561***	1.0000	0.4427***	0.4528***	0.3779***
$TFFV_t$	0.1465***	0.2041***	1.0000	0.9987***	0.3224***
$TFHC_t$	0.2515***	0.2990***	0.9061***	1.0000	0.3624***
$FVDIFF_t$	0.1884***	0.2357***	-0.1039***	0.1496***	1.0000

注:对所有数据进行 1% 的缩尾处理;*** 表示在 1% 的统计水平上显著。

表9-3 Panel A 是假设1的检验结果。在模型(9-1)中,交易性金融工具公允价值(TFFV$_t$)的回归系数为0.022(t值为11.45),在1%的统计水平上显著,可知交易性金融工具公允价值对未来收益具有预测能力。在模型(9-2)中,交易性金融工具历史成本(TFHC$_t$)的回归系数为0.021(t值为10.71),在1%的统计水平上显著,说明交易性金融工具历史成本对未来收益也具有预测能力。为了进一步检验公允价值与历史成本对未来收益的预测能力是否存在显著差异,对模型(9-1)与模型(9-2)的拟合优度(Adj. R^2)差异进行Vuong检验,发现此差异在5%的统计水平上显著(Z值为2.167),也就是相较于历史成本,公允价值对未来收益具有更显著的预测能力。此外,在模型(9-3)中将公允价值拆分为历史成本(TFHC$_t$)以及公允价值和历史成本间的差异(FVDIFF$_t$),结果发现交易性金融工具的公允价值与历史成本间差异(FVDIFF$_t$)的回归系数为0.342(t值为8.62),在1%的统计水平上显著,进一步说明公允价值比历史成本能够更有效地预测未来收益。综上所述,假设1得到验证。

表9-3 多元回归分析——预测能力分析

变量	Panel A 标准化:年末发行在外普通股股数			Panel B(稳健性检验) 标准化:年初总资产		
	公允价值 模型(9-1)	历史成本 模型(9-2)	差异 模型(9-3)	公允价值 模型(9-1)	历史成本 模型(9-2)	差异 模型(9-3)
TFI$_t$	0.132*** (6.32)	0.142*** (6.74)	0.091*** (4.33)	0.001 (0.04)	0.012 (0.65)	-0.044** (-2.34)
TFFV$_t$	0.022*** (11.45)			0.035*** (11.61)		
TFHC$_t$		0.021*** (10.71)	0.018*** (9.30)		0.031*** (10.29)	0.030*** (10.40)
FVDIFF$_t$			0.342*** (8.62)			0.279*** (9.79)
截距项	0.008** (2.29)	0.008** (2.39)	0.007** (2.28)	0.001*** (3.48)	0.001*** (3.82)	0.001*** (3.90)
N	977	977	977	977	977	977
Adj. R^2	0.2325	0.2209	0.2754	0.1266	0.1031	0.1827
Vuong Z	2.167**			3.839***		

注:对所有数据进行1%的缩尾处理;括号内为双侧t值;***、**分别表示在1%、5%的统计水平上显著。

二、公允价值的预测能力对价值相关性的影响

表9-4的Panel A和Panel B分别是价格模型与收益模型中各变量的描述性

统计结果。从中可以看出，相比于不含公允价值变动损益的每股盈余（$OEPS_t$），归属于交易性金融工具的每股累计公允价值变动（$FVDIFF_t$）较小。交易性金融工具公允价值的每股绝对预测误差（$ERROR_t$）的最小值为 0.0002、最大值为 0.5057、中位数为 0.0099，分布比较合理。

表 9-4 描述性统计——价值相关性（$N=977$）

变量	标准差	均值	最小值	25%分位数	中位数	75%分位数	最大值
Panel A：价格模型							
P_t	8.8464	12.9810	2.7878	7.0500	10.2300	16.2300	49.8652
$BVPS_{t-1}$	5.0020	6.1989	1.0864	2.9718	4.6832	7.5470	29.4864
$OEPS_t$	1.5742	0.9398	-0.7826	0.1515	0.4588	1.1903	11.7171
$FVDIFF_t$	0.0867	0.0128	-0.2258	-0.0030	0.0001	0.0083	0.6039
$ERROR_t$	0.0796	0.0403	0.0002	0.0069	0.0099	0.0339	0.5057
Panel B：收益模型							
R_t	0.3680	0.0106	-0.4832	-0.2471	-0.0842	0.1828	1.4029
$OEPS_t/P_{t-1}$	0.0802	0.0558	-0.1455	0.0142	0.0387	0.0740	0.5193
$\Delta FVDIFF_t/P_{t-1}$	0.0054	-0.0001	-0.0225	-0.0006	0.0000	0.0006	0.0229
$ERROR_t/P_{t-1}$	0.0047	0.0028	0.0000	0.0005	0.0011	0.0028	0.0283

注：对所有数据进行1%的缩尾处理。

表 9-5 的 Panel A 和 Panel B 分别列示了价格模型与收益模型中各变量之间的 Pearson 相关系数（右上方）和 Spearman 相关系数（左下方）。从中可以看出，在 Panel A 中，被解释变量股票价格（P_t）与解释变量 $BVPS_{t-1}$、$OEPS_t$、$FVDIFF_t$ 均显著正相关，与预期一致。年初每股净资产（$BVPS_{t-1}$）和不含公允价值变动损益的每股盈余（$OEPS_t$）的相关系数值较大，但由于后文对模型（9-4）的回归检验中各变量的 VIF 值均不超过2，因此模型不存在严重的多重共线性问题。在 Panel B 中，被解释变量股票收益率（R_t）与解释变量 $OEPS_t/P_{t-1}$、$\Delta FVDIFF_t/P_{t-1}$ 显著正相关，与预期一致，各解释变量间的相关系数值较小。

表 9-5 相关系数分析——价值相关性（$N=977$）

Panel A：价格模型					
变量	P_t	$BVPS_{t-1}$	$OEPS_t$	$FVDIFF_t$	$ERROR_t$
P_t	1.0000	0.3108***	0.4750***	0.2019***	0.2184***
$BVPS_{t-1}$	0.3840***	1.0000	0.6332***	0.1660***	0.4187***
$OEPS_t$	0.5945***	0.6576***	1.0000	0.2927***	0.3957***
$FVDIFF_t$	0.1450***	0.1248***	0.1272***	1.0000	0.3658***
$ERROR_t$	0.1836***	0.3226***	0.2573***	0.2761***	1.0000

(续表)

Panel B:收益模型				
变量	R_t	$OEPS_t/P_{t-1}$	$\Delta FVDIFF_t/P_{t-1}$	$ERROR_t/P_{t-1}$
R_t	1.0000	0.0457	0.1154***	-0.0305
$OEPS_t/P_{t-1}$	0.1167***	1.0000	0.0217	0.1811***
$\Delta FVDIFF_t/P_{t-1}$	0.1784***	0.0372	1.0000	0.0615*
$ERROR_t/P_{t-1}$	0.0202	0.1238***	0.1088***	1.0000

注:右上方是 Pearson 相关系数,左下方是 Spearman 相关系数;对所有数据进行 1% 的缩尾处理;*** 和 * 分别表示在 1% 和 10% 的统计水平上显著。

表 9-6 是公允价值的预测能力对其价值相关性的影响的多元回归结果。Panel A 是价格模型的检验结果,模型(9-4)中 FVDIFF$_t$ 的回归系数为 7.049(t 值为 2.35),在 5% 的统计水平上显著,说明公允价值与历史成本间的差异具有价值相关性;模型(9-5)中 FVDIFF$_t$ × ERROR$_t$ 的回归系数为 -40.463(t 值为 -1.97),在 5% 的统计水平上显著,表明公允价值预测误差对公允价值信息的价值相关性有负向影响,即公允价值的预测能力对公允价值信息的价值相关性有正向影响,公允价值信息的价值相关性随着公允价值预测能力的提高而增强。Panel B 是收益模型的检验结果,模型(9-6)中 $\Delta FVDIFF_t/P_{t-1}$ 的回归系数为 7.860(t 值为 3.60),在 1% 的统计水平上显著,说明公允价值与历史成本间的差异具有价值相关性;模型(9-7)中 $\Delta FVDIFF_t/P_{t-1}$ × $ERROR_t/P_{t-1}$ 的回归系数为 -826.429(t 值为 -2.96),在 1% 的统计水平上显著,表明公允价值预测误差对公允价值信息的价值相关性有负向影响,即公允价值的预测能力对公允价值信息的价值相关性有正向影响,公允价值信息的价值相关性随着公允价值预测能力的提高而增强。因此,价格模型和收益模型的检验结果均支持假设 2。

表 9-6 多元回归分析——价值相关性的影响

Panel A:价格模型			Panel B:收益模型		
变量	模型(9-4)	模型(9-5)	变量	模型(9-6)	模型(9-7)
$BVPS_{t-1}$	0.033 (0.52)	-0.002 (-0.03)			
$OEPS_t$	2.489*** (11.81)	2.603*** (11.77)	$OEPS_t/P_{t-1}$	0.198 (1.36)	0.239 (1.62)
$FVDIFF_t$	7.049** (2.35)	14.448*** (2.86)	$\Delta FVDIFF_t/P_{t-1}$	7.860*** (3.60)	14.960*** (4.68)
$FVDIFF_t$ × $ERROR_t$		-40.463** (-1.97)	$\Delta FVDIFF_t/P_{t-1}$ × $ERROR_t/P_{t-1}$		-826.429*** (-2.96)

(续表)

Panel A:价格模型			Panel B:收益模型		
变量	模型(9-4)	模型(9-5)	变量	模型(9-6)	模型(9-7)
ERROR$_t$		3.715 (0.97)	ERROR$_t/P_{t-1}$		-3.967 (-1.57)
截距项	10.345*** (25.82)	10.334*** (25.81)	截距项	-0.000 (-0.01)	0.010 (0.68)
N	977	977	N	977	977
Adj. R^2	0.2278	0.2294	Adj. R^2	0.0132	0.0221

注：对所有数据进行1%的缩尾处理；括号内为双侧t值；***、**分别表示在1%、5%的统计水平上显著。

三、稳健性检验

为了确保上述回归结果的稳健性，本章还进行了补充检验：①改变标准化方法。在之前的检验中，模型(9-1)、模型(9-2)、模型(9-3)中的各变量均用发行在外的普通股股数予以标准化，现改用平均总资产予以标准化，回归结果(见表9-3 Panel B)保持不变。②改变公允价值预测误差的度量方法。参照Evans等(2014)的方法，将预测模型的回归残差(对应ERROR$_t$)取绝对值，然后从小到大排序，再将其百分序位除以99，得到的公允价值预测误差(ERROR_RANK)介于0和1之间，主要回归结果(见表9-7)未发生改变。③对股票价格(P_t)作替换。用年报披露日的股票收盘价代替次年4月30日的股票收盘价，回归结果保持不变。④对股票收益率(R_t)作替换。用上年年报披露日至本年年报披露日的股票收益率代替本年5月1日至次年4月30日的股票收益率，模型(9-7)中交乘项$\Delta\text{FVDIFF}_t/P_{t-1} \times \text{ERROR}_t/P_{t-1}$的回归系数仍为负数，只是统计不再显著($t$值降为-1.37)。⑤控制年度和行业的固定效应。在所有模型中加入年度和行业虚拟变量，行业的划分按中国证券监督管理委员会一级行业代码(CSRC 2001)进行分类，回归结果保持不变。①

表9-7 稳健性检验

Panel A:价格模型		Panel B:收益模型	
变量	模型(9-5)	变量	模型(9-7)
BVPS$_{t-1}$	0.025 (0.38)		
OEPS$_t$	2.556*** (12.0)	OEPS$_t/P_{t-1}$	0.294** (1.99)

---

① 部分稳健性检验结果未列示，读者可参阅曲晓辉和张瑞丽(2015)。

（续表）

Panel A：价格模型		Panel B：收益模型	
变量	模型(9-5)	变量	模型(9-7)
$FVDIFF_t$	34.209** (2.35)	$\Delta FVDIFF_t/P_{t-1}$	31.445*** (4.04)
$FVDIFF_t \times ERROR\_RANK_t$	-31.008* (-1.92)	$\Delta FVDIFF_t/P_{t-1} \times ERROR\_RANK_t$	-29.813*** (-3.13)
$ERROR\_RANK_t$	0.256 (0.28)	$ERROR\_RANK_t$	-0.106*** (-2.61)
截距项	10.232*** (19.2)	截距项	0.050** (2.14)
N	977	N	977
Adj. R^2	0.2292	Adj. R^2	0.0276

注：对所有数据进行1%的缩尾处理；括号内为双侧 t 值；***、**、* 分别表示在1%、5%和10%的统计水平上显著。

小结

本章以交易性金融工具为研究对象，以2007—2013年的A股上市公司为样本，考察公允价值对未来收益的预测能力是否优于历史成本，以及该预测能力对公允价值信息的价值相关性的影响。

首先，本章运用Vuong检验比较交易性金融工具的公允价值和历史成本对未来收益的预测能力，发现公允价值预测模型的拟合优度（Adj. R^2）显著高于历史成本预测模型。其次，运用多元回归模型检验交易性金融工具的公允价值是否具有超出历史成本的增量预测能力，发现公允价值与历史成本间差异（$FVDIFF_t$）的回归系数显著为正。综合Vuong检验和多元回归检验结果可以看出，交易性金融工具的公允价值对未来收益的预测能力优于历史成本。最后，以增量预测模型的回归残差作为公允价值预测能力的代理变量，同时采用价格模型和收益模型检验交易性金融工具公允价值的预测能力对其价值相关性的影响，发现公允价值预测误差对公允价值信息的价值相关性具有负向影响，即公允价值的预测能力对其价值相关性具有正向影响，而且交易性金融工具公允价值信息的价值相关性随着公允价值预测能力的提高而增强。

参考文献

[1] 葛家澍. 关于在财务会计中采用公允价值的探讨[J]. 会计研究,2007(11):3-9.

[2] 黄学敏. 公允价值:理论内涵与准则运用[J]. 会计研究,2004(6):17-21.

[3] 刘斌,杨晋渝,孙蓉. 公允价值会计影响盈利预测能力吗[J]. 财经问题研究,2013(4):99-105.

[4] 刘峰,葛家澍. 会计职能·财务报告性质·财务报告体系重构[J]. 会计研究,2012(3):15-19.

[5] 曲晓辉,黄霖华. 投资者情绪、资产证券化与公允价值信息含量:来自A股市场PE公司IPO核准公告的经验证据[J]. 会计研究,2013(9):14-21.

[6] 王鑫. 综合收益的价值相关性研究:基于新准则实施的经验证据[J]. 会计研究,2013(10):20-27.

[7] BADERTSCHER B A, BURKS J J, EASTON P D. The market pricing of other-than-temporary impairments[J]. The Accounting Review,2014,89(3):811-838.

[8] BARTH M E. Fair value accounting:Evidence from investment securities and the market valuation of banks[J]. The Accounting Review,1994,69(1):1-25.

[9] BARTH M E. Valuation-based accounting research:Implications for financial reporting and opportunities for future research[J]. Accounting and Finance,2000,40(1):7-31.

[10] BARTH M E, BEAVER W H, LANDSMAN W R. Value-relevance of banks fair value disclosures under SFAS 107[J]. The Accounting Review,1996,71(4):513-537.

[11] BEZOLD A. The subject matter of financial reporting: The conflict between cash conversion cycles and fair value in the measurement of income[R]. Occasional Paper, Center for Excellence in Accounting and Security Analysis. Columbia University. 2009.

[12] CANTRELL B W, MCINNIS J M, YUST C G. Predicting credit losses:Loan fair values versus historical costs[J]. The Accounting Review,2014,89(1):147-176.

[13] CARROLL T J, LINSMEIER T J, PETRONI K R. The reliability of fair value versus historical cost information:Evidence from closed-end mutual funds[J]. Journal of Accounting, Auditing and Finance,2003,18(1):1-24.

[14] DICHEV I, TANG V W. Matching and the changing properties of accounting earnings over the last 40 years[J]. The Accounting Review,2008,83(6):1425-1460.

[15] EVANS M E, HODDER L, HOPKINS P E. The predictive ability of fair values for future financial performance of commercial banks and the relation of predictive ability to banks' share prices[J]. Contemporary Accounting Research,2014,31(1):13-44.

第十章

金融工具国际准则的发展与启示*

2008年爆发的金融危机将金融工具会计准则推向风口浪尖。后金融危机时期，IASB颁布的第9号国际财务报告准则《金融工具》(IFRS 9)和FASB发布的《金融工具信用损失》均对金融工具会计准则进行了重大改革。自2006年与国际财务报告准则实质性趋同的《企业会计准则》颁布后，中国财政部通过发布会计准则解释等方式及2014年连续颁布新准则和修订旧准则的方式，使我国会计准则与国际准则在诸如公允价值计量等方面保持持续趋同。然而，随着经济国际化程度的不断加深和金融创新的不断深化，我国金融工具会计准则与国际准则的差距越来越大且难以适应企业金融工具业务发展的需要，趋同主导的会计准则修订工作迫在眉睫。为了完善金融工具的会计处理并实现与国际财务报告准则的趋同，2016年8月财政部颁布了《企业会计准则第22号——金融工具确认和计量（修订）》等三项金融工具会计准则征求意见稿。在我国对金融工具准则即将进行重大修订的背景下，我们有必要梳理金融工具会计准则起源与发展的脉络，剖析后金融危机时期金融工具国际准则重大变革的制度原因和理论解释及其实施所面临的挑战，以期丰富金融工具会计准则理论，并对我国金融工具会计准则的修订和实施提供参考。

第一节 金融工具会计准则的起源与发展

金融工具会计准则是规范金融工具会计处理的一种制度安排。早期金融工具

---

* 本章参阅了邱月华，曲晓辉. 后金融危机时期金融工具国际准则的发展及启示[J]. 会计研究，2016(8)：3-9.

会计处理规定散见于若干会计准则,这与当时金融工具的有限发展有关。20世纪70年代,随着布雷顿森林体系的瓦解,浮动汇率制显著加剧汇率的波动,各国对市场利率管制的放松又使利率变动更频繁。利率和汇率的空前波动急剧放大了市场风险,使得各商业银行、投资机构和企业急于寻找能规避市场风险并可套期保值的金融工具,由此利率互换、外币套期、金融期货等衍生金融工具应运而生。80年代以来,全球范围金融自由化的盛行导致各国汇率、利率剧烈波动,市场风险不断加大,从而进一步刺激对规避风险的创新金融工具的需求,也使国际金融业的竞争日益激烈,迫使银行业不断拓展新的业务领域和创造新的金融工具,以提高自身的市场竞争力。此外,80年代的债务危机导致各国加强对金融机构的资本管制,也促使金融机构不断通过表外业务等金融工具创新规避监管,从而进一步推动金融工具创新的发展。与此同时,计算机技术和信息技术突飞猛进的发展为金融工具加速创新提供了必要的技术条件。总之,七八十年代多种因素的竞争和协同以及监管与规避监管博弈的共同作用,导致国际金融市场呈现强劲的变革动力,金融创新层出不穷。

然而,金融创新在提供了获利机会、避险手段和规避监管的同时,也引发了巨大的市场风险。20世纪80年代的创新金融工具大都是表外业务,根据现行会计准则,交易本身无法体现,人们无法从财务报表上直接了解企业所从事的金融交易及其面临的风险,从而使金融市场风险变得更加不可捉摸(葛家澍和陈箭深,1995)。由于企业管理层与外部信息使用者之间存在信息不对称,具有信息优势的管理层有隐瞒金融工具风险的动机。金融工具会计信息披露的不充分和不及时,使内部管理层可能存在道德风险和逆向选择问题,致使交易费用高昂。例如,金融工具创新的发展曾一度引起许多银行和金融机构的管理者质疑当时财务报告的有效性(阎达五和徐经长,1995)。鉴于会计准则是一种降低交易费用的制度安排(刘峰,2000),为了降低金融工具交易发生时会计核算和监督的交易费用,金融工具会计准则的制定迫在眉睫。于是,1986年FASB将金融工具会计准则的制定纳入议事日程,并于1990年发布财务会计准则公告第105号《具有表外风险的金融工具和信用风险集中的金融工具的信息披露》。1988年国际会计准则委员会(IASC)与加拿大注册会计师协会联合开展金融工具项目研究,并在随后几年发布了《金融工具:原则公告草案》以及第40、48号《金融工具》征求意见稿。

按照制度经济学有关制度变迁的解释,特定社会知识的存量在相当程度上决定制度变迁的方式与内容(诺斯,2014)。从传统财务会计角度看,确认、计量、列报和披露是财务会计一系列具备严密逻辑性的连贯的基本程序,但20世纪80年代以来金融工具创新却给财务会计如何合理确认、计量、列报和披露金融工具及其交易提出全新挑战。例如,基于"过去发生的交易和事项"界定的资产、负债要素定义如何适用于经济利益源于未来期间合约履行情况的金融工具?创新金融工具本身所具有的风险加大了其在未来期间经济利益的流入、流出及可靠计量方面的不确定性,这又与传统会计要素的确认标准相悖。在当时社会知识存量和信息技术手段无法就金融工具确认与计量问题达成共识的背景下,金融工具会计准则变迁就只能沿着与其他会计准则制定不一样的路径——先颁布列报和披露准则,再颁布确认和计量准则。例如,FASB最初制定的三项金融工具会计准则都是有关金融工具披露的;IASC试图借助金融工具准则征求意见稿制定涉及确认、计量、列报和披露等一系列程序的全面的金融工具准则,但当时有关金融工具确认和计量方面的巨大争议迫使其将金融工具项目分拆为披露和计量两个阶段,金融工具列报和披露部分由于争议相对较少于1995年形成《金融工具的列报和披露》并先行发布。1980—1994年美国发生的储蓄及贷款机构危机凸显了基于历史成本计量模式的财务报告无法及时揭示金融工具蕴含的风险和不确定性的弊端,也促使会计准则制定机构进一步开展金融工具确认和计量准则的制定。1991年FASB发布了《金融工具的确认与计量备忘录》,并从1993年起陆续发布了多项金融工具确认和计量准则。金融工具确认和计量的复杂性使得IASC与利益相关者之间迟迟难以达成共识,迫于与国际证监会组织(IOSCO)①达成一致意见的有关核心准则项目建设截止期限的临近,IASC最终转而借鉴美国金融工具相关会计准则,于1998年发布了几乎完全参照美国相关准则的第39号国际会计准则《金融工具:确认和计量》(IAS 39)。

由于金融工具自身的复杂性和不断创新,金融工具会计准则难以达到制度均衡,常常处于不断修订之中。例如,为不断完善衍生金融工具的会计处理,FASB于1998年颁布财务会计准则公告第133号《衍生金融工具和套期活动会计》(SFAS 133),后又分别于2000年、2003年、2006年和2008年发布财务会计准则公告第138、149、155、161号,借以修订第133号准则的部分内容;IASB 2001年启动对包括IAS 39在内的若干会计准则的改进项目,并于2003年和2004年分别对IAS 39进行修订。

与早期金融工具会计准则的渐进式发展截然不同,2008年金融危机直接推动金融工具国际准则的强制性制度变迁。国际金融危机爆发后,金融工具公允价值计

---

① 成立于1983年,总部位于西班牙马德里。IOSCO是由各国、各地区证券期货监管机构组成的专业组织,是金融监管国际标准主要的制定机构之一。中国证监会是IOSCO的正式会员。

量一度被指责是导致危机蔓延和恶化的罪魁祸首。IASB 和 FASB 在重重压力下加快了修订金融工具会计准则的步伐,共同开展了金融工具确认与计量的改进项目。2009年 IASB 启动了以 IFRS 9 替代 IAS 39 的项目,并陆续发布了七份征求意见稿、一份讨论稿及三份阶段性文件。① 2014 年 IASB 发布的 IFRS 9,完成了以 IFRS 9 取代 IAS 39 的项目。金融工具国际准则从 IAS 39 到 IFRS 9 的强制性制度变迁从一个侧面证明:会计准则不仅具有技术性,而且具有经济后果;强制性制度变迁基于深厚的实践基础和迫切的现实需要;准则变迁过程充分体现了交易费用说的理论逻辑。

需要说明的是,金融工具国际准则的强制性制度变迁并非一帆风顺。由于制度变迁存在路径依赖性(诺思,2014),而且金融工具会计处理的复杂性以及协调各种争议的难度超过预期,IASB 一再推迟 IFRS 9 的生效时间。IFRS 9(2009)规定准则从 2013 年 1 月 1 日起生效,2011 年该生效时间被推迟到 2015 年 1 月 1 日起的会计期间,IFRS 9(2014)则再次将准则生效时间推迟至 2018 年 1 月 1 日起的会计期间。

随着全球金融市场的迅速发展和越来越多企业使用金融工具,金融工具对世界经济的影响范围日益扩大、影响程度不断提高,金融工具国际准则的重大变革必将对会计信息质量产生重要影响,并且为会计准则经济后果观、交易费用说和强制性制度变迁等理论提供新的证据。

第二节 金融工具国际准则的主要变革

金融工具国际准则在国际金融危机之后的重大变革主要涉及三个方面:金融工具的分类与计量、金融工具的减值、套期会计。

一、金融工具的分类与计量

公允价值是金融工具最相关的计量属性,且是衍生金融工具唯一相关的计量属性。然而,由于公允价值难以可靠取得并易被用于盈余管理,特别是对于众多国家采用的国际财务报告准则②而言,全面采用公允价值计量的金融工具会计准则的实施和监管成本过于高昂,这注定全面运用公允价值计量金融工具是一个长期目

---

① IASB 分别于 2009 年、2010 年、2013 年和 2014 年发布了 IFRS 9 及其修订版。为了以示区别,一般将 IFRS 9 的这些版本分别表示为 IFRS 9(2009)、IFRS 9(2010)、IFRS 9(2013)和 IFRS 9(2014)。本章中未加年份标注的 IFRS 9 指 2014 年版本。

② 根据 IASB 官方网站的信息,截至 2016 年 7 月全球有 143 个国家或地区不同程度地采用国际财务报告准则。

标,现实选择是采用历史成本与公允价值相结合的混合计量模式。因此,IFRS 9 继续采用混合计量模式,但与 IAS 39 相比,其扩大了公允价值计量的范围。

(一)金融资产:由四分类改为三分类

根据 IAS 39,主体应按照持有目的及意图将金融资产分为以下四类:以公允价值计量且其变动计入当期损益的金融资产、持有至到期投资、贷款和应收款项、可供出售金融资产。然而,由于持有目的和意图的不易验证性,这种金融资产分类方式为管理层实施盈余管理创造了条件。例如,孙蔓莉等(2010)发现,盈余管理中业绩(即盈余)平滑动机是上市公司划分金融资产的出发点。此外,根据管理层持有目的和意图对金融工具进行分类缺乏客观性,会造成不同企业或同一企业在不同时间购买的性质和风险完全相同的金融工具有着不同的账面价值,从而影响会计信息的可比性。

为克服原有会计准则关于金融资产分类标准的缺陷,IFRS 9 依据主体管理金融资产的业务模式和金融资产合同现金流量特征将金融资产分为以下三类:以摊余成本计量的金融资产(AC)、以公允价值计量且其变动计入当期损益的金融资产(FVPL)、以公允价值计量且其变动计入其他综合收益的金融资产(FVOCI)。金融资产分类流程如图 10 - 1 所示。

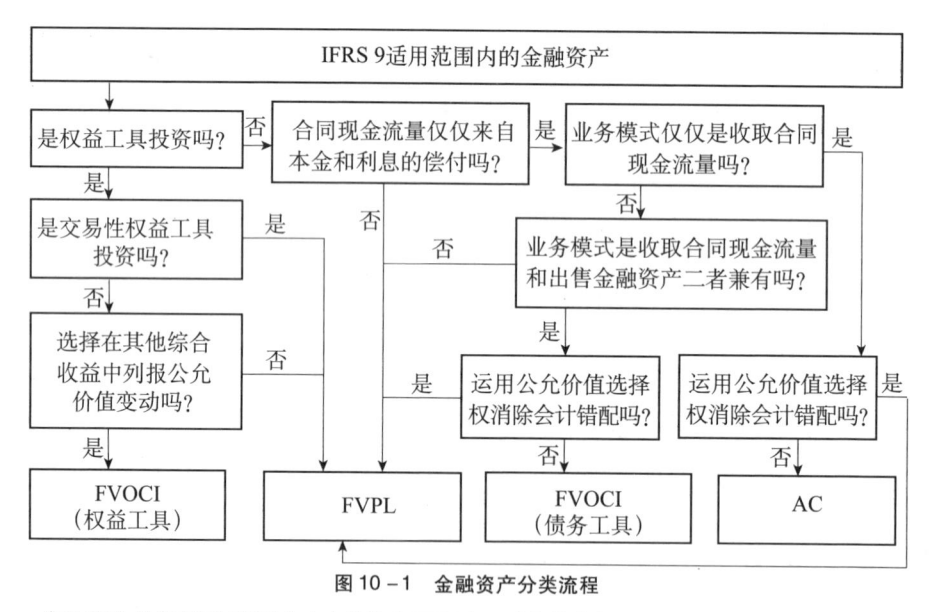

图 10 - 1 金融资产分类流程

资料来源:根据 IFRS 9(2014)文本并参考 KPMG(2014)相关内容分析编制。

与 IAS 39 相比,IFRS 9 以业务模式和合同现金流量特征作为金融资产分类标准,在一定程度上能避免主体主观意图的影响,使金融资产分类更客观。同时,将现行金融资产的四分类模式转变为三分类模式,分类标准更加简化,可以降低金融工具会计处理的复杂性,有利于提高信息使用者对会计准则的理解和把握。

对于主合同是金融资产的混合合同,IFRS 9 不再要求将其嵌入衍生工具与主合同分拆并分别计量,而是将混合合同作为一个整体确定其所属类别及计量基础。IFRS 9 对金融工具重分类的规定更加严格,只有当主体管理金融资产的业务模式发生变化且这种变化对主体经营有重要影响时才可以对金融资产重分类,金融负债不可重分类。

(二)金融负债:由自身信用风险变动引起的公允价值变动计入其他综合收益

IFRS 9 并未实质修订金融负债的会计处理。与 IAS 39 相同,金融负债分为以下两类:以摊余成本计量的金融负债、以公允价值计量且其变动计入当期损益的金融负债。唯一的变化是,当主体自身信用风险变动时,以公允价值计量的金融负债公允价值变动应计入其他综合收益而非损益。这有助于解决 IAS 39 中以公允价值计量的金融负债因主体自身信用风险变动所做会计处理不符合直觉的问题。当金融负债终止确认时,与自身信用相关的其他综合收益不能转出至当期损益,但允许在所有者权益内部转移。

二、金融工具的减值:以预期损失模型取代已发生损失模型

根据 IAS 39,只有当客观证据表明金融资产发生减值时,主体才可对其计提减值准备,即已发生损失模型。金融危机期间,已发生损失模型使金融资产减值损失的确认延迟到存在触发事件之时,这种情况被相关人士指责"对金融资产减值损失确认得太少、太迟"——这是金融工具会计准则使顺周期效应加剧危机恶化的一个重要原因(Dugan,2009)。因此,金融危机之后,IFRS 9 引入一套前瞻性减值模型——预期损失模型。该模型剔除确认金融资产减值损失的阈值,在相关减值迹象未发生时提前确认预计信用损失并计入当期损益,有助于财务报表更及时地反映预期信用损失信息。

预期损失模型一般根据金融工具信用风险自初始确认后是否已显著增加,按以下三个阶段分别确认相应的损失准备及利息收入:

第一阶段,对初始确认后信用风险无显著增加或在资产负债表日信用风险较低的金融工具,按未来 12 个月内预期信用损失确认损失准备,并根据资产账面余额乘以实际利率计算利息收入。

第二阶段,对初始确认后信用风险显著增加但尚无客观减值证据的金融工具,按整个存续期预期信用损失确认损失准备,但仍根据资产账面余额乘以实际利率计算利息收入。

第三阶段,对初始确认后信用风险显著增加且在资产负债表日存在客观减值证据的金融资产,按整个存续期预期信用损失确认损失准备,并根据资产摊余成本乘以经信用风险调整的实际利率计算利息收入。

在每个资产负债表日,主体应比较金融工具在资产负债表日的信用风险与初始确认时的信用风险,根据信用风险增加情况以及是否存在客观减值证据决定采用哪个阶段的方法。若金融工具信用风险得以改善,则可从原先采用的第二或第三阶段方法转为采用第一阶段方法。

为简化操作,IFRS 9 规定了预期损失模型的一些例外情况。例如,对不包含重大融资成分的应收账款或合同资产,按整个存续期预期信用损失确认损失准备;对包含重大融资成分的应收账款或合同资产以及应收租赁款,既可选择确认整个存续期预期信用损失,也可选择根据一般预期损失模型确认预期信用损失;对资产负债表日信用风险较低的金融资产,按未来 12 个月内预期信用损失确认损失准备,不必评估其信用风险是否显著增加。金融工具减值确认和计量的流程如图 10-2 所示。

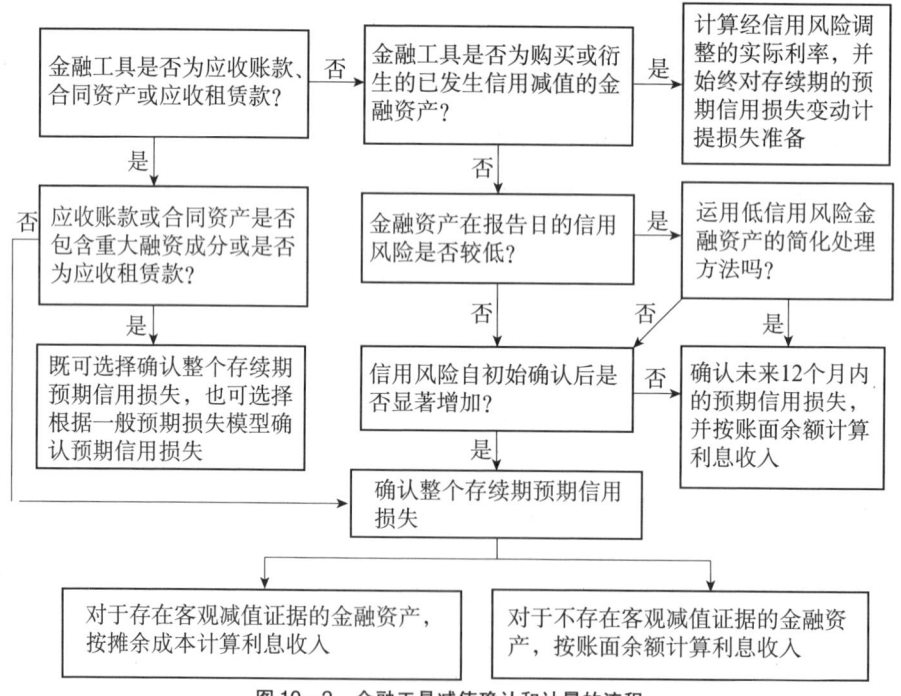

图 10-2 金融工具减值确认和计量的流程

资料来源:根据 IFRS 9(2014)文本并参考 PWC(2014)的相关内容分析编制。

IFRS 9 的预期损失模型将导致金融资产减值损失更早、更多地被确认,会使主体的盈余和以股利等方式分配的利润减少,进而降低经济上行期资本充足率被高估的可能性,能缓解已发生损失模型的顺周期性,从而有助于提高金融系统的稳定性。如果所有需要计提减值的金融资产都采用预期损失模型,就能避免 IAS 39 下多重减值模型带来的复杂性。然而,预期损失模型大量使用前瞻性信息并高度依赖管理层的主观判断,不仅使其实际操作复杂化,也引发人们对模型将降低会计信息可靠性的担忧。此外,由于对金融资产信用风险显著增加并无明确标准,主体可能等到真正出现违约时才确认整个存续期预期信用损失,从而导致预期损失模型即使在第一阶段与第二阶段之间转换也仍然可能产生与已发生损失模型一样的"悬崖效应"。

三、套期会计:与企业风险管理活动的联系更紧密

IAS 39 的套期会计缺少套期会计目标,以规则为基础的准则制定模式导致准则规定过于复杂,无法反映企业风险管理活动内容,更难以被报表使用者理解和一致运用。而且,套期会计准则严格的条件、详尽的会计规范和复杂的处理方法使得企业实施难度大、成本高,很多企业在权衡成本和收益后,宁愿盈余波动也不对自身的套期行为使用套期会计方法加以核算(司振强,2011)。

为降低套期会计的复杂性,IFRS 9 明确提出套期会计目标,并以此为导向构建以原则为基础的新套期会计模式,将套期会计与企业风险管理活动联系得更紧密。在评价套期是否高度有效时,IFRS 9 摒弃 IAS 39 有关"套期实际抵销结果需在 80% 至 125% 范围内"这种格式化的数量要求,引入诸如被套期项目和套期工具之间存在经济关系等定性要求。这降低了套期会计的应用门槛,减少了套期会计的实施成本。在界定套期工具和被套期项目时,IFRS 9 大幅拓宽套期工具和被套期项目的应用范围。例如,衍生金融工具和以公允价值计量且其变动计入当期损益的非衍生金融工具均可作为套期工具;除风险敞口的某一层级、非金融工具的风险成分外,风险净敞口和汇总风险敞口也都可以被指定为被套期项目。这使套期会计能更好地反映企业的风险管理策略和目标,提高其成功使用套期会计的可能性。在套期会计的信息披露方面,2009 年修订的第 7 号国际财务报告准则《金融工具:披露》(IFRS 7)不再要求主体根据套期类型分别予以披露,而要求将其作为一个整体在财务报表附注中单独说明,且全面、细致地披露企业风险管理策略及其对未来现金流量和财务报表的影响等信息。这有助于财务报告使用者理解企业整体风险管

理活动的效率和效果,从而更好地评价管理层的风险管理能力。此外,IFRS 9 还引入再平衡机制,即当一项套期关系不再符合套期有效性要求但风险管理目标并未改变时,企业可调整套期比率以达到继续使用套期会计的目的,而无须先终止再重新指定套期关系。再平衡机制的引入既使套期会计更契合企业风险管理实务,也可减少企业的会计处理工作量。

由此可见,变革后的套期会计降低了套期会计的应用门槛和复杂性,加强了套期会计与企业风险管理活动的联系,推动了套期会计的发展。然而,以原则为导向的准则制定模式在降低了准则复杂性的同时,也带来了对其可能产生的信息可比性减弱以及盈余管理空间增大的担忧;而且,IFRS 9 套期会计概念的基础薄弱且依赖管理层的意图,这将给套期会计带来严重的可执行与应用问题(王守海等,2015)。

第三节 金融工具会计准则的协调与分歧

2002 年《诺沃克协议》(即双方签署的理解备忘录)的签订开启了美国公认会计原则(GAAP)与国际财务报告准则的协调和趋同之路。2005 年 FASB 和 IASB 决定设立三个长期项目来改进和简化金融工具会计准则。2006 年 FASB 和 IASB 签署的谅解备忘录进一步阐明双方将共同合作以改进财务报告准则并实现趋同的意图。作为谅解备忘录的一部分,为降低金融工具会计的复杂性,FASB 和 IASB 联合启动相关研究项目,2008 年 IASB 发布的"降低金融工具报告的复杂性"讨论稿即为项目的研究成果之一。全球金融危机爆发后,FASB 和 IASB 在各方压力下加快了金融工具会计准则修订的步伐,联合开展金融工具会计准则改进项目,致力于实现金融工具会计准则的国际趋同。例如,2009 年 FASB 和 IASB 联合发布 IFRS 9 的金融工具减值征求意见稿,提出预期损失模型;2011 年又联合发布增补文件;2012 年双方共同提出"三组别法"减值模型。

然而,FASB 和 IASB 最终并未实现金融工具会计准则国际趋同的初衷。在金融工具减值方面,FASB 在汇总国内反馈意见并进行一系列调研后,认为"三组别法"减值模型的可操作性、可比性不强(王菁菁和刘光忠,2014),决定不再继续改进此模型,而是另行开发一套减值模型——当前预期信用损失模型。该模型要求确认金融资产整个存续期的预期信用损失,不因金融工具自初始确认以来信用风险是否显著增加而区别对待。在金融工具的分类和计量方面,FASB 和 IASB 曾试图使用一致的方法,但由于双方在原则性问题上的观点存在显著差异,2014 年 FASB 决定不再继续采纳合同现金流量特征以及业务模式分类标准,而是沿用现行的基于持有目的和意图的分类标准。在混合合同的会计处理方面,IASB 要求对混合合同整体进行分类与计量,而 FASB 要求嵌入的衍生工具必须与主合同分拆,单独予以分类和计量。另外,虽然二者均要求以公允价值计量的金融负债由主体自身信用风险变动导致的公允价值变动计入其他综合收益,但 FASB 要求在清偿该负债时在其他综合收益累计的公允价值变动应转入当期损益,而 IASB 不允许转入当期损益。正是由于这些差异,IFRS 9 并未实现与 FASB 的 GAAP 趋同的最初目标。2016 年 FASB 发布的《金融工具——信用损失》与 IFRS 9 的减值规定存在差异。IASB 与 FASB 在金融工具会计准则上的分歧既增加了跨国公司编报财务报告的成本,也不利于投资者对财务报告的跨国分析与比较,同时使得会计准则国际趋同前景堪忧。

第四节 金融工具国际准则的挑战与启示

高质量会计准则只是形成高质量会计信息的必要条件而非充分条件,准则有效执行才能保证会计信息按照严格的质量标准生成(郑伟,2013)。金融工具会计准则能否得到有效实施及其实施后对企业会计信息质量有何影响,是各界应关注的焦点。基于前述讨论,本章认为,变革后的金融工具国际准则的顺利实施将面临挑战。

(一)执行成本高昂

后金融危机时期金融工具国际准则最大的变化在于:金融工具减值采用前瞻性的预期损失模型取代已发生损失模型。预期损失模型虽有助于财务报表更及时地反映预期信用损失,但模型的运用需要庞大的数据资料予以支撑,从而将发生高额的执行成本。由于缺乏持续评估信用风险的模型、流程、数据和专业知识,企业和非银行金融机构运用预期损失模型将困难重重。黄世忠(2010)认为即使对已按新《巴塞尔资本协议》进行信用风险管理的大型商业银行也会面临以下难题:如何将目前信用风险数据库中反映的历史信息转化为能用于评估预期信用损失的前瞻性信息?如何将根据新《巴塞尔资本协议》开发的预测期只有一年的违约模型用于测算金融资产整个存续期的违约概率？德勤会计师事务所在调查54家大银行后发现，包括财务、信用、风险和IT在内的多方面协调努力以及资源方面的约束被认为是实施IFRS 9的关键性挑战（Deloitte，2014）。

（二）主观判断的增加将影响会计信息可靠性并加大监管难度

以原则为导向制定的金融工具国际准则体现在：金融资产计量基础的确定以及预期信用损失的计提均涉及大量的主观判断。例如，金融资产以摊余成本还是公允价值计量主要取决于企业对业务模式的判断，而管理层对外部环境、经营目标、风险等因素的判定都将影响其对业务模式的确定。又如，企业计提金融资产减值时需预计金融资产未来12个月甚至整个存续期的预期信用损失，但预期损失的确定难免因主观性而产生高估风险或低估风险，企业可能利用这种主观判断空间达到操纵利润的目的。因此，IFRS 9顺利实施的又一挑战在于：以原则为基础、要求更多主观职业判断的IFRS 9可能被用于盈余管理而造成会计信息可靠性的减弱。

由于金融资产的分类和计量以及预期损失模型的运用高度依赖管理层的估计与判断，企业借此规避监管和操纵利润的空间扩大，这将大幅增加审计取证难度和诉讼风险。同时，金融监管部门在判断管理层是否滥用会计准则赋予的自由裁量权以规避资本和其他监管时，证券监管部门在判断上市公司是否利用会计准则调节利润以操纵股价时，都将遇到诸多棘手问题（黄世忠，2015）。

（三）公允价值的广泛应用将减弱会计信息的可比性

IFRS 9扩大了公允价值的应用范围。在目前采用IFRS的国家中，发达国家由于金融工具市场交易活跃，其公允价值信息易取得，但不少发展中国家或新兴市场经济国家和地区并未拥有活跃的金融工具交易市场，从而难以获得公允价值的合理估值。在非活跃市场环境下，公允价值计量的可靠性高度依赖建模技术、模型假设、数据来源以及管理层的估计和判断（黄世忠，2010），各国市场环境和会计人员素质的差异将直接影响IFRS 9实施后金融工具会计信息的质量。因此，IFRS 9实施的另一个挑战为：公允价值的广泛应用可能减弱各国金融工具会计信息的可比性。

尽管IFRS 9的顺利实施面临重重挑战，但它毕竟代表了金融工具会计准则改革的先进方向，因此如何从制度环境、技术平台和监管措施等层面保证IFRS 9的有效实施是准则修订后各界应关注的核心问题。

2015年我国财政部部长助理戴柏华指出,中国将根据国际会计准则制定的进展启动金融工具等会计准则项目的全面修订。2016年8月财政部发布了金融工具会计准则的征求意见稿。然而,我国既是最大的发展中国家,又是转型的新兴市场经济国家,在市场经济条件、制度基础以及文化背景等方面与欧美国家有相当大的差异,因而金融工具会计准则国际趋同所要承担的成本与获得的收益可能会有很大不同。例如,在我国会计人员数量虽多但高层次会计人才依然缺乏的现实情况①下,包含大量会计职业判断的金融工具会计准则的引入可能会导致会计信息质量下降;在我国尚缺乏保证公允价值可靠计量的市场环境和有效机制下,金融工具会计准则若大幅扩大公允价值的应用范围则必将引发会计信息相关性与可靠性的权衡问题。

如前所述,金融工具国际准则的重大变革必将对会计信息质量产生重要影响,并且为会计准则经济后果观、交易费用说和强制性制度变迁等理论提供新证据。因此,探讨立足我国国情的金融工具会计准则趋同模式,实证检验我国金融工具会计准则国际趋同的经济后果和交易费用说的实际影响,系统分析我国制度环境对金融工具会计准则修订和实施的影响,是值得进一步探究的方向。

参考文献

[1] 戴柏华. 凝心聚力 乘势而上 不断开创会计领军人才培养工作新局面[J]. 财务与会计,2015(23):7-8.

[2] 葛家澍,陈箭深. 略论金融工具创新及其对财务会计的影响[J]. 会计研究,1995(8):1-8.

[3] 黄世忠. 后危机时代公允价值会计的改革与重塑[J]. 会计研究,2010(6):13-19.

[4] 黄世忠. 金融工具前瞻性减值模型利弊评析[J]. 金融会计,2015(1):42-45.

[5] 刘峰. 会计准则变迁[M]. 北京:中国财政经济出版社,2000.

[6] 诺斯. 制度、制度变迁与经济绩效[M]. 杭行,译. 上海:格致出版社,2014.

[7] 司振强. 金融监管视角下的套期会计准则研究[J]. 金融会计,2011(6):9-15.

[8] 孙蔓莉,蒋艳霞,毛珊珊. 金融资产分类的决定性因素研究:管理者意图是否是真实且唯一标准[J]. 会计研究,2010(7):27-31.

[9] 王菁菁,刘光忠. 金融工具减值预期损失模型的演进与会计准则体系变迁:兼评

---

① 在我国1 900多万会计人员中,拥有高级专业技术资格的仅约14万人,占会计人员总数的0.72%,通晓中外会计规则和经济法规的高端会计人才更是少之又少,与经济社会发展要求相比仍存在很大差距(戴柏华,2015)。

IASB《金融工具:预期信用损失》征求意见稿[J].会计研究,2014(5):37-43.

[10]王守海,尹天祥,牟韶红. 一般套期会计准则的国际进展、反思与启示[J].会计研究,2015(9):11-17.

[11]阎达五,徐经长. 金融工具会计:国际会计准则第48号征求意见稿简介[J].会计研究,1995(8):41-44.

[12]郑伟. 我国企业会计准则执行状况评价:基于A+H股与A股市场经验数据的对比分析[J].会计之友,2013(12):9-13.

[13]DELOITTE. Fourth Global IFRS Banking Survey[R].2014.

[14]DUGAN J. Loan loss provisioning and pro-cyclicality[R].2009.

[15]FASB. Financial Instruments:Credit Losses[A].2016.

[16]IASB. IFRS 9 Financial Instruments[A].2014.

[17]KPMG. First Impressions:IFRS 9 Financial Instruments[A].2014.

[18]PWC. IFRS 9 Financial Instruments:Expected Credit Losses[A].2014.

第五篇
投资性房地产的公允价值研究

第十一章　投资性房地产计量模式选择的动机与影响因素
第十二章　投资性房地产公允价值计量层次的适用性
第十三章　投资性房地产公允价值计量与股价同步性

本篇聚焦投资性房地产，检验投资性房地产计量模式选择的动机与影响因素、投资性房地产公允价值计量层次的适用性、投资性房地产公允价值计量与股价同步性的关系。

第十一章
投资性房地产计量模式选择的动机与影响因素*

会计计量模式的选择决定财务报告口径和财务信息质量。历史成本因其可靠性和可验证性,在会计计量模式中一直占主导地位。然而,随着资本市场的发展,尤其是20世纪80年代以来金融工具创新的涌现,"面向过去"的历史成本信息日益显现决策相关性差的弊端,多重计量属性并存的要求应运而生。随着市场化程度的日益提高,公允价值计量的应用范围不断扩展,从早期的只要求表外披露(FAS 107,1991)到要求进行表内确认和计量,从最初只用于个别金融资产到用于全部金融资产和金融负债以及其他资产和负债,公允价值计量模式大有取代历史成本计量模式之势。目前,交易性金融资产和交易性金融负债采用公允价值计量已经取得国际会计界的普遍认同,但对于是否在长期资产计量中应用公允价值尚未形成共识。

历史地看,作为固定资产和无形资产的组成部分,投资性房地产采用历史成本计量。例如,美国至今尚无投资性房地产准则,其长期资产的计量只允许采用历史成本,不允许确认重估增值。第一项专门针对投资性房地产的准则是英国的《投资性房地产的会计处理准则》(SSAP 19,1981),它要求将投资性房地产按公开市场价格列示于资产负债表。2000年4月,国际会计准则委员会(IASC)正式发布《投资性房地产准则》(IAS 40),允许企业在后续计量中选择采用成本模式或公允价值模式计量投资性房地产,但即使选用成本模式,也必须披露投资性房地产的公允价值。与国际财务报告准则趋同,我国财政部2006年2月15日发布的《企业会计准则第3

---

* 本章参阅了张瑞丽,曲晓辉,张国华. 投资性房地产计量模式选择的动机及影响因素研究:来自中国A股市场的经验证据[J]. 当代财经,2014(7):115-129.

号——投资性房地产》(CAS 3)也引入公允价值计量模式,但态度相当谨慎。CAS 3规定企业应当采用成本模式对投资性房地产进行后续计量,只有当公允价值能够持续可靠取得并且满足准则规定的限制条件时,才可以采用公允价值模式,而且企业一旦选用公允价值模式,就不能再转回成本模式。

根据 CAS 3,投资性房地产包括"已出租的土地使用权、持有并准备增值后转让的土地使用权和已出租的建筑物"。投资性房地产的后续计量若采用成本模式则应比照固定资产和无形资产的会计处理方法,分期提取折旧和摊销,并在会计期末进行减值评估和处理;若采用公允价值模式则应在每个资产负债表日按照公允价值调整账面价值。成本模式的会计处理比较简单,但由于近年来我国房地产市场价格持续走高,很多企业持有的投资性房地产的市场价值远远高于其历史成本,若采用成本模式计量则无法及时、客观地反映房地产的真实价值,会削弱财务信息的决策有用性。公允价值模式的会计处理相对比较复杂,且每个会计期末都需重新评估投资性房地产的公允价值,因而以公允价值计量的投资性房地产更能体现企业资产的实际价值,具有高度的价值相关性和决策有用性。这两种计量模式的利弊对比鲜明,为探究企业管理层出于什么动机选择公允价值计量模式以及哪些因素影响其选择,本章对我国企业选择投资性房地产计量模式的动机及其影响因素进行了实证检验和分析,以丰富相关文献,对会计理论和会计实务有所贡献,并为准则制定机构、证券监管机构和投资者的相关决策提供借鉴。

第一节 文献回顾

投资性房地产计量模式的选择属于会计政策选择问题。有关会计政策选择的影响因素,Watts 和 Zimmerman(1978)提出,会计政策选择受到税收、管制、管理层薪酬计划、簿记成本和政治成本等因素的影响。此后,西方会计学界逐渐形成企业会计政策选择的三大假说——管理层薪酬假说、债务契约假说和政治成本假说。Fields 和 Lys(2001)对 20 世纪 90 年代美国关于会计政策选择的研究进行总结性回顾,将会计政策选择动机分为三类:一是契约动机,为了提高管理层薪酬或者避免违背债务契约;二是资产定价动机,为了影响股票价格而最大化单期盈余、平滑多期盈余、避免亏损和盈余下滑;三是受第三方影响的动机,为了降低税负或规避监管。围绕会计政策和公允价值的选择问题,我国学者也进行了相关的规范研究和经验/实证研究。在会计政策选择的影响因素方面,李英等(2012)的调查结果表明,组织特征因子、财务指标影响因子、信息质量和成本因子、利益相关者因子、管理层特征因子、政治环境因子等依次对企业的公允价值计量选择产生重要作用。在会计政策选择的动机方面,王跃堂(2000)认为我国上市公司会计政策选择的经济动机主要是扭亏、避免退市和公司治理结构等。刘斌和孙雪梅(2005)以低值易耗品摊销方法的选择为切入点,检验我国企业会计政策选择的动机是否符合"三大假说",结果证实了政治成本假说和管理层薪酬假说,但债务契约假说未得到证实。王建新(2007)发现,长期资产减值转回金额与公司盈利水平、当年是否亏损显著负相关,与公司是否扭亏显著正相关,长期资产减值转回成为盈利状况较差公司粉饰盈利能力的手段,成为扭亏公司摆脱亏损的主要途径之一。叶建芳等(2009)探讨企业对金融资产分类的会计选择并发现,持有金融资产比例较高的公司会确认较大比例的可供出售金融资产,以降低公允价值变动对利润的影响;在持有金融资产期间,为避免盈余下滑,管理层会处置可供出售金融资产以平滑盈余。

在涉及投资性房地产等长期资产的计量模式选择问题上,国外有关投资性房地产计量模式选择的文献较为丰富,其实证分析集中于检验会计政策选择的"三大假说",主要研究公司规模、负债水平、成长性、资产比重对会计计量模式选择的影响。英国和澳大利亚是世界上较早允许确认长期资产重估增值的国家,有关资产重估动机以及重估对企业价值影响的研究文献也出现较早。例如,Easton 等(1993)针对澳大利亚上市公司 CFO(首席财务官)的调查结果表明,长期资产重估的动机主要是降低负债权益比,以缓解债务契约限制。Cotter 和 Zimmer(1995)发现通过增加抵押品价值,资产重估可以提供关于企业借贷能力的信号,当经营活动产生的现金流量减少、担保借款增加时,企业更有可能进行资产重估。2007 年 11 月 15 日,美国证券交易委员会通过公开表决,允许在美国上市的外国公司按照国际财务报告准则编制财务报告,不再必须按照美国公认会计原则进行调整。基于这一背景,Hlaing 和 Pourjalali(2012)对在美国交叉上市的外国公司的固定资产计量模式选择进行研究,发现在 232 家样本公司中只有 38 家公司选择重估值模式,而规模大、固定资产比重高、负债比例高的公司更倾向于选用重估值模式。具体到投资性房地产计量模式的选择,Dietrich 等(2000)以英国投资性房地产公司为样本进行研究并发现,管理层在历史成本与公允价值间做选择以报告更高水平的盈余,选择资产销售时点以平滑报告盈余,在举借新债前会提高资产的公允价值。Quagli 和 Avallone(2010)考察在强制采用 IAS 40 后,先前不允许采用公允价值模式的 7 个欧洲国家的房地产公司对投资性房地产计量模式的选择。他们发现,公司规模越小、市账比越小的公司越倾向选择公允价值模式计量投资性房地产,而资产负债率和盈余平滑度对公允价值模式的选择并无显著影响。Christensen 和 Nikolaev(2013)以英、德两国公司为样本,检验公司对投资性房地产和固定资产计量模式的选择,发现高负债水平的公司更倾向选择公允价值计量模式。Jung 等(2013)采用问卷调查方式调查 2 488 家市值超过 7 500 万美元的美国上市公司 CFO,基于收回的 209 份有效问卷,发现大部分 CFO 反对非金融资产采用公允价值会计。反对者提出最多的理由是公允价值获取成本太高,而支持者提出最多的理由是公允价值会改善公司财务状况。相比之下,规模大、负债水平高、非金融资产比重高、拥有公允价值计量专长的 CFO 更倾向于采用公允价值会计。

通过对国内文献的回顾可以发现,国内针对投资性房地产会计计量模式选择的相关研究主要集中于影响因素的分析方面,以理论分析、案例分析为主,经验研究较少。对于公允价值计量模式未得到广泛应用的原因,很多学者通过案例分析提出自己的见解。叶建芳和孟利(2009)、张奇峰等(2011)均以北辰实业为典型案例进行分析:叶建芳和孟利(2009)将投资性房地产广泛采用成本计量模式的原因归结为避免利润波动、对融资影响不大、减少纳税调整工作量和降低分红政策难度;张奇峰等(2011)认为不同地区制度环境的差异,尤其是市场发展程度、监管层的态度以及投资者的理性程度等,更容易导致公司产生会计报告行为差异。刘永泽和马妍(2011)对众多北上广地区的公司和 A + H 股公司不采用公允价值模式提出疑问,他们将公允价值模式未得到广泛应用的原因归结为:市场条件不完善、准则限制条件严格、相关指引缺失、会计计量理念转变困难和上市公司的会计政策选择。邹燕等(2013)围绕津滨发展分析天津市六家房地产上市公司的投资性房地产计量模式选择的影响因素,认为津滨发展在融资压力下借助变更规模较大的投资性房地产计量模式来美化财务指标。有关投资性房地产计量模式选择的实证文献相对较少,而且研究内容具有一定的局限性。陈鹰(2010)选取资产负债率、盈余平滑度、房地产出租收入占比、账面市值比四个指标检验我国房地产业上市公司对投资性房地产计量模式选择的动机,结果只有账面市值比指标得到验证,且回归样本只有 30 家房地产公司(其中 3 家公司采用公允价值模式)2007 年的数据,由此其研究结论值得商榷。候晓红等(2013)、李刚等(2014)运用实证研究方法检验地理特征、股权性质、借款契约和公司规模的影响,但其研究样本包含采用公允价值模式公司在采用该模式之后年份的样本,而事实上公司一旦选用公允价值模式就会失去选择权,不能再转回成本模式,将这些样本包含在内可能会使结果有偏差。

CAS 3 实施至 2014 年已有近八年时间,虽然此期间我国房地产价格不断飙升,但仍然只有极少数 A 股上市公司(4.6%)选择采用公允价值模式计量投资性房地产,绝大多数公司固守成本模式,放弃准则赋予的新选项。我国上市公司"一边倒"地采用成本模式计量投资性房地产的现象的潜在原因究竟是什么?现有文献关于公允价值模式未获得广泛应用的原因归纳是否可靠?准则制定机构、证券监管机构和投资者对于采用公允价值模式计量投资性房地产的公司的相关决策应当考虑哪些影响因素?本章将就这些问题进行检验和分析。

第二节 研究假设

借用 Fields 和 Lys(2001)对会计政策选择动机的分类,本章将检验债务契约、薪酬激励、盈余平滑和资本市场监管等动机对投资性房地产计量模式选择的影响。由于 CAS 3 不要求采用成本模式的公司披露投资性房地产的公允价值,无法计算计量模式选择对当期损益的影响,因此本章不检验避免盈余下滑动机和避免亏损动机。由于会计上无论是采用成本模式还是采用公允价值模式,税法上都按照历史成本计价并准予折旧抵税,因此投资性房地产计量模式选择并不影响税收,本章不需要检验降低税负动机。考虑到中国资本市场环境的特殊性以及房地产公允价值取得的难易程度,本章将检验扩展到实际控制人性质和房地产市场是否活跃对投资性房地产计量模式选择的影响。借鉴国外有关公允价值计量模式选择的已有研究成果,本章还将检验投资性房地产比重对投资性房地产计量模式选择的影响。

(一)债务契约

债务契约是指企业管理层代表股东与债权人签订的、用于明确债权人与债务人双方权利和义务的一种法律文书。由于债权人和管理层之间存在信息不对称,债权人会在债务契约中加入一些限制性条款(如流动比率水平、限制现金股利发放等)来约束管理层对债权人的不利行为。公司负债水平越高,债权人的限制性条款往往越严格,公司违背债务契约相关条款的可能性就越大。债务契约假说认为,在其他条件相同的情况下,越接近违反债务契约条款的公司,越有可能选择将未来盈余转移到现在的会计政策,即管理层会选择或变更会计方法来提前确认收益以避免违反债务契约。在成本模式下,随着折旧和摊销,投资性房地产的账面价值不断减少;在公允价值模式下,投资性房地产无须提取折旧和进行摊销,还可以随着公允价值的变化调整账面价值。因此,公允价值模式有助于提高企业账面净资产、降低负债率,从而使企业避免违反债务契约。Christensen 和 Nikolaev(2009)、Jung 等(2013)均发现高负债水平公司更愿意采用公允价值计量。投资性房地产属于长期资产,本章采用国内会计政策选择研究中常用的资产负债率指标作为债务契约动机的代理变量。据此,本章的第一个假设为:

假设 1　在其他条件相同的情况下,资产负债率越高,企业采用公允价值模式的可能性越大。

(二) 薪酬激励

管理层薪酬主要包括货币薪酬和股权激励两部分。此外,在职消费、职位晋升和社会地位提升等隐性激励方式也发挥着重要作用。基于隐性激励数据在获取和计量上的困难,本章不考虑隐性激励的影响。货币薪酬属于短期激励,主要与当期或近期业绩相关,对于上市公司股东来说,为保证薪酬激励作用的有效发挥,支付给高管人员的薪酬应以公司业绩为基础。管理层薪酬激励假说认为,为了提高自身货币薪酬,管理层有可能把未来期间的盈余提前至本期确认。李莉等(2012)发现,薪酬契约对研究支出资本化的选择具有显著的影响。谭军良(2012)发现,管理层的货币薪酬与盈余管理程度显著正相关。投资性房地产在公允价值模式下不必提取折旧和进行摊销,而且房地产升值还会增加当期盈余。可以合理预期,为了提高货币薪酬水平,在房地产价格上升期间,管理层可能会选择采用公允价值模式。据此,本章的第二个假设为:

假设 2　在房地产价格上升期间,管理层货币薪酬水平越高,公司采用公允价值模式的可能性越大。

管理层薪酬激励的另一种方式为股权激励,属于长期激励。根据代理理论,股权激励能将公司价值变量引入高管个人的效用函数,使高管个人利益与股东利益一致,从而使高管个人报酬与公司价值关联。根据信号传递理论,绩优公司为了避免被市场误认为"柠檬",往往会主动披露更多、更及时的信息以传递自己是好公司的信号;绩差公司则难以模仿这种信息披露政策。企业的投资性房地产如果购入较早,其成本模式下的账面价值往往远低于市场价值,转向采用公允价值模式可以大幅提升企业的账面净资产,向市场传递价值被低估的信号,从而提升企业价值,同时也使管理层所持股份的价值更高。国内外很多研究都证实,股权激励可以促进公司开展投资和研发项目(吕长江和张海平,2011;夏芸和唐清泉,2008)。对于股权激励的衡量,本章选用管理层持股比例作为股权激励的代理变量。据此,本章的第三个假设为:

假设 3　在其他条件相同的情况下,管理层持股比例越高,公司采用公允价值模式的可能性越大。

（三）盈余平滑

盈余平滑是指公司通过盈余管理均衡各期盈余以减轻盈余波动的行为。无论是股东、债权人还是管理层,无不希望看到公司盈余呈持续、稳定增长态势。对于大幅波动的盈余,企业既难以据此评估盈利状况、发展前景,也难以据此评估管理层的经营绩效。Hepworth(1953)指出,管理层会通过会计政策选择使前后各期的盈余均衡化。叶建芳和孟利(2009)、刘永泽和马妍(2011)均认为,避免盈余大幅波动是上市公司不愿选用公允价值模式计量投资性房地产的重要原因。在公允价值模式下,企业会计盈余随着房地产市场价格的波动而波动,这很可能会加剧企业的盈余波动,盈余平滑动机强烈的企业自然不愿选择公允价值模式。借鉴 Leuz 等(2003)、Quagli 和 Avallone(2010)的研究,本章选用盈余平滑度衡量管理层的盈余平滑动机。盈余平滑度为企业过去四年的营业利润标准差与经营现金流量标准差之比,盈余平滑度越高,代表管理层的盈余平滑动机越强烈。据此,本章的第四个假设为:

假设 4　在其他条件相同的情况下,盈余平滑度越高,公司采用公允价值模式的可能性越小。

（四）资本市场监管

根据沪深证券交易所的股票上市规则,上市公司连续两年亏损要被冠以 ST,连续三年亏损要被退市,因此上市公司有很强的避免报告亏损的动机,很多经验研究都证实我国上市公司出于扭亏、摘帽、避免退市等规避资本市场监管目的而进行盈余管理。就投资性房地产来看,企业在公允价值模式下不必处置资产,只要房地产公允价值上升就可以确认公允价值变动损益;企业在成本模式下处置投资性房地产可以一次确认大笔处置损益。两种模式都可以帮助企业避免报告亏损,成本模式下的处置损益金额可以较大,但要处置企业原本不一定想处置的资产,还要缴纳不菲的房地产交易税费;公允价值模式下的公允价值变动损益金额无论大小都不必处置资产,简单易行。出于成本-收益原则考虑,本章预期有避免报告亏损动机的公司会利用投资性房地产计量模式进行盈余操纵。据此,本章的第五个假设为:

假设 5　在其他条件相同的情况下,过去两年连续亏损的公司更愿意采用公允价值模式。

(五)实际控制人性质

较之公允价值模式下逐年确认少量公允价值变动损益,成本模式下可以通过处置部分投资性房地产一次性地确认大笔收益,利用投资性房地产处置损益进行盈余操纵的效果迅速而有效,但代价也很高,仅因销售房地产而需要缴纳的营业税、城建税、教育费附加、印花税、土地增值税、企业所得税等税费就是一笔不菲的支出。那么,什么类型的公司更有动机不惜代价进行这种盈余操纵呢?已有研究表明,国有产权属性的亏损上市公司比私有产权属性的亏损上市公司更倾向于运用资产出售与转让措施扭亏(杜勇,2011);国有企业比民营企业有更强的动机将其持有的股票划分为可供出售金融资产,以便通过出售进行盈余操纵(何小杨和康冬梅,2012)。国有企业由于"所有者缺位",控制权和剩余索取权不统一,加上激励与约束机制弱化,其代理问题比民营企业更为严重。本章预期:实际控制人为国有的公司的管理层更有动机在有需要时不惜损害公司价值,通过出售投资性房地产进行盈余操纵,因而更愿意选用成本模式;实际控股人为非国有的公司由于控制权和索取权统一,不会为了近期利益而损害长远利益,因而更乐于选用公允价值模式。据此,本章的第六个假设为:

假设6 在其他条件相同的情况下,实际控制人为非国有的公司更愿意采用公允价值模式。

(六)房地产市场是否活跃

会计政策选择既取决于管理层动机,同时也受客观环境因素的制约,因此公允价值会计政策的选择受制于公允价值信息获取的难易程度。CAS 3 规定:投资性房地产采用公允价值模式计量需满足两个条件:(1)投资性房地产所在地有活跃的房地产交易市场;(2)企业能够从房地产交易市场上取得同类或类似房地产的市场价格及其他相关信息,以便对投资性房地产的公允价值进行合理估计。如果投资性房地产所在地的房地产市场比较活跃,就更容易满足准则规定的公允价值模式的限制使用条件,相应地企业才能选择公允价值模式。作为楼市一线城市的北京、上海、广州、深圳多年来是中国房地产市场最活跃的地区,这些城市的房地产公允价值信息比其他城市更容易获取。由于只有极个别上市公司公布投资性房地产的具体所在地,本章以公司上市注册地作为投资性房地产所在地的代理变量,若公司上市注册地位于北京、上海、广州、深圳,则认为当地房地产市场比较活跃。据此,本章的第七个假设为:

假设7 在其他条件相同的情况下,当地房地产市场较活跃的公司采用公允价值模式的可能性更大。

（七）投资性房地产比重

当公司持有的投资性房地产在总资产中所占比重很小时,无论采用成本模式还是公允价值模式,其核算结果差异对企业整体财务状况和经营成果的评估均不产生影响。但两种计量模式的核算成本差异较大,成本模式的账务处理简单易行,公允价值模式需要每期进行纳税调整,同时公允价值的确定也要花费一定的支出。出于成本-收益原则考虑,本章预期投资性房地产比重越高,公司选择公允价值模式的可能性越大。Jung 等(2013)的问卷调查结果也显示,非金融资产比重高的公司的 CFO 更倾向于采用公允价值模式。据此,本章的第八个假设为：

假设8 在其他条件相同的情况下,投资性房地产比重越高,公司采用公允价值模式的可能性越大。

第三节 研究设计

一、模型设定

本章拟考察投资性房地产计量模式选择的动机和影响因素。由于被解释变量——计量模式的选择——是二分类变量而不是连续变量,使用传统的线性回归模型对参数进行估计会产生异方差,而 Logistic 模型能较好地规避这一问题,而且 Logistic 模型不要求变量服从正态分布,比如 Quagli 和 Avallone(2010)、Jung 等(2013)均采用 Logistic 模型,因此本章也选用 Logistic 模型对投资性房地产计量模式选择的动机和影响因素进行分析。

设 $X = (X_1, X_2, \cdots, X_N)$ 是影响我国上市公司投资性房地产计量模式选择的因素;FV 是表示计量模式选择的二分类变量,若公司选择公允价值模式则取值为1,若公司选择成本模式则取值为0;P 表示选择公允价值模式的概率。Logistic 模型的函数表达式为：

$$P(\text{FV} = 1) = \frac{e^{\beta_0 + \beta_1 X_1 + \beta_2 X_2 + \cdots + \beta_n X_n}}{1 + e^{\beta_0 + \beta_1 X_1 + \beta_2 X_2 + \cdots + \beta_n X_n}} \quad (11-1)$$

式(11-1)等价于：

$$\text{Logit}P(\text{FV} = 1) = \text{LN}\frac{P(\text{FV} = 1)}{1 - P(\text{FV} = 1)} = \beta_0 + \beta_1 X_1 + \beta_2 X_2 + \cdots + \beta_n X_n$$

$$(11-2)$$

$P/(1-P)$ 表示选择两种计量模式的概率之比，β_i 表示变量 X_i 对 $\text{Logit}P(\text{FV}=1)$ 的影响程度，采用极大似然法估计。

根据前文分析，本章建立如下 Logistic 回归模型检验假设：

$$\text{Logit}P(\text{FV}=1) = \beta_0 + \beta_1\text{LEV} + \beta_2\text{PAY} + \beta_3\text{HOLDING} + \beta_4\text{SMOOTH} +$$
$$\beta_5\text{TWOLOSS} + \beta_6\text{CTRLER} + \beta_7\text{YIXIAN} +$$
$$\beta_8\text{IPRATIO} + \beta_i\text{ControlVariables} + \varepsilon \quad (11-3)$$

二、变量选取

投资性房地产计量模型选择的分析变量的定义及说明如表 11-1 所示。

表 11-1 变量定义

类型	变量	描述	定义	预期符号
被解释变量	FV	计量模式选择	第 T 年年报中投资性房地产采用公允价值模式计量则取值为 1，否则取值为 0	
解释变量	LEV	资产负债率	年初总负债/年初总资产	+
	PAY	管理层货币薪酬	前三名高管薪酬总额的自然对数	+
	HOLDING	管理层持股比例	管理层持股数占总股本的比例	+
	SMOOTH	盈余平滑度	第 $T-4$ 年至第 $T-1$ 年营业利润标准差与经营现金流量标准差之比	-
	TWOLOSS	连续两年亏损	若第 $T-1$ 年与第 $T-2$ 年净利润均为负则取值为 1，否则取值为 0	+
	CTRLER	实际控制人性质	若实际控制人性质为国有则取值为 1，否则取值为 0	
	YIXIAN	房地产市场是否活跃	若公司上市注册地位于北京、上海、广州、深圳则取值为 1，否则取值为 0	+
	IPRATIO	投资性房地产比重	年初投资性房地产净额/年初总资产	+
控制变量	SIZE	公司规模	年初总资产的自然对数	
	YEAR	年度	虚拟变量	
	INDUSTRY	行业	虚拟变量	

注：资产、负债数据使用年初数而不使用滞后一期的年末数，因为上市公司从 2007 年起按新会计准则编制财务报表，2006 年年报不反映投资性房地产，而 2007 年的年初数是按新会计准则调整过的。

三、样本选择和数据来源

（一）样本选择

本章以 2007—2012 年持有投资性房地产的所有 A 股上市公司为样本，探究我国上市公司投资性房地产计量模式选择的动机和影响因素。"持有"的判断标准是：年度资产负债表中投资性房地产的年初数或者年末数不为0。CAS 3 规定，企业对投资性房地产的计量模式一经确定，不得随意变更。成本模式转为公允价值模式的，应当作为会计政策变更。已采用公允价值模式计量的投资性房地产，不得从公允价值模式转为成本模式。那么，已经选用公允价值模式的公司不能再做选择，只能沿用公允价值模式；而仍然采用成本模式的公司，在采用成本模式的每一年，都有权选择继续采用成本模式或转向公允价值模式。鉴于本章主要检验计量模式选择的动机和影响因素，公司选择公允价值模式以后的年份不再适合作为样本，应当予以剔除。例如，金融街(000402)从 2008 年开始采用公允价值模式，其 2008 年及以后的 FV 取值均为 1，但只能研究它 2008 年作出的采用公允价值模式决策的动机及影响因素，应剔除金融街 2009—2012 年的样本；万科 A(000002)一直采用成本模式，它在 2007—2012 年的每一年都有权选择是否转为公允价值模式，所以万科 A 六年的数据都进入样本集。

样本筛选过程如下：首先，剔除上市之前已经采用公允价值模式的样本(4 家公司)和只在 2007 年度持有投资性房地产的公允价值模式样本(1 家公司)；其次，剔除选用公允价值模式公司采用公允价值模式以后年份的样本，即只保留选用公允价值模式当年的样本；最后，剔除因上市时间短而缺乏历史数据，无法计算盈余平滑度的样本[①]。经过上述筛选，共获得有效样本 3 970 个，其中公允价值模式样本 43 个，成本模式样本 3 927 个。为了对比年度和行业对回归结果的影响，本章在回归模型中还加入年度和行业(按证监会一级行业划分)虚拟变量。由于两类样本的样本量明显不平衡，为了保证检验结果的稳健性，本章按公司规模进行配对。由于 1∶1 配对得到的总样本量只有 86 个，为了减少模型估计误差，本章按 1∶2 的比例进行配对，因此本章将对以下三种样本进行回归分析：(1)全部 3 970 个样本；(2)年度—行业控制样本，由于 2010 年的样本以及农、林、牧、渔业和建筑业全部采用成本模式，采掘业和社会服务业在部分年份全部采用成本模式，为了在回归中控制年度和行业的影响，需要剔除这些样本，得到年度—行业控制样本 2 992 个，其中公允价值模式样本 43 个；(3)配对样本，以年度相同、行业(按证监会二级行业划分)相

---

① 这里只剔除成本模式样本。由于公允价值模式样本本来就很少，为了保留尽可能多的样本，通过查阅公司上市招股说明书补充了 6 家公司的历史数据，成本模式样本没有查找补充招股说明书上的数据。

同①、规模(年初总资产)最接近为标准按1:2进行配对,得到配对样本129个,其中公允价值模式样本43个。

（二）数据来源

投资性房地产计量模式选择数据通过手工查阅上市公司年报获得,年报来自巨潮资讯网和沪深证券交易所网站,其他数据来自CSMAR数据库。另外,对数据库中缺失的一些数据根据年报进行手工查补。数据处理和统计分析使用Excel 2013、Stata 12.0软件完成。为了消除异常值的影响,对所有连续变量进行1%水平的缩尾处理。

实际控制人性质通过追溯股权控制链,按照"最大股东的最大股东"原则,确定上市公司的实际控制人,判断其产权属性。若实际控制人是国务院及国务院直属单位、部属单位、地方政府及地方政府直属部门,则认定其实际控制人为国有；若实际控制人是自然人、社会团体、私营企业、集体企业等,则认定其实际控制人为非国有。

第四节 实证结果分析

一、描述性统计分析

（一）分年度、分行业的投资性房地产计量模式使用情况分析

分年度、分行业的投资性房地产计量模式使用情况如表11-2所示。从表11-2可以看出,2007—2012年,我国A股上市公司对投资性房地产计量模式的选择呈现"一边倒"态势。虽然投资性房地产准则已实施多年,但仍然只有极少数(2012年4.6%,6年平均3.6%)上市公司采用公允价值模式,绝大多数上市公司仍固守成本模式。其中,金融、保险业是采用公允价值模式比重最大的行业,高达24.1%；其次是房地产业、传播与文化产业,比重均为7.7%；其他行业相应的比重都较小。由2012年数据可以看出,农、林、牧、渔业和建筑业尚无一家公司采用公允价值模式,采掘业,电力、煤气及水的生产和供应业,交通运输、仓储业,信息技术业,社会服务业,综合类这六个行业都只有一两家公司采用公允价值模式。

2007—2012年共有4 815个样本(1 094家公司)持有投资性房地产,其中4 644个样本采用成本模式,171个样本采用公允价值模式。4 644个成本模式样本包括1 063家上市公司,其中1 047家公司截至2012年的年度财务报告始终采用成本模

---

① 个别样本按二级行业无法配对的,按一级行业分类配对。

表 11-2 我国上市公司投资性房地产计量模式使用情况

行业	2007年 COST	2007年 FV	2008年 COST	2008年 FV	2009年 COST	2009年 FV	2010年 COST	2010年 FV	2011年 COST	2011年 FV	2012年 COST	2012年 FV	合计 COST	合计 FV	占比(%) FV
农、林、牧、渔业	10	0	12	0	13	0	15	0	12	0	13	0	75	0	0
采掘业	3	0	8	0	9	0	15	0	18	1	21	1	74	2	2.6
制造业	281	8	312	7	349	7	387	7	417	11	456	13	2 202	53	2.3
电力、煤气及水的生产和供应业	21	2	27	1	32	1	34	1	37	1	42	1	193	7	3.0
建筑业	20	0	24	0	28	0	27	0	31	0	30	0	160	0	0
交通运输、仓储业	22	0	25	0	29	1	29	1	36	1	37	2	178	5	2.2
信息技术业	40	1	40	1	46	1	57	1	60	1	65	2	308	7	2.2
批发和零售贸易	55	2	56	3	59	4	71	4	79	2	82	3	402	18	4.3
金融、保险业	10	4	10	4	12	5	17	5	20	5	19	5	88	28	24.1
房地产业	56	1	62	4	69	4	78	7	97	8	92	13	454	38	7.7
社会服务业	22	0	23	0	24	0	30	0	30	0	37	2	166	2	0.6
传播与文化产业	4	0	7	0	9	0	9	0	15	2	16	3	60	5	7.7
综合类	52	1	53	1	51	2	51	1	39	0	38	1	284	6	2.1
合计	596	19	659	21	730	26	820	27	891	32	948	46	4 644	171	3.6
其中:公允价值模式比重(%)	—	3.1	—	3.1	—	3.4	—	3.2	—	3.5	—	4.6	—	3.6	

注:COST 表示本年年报中投资性房地产的计量采用成本模式,FV 表示采用公允价值模式;行业按证监会行业分类。

式,16家公司初始采用成本模式后转向公允价值模式。171个公允价值模式样本包括48家上市公司,其中4家公司(东江环保、方正证券、金隅股份、华贸物流)在上市之前就已经采用公允价值模式计量投资性房地产,由于无法获取这些公司上市之前的年度报告,因此在实证研究部分剔除这4家公司的样本;1家公司(锦龙股份)从2007年开始采用公允价值模式,但该公司从2007年年末至2012年年末都没有再持有投资性房地产,实证研究部分也剔除这家公司的样本;余下的43家公司中,18家公司从2007年开始采用公允价值模式,3家公司从2008年开始采用公允价值模式,5家公司从2009年开始采用公允价值模式,5家公司从2011年开始采用公允价值模式,12家公司从2012年开始采用公允价值模式,2010年没有新增采用公允价值模式的公司。

(二)变量的描述性统计分析

变量的描述性统计如表11-3所示。由于T检验要求数据服从正态分布,而Shapiro-Wilk检验显示大部分变量不服从正态分布,Mann-Whitney U检验是使用最广泛的两独立样本秩和检验方法,因此本章使用Mann-Whitney U检验对公允价值模式样本与成本模式样本的各个分析变量进行差异性检验。从表11-3中可以看出,公允价值模式样本的资产负债率(LEV)在1%的统计水平上显著高于成本模式样本,两类样本的管理层货币薪酬(PAY)和管理层持股比例(HOLDING)没有明显差异。公允价值模式样本和成本模式样本的管理层持股比例的75%分位数分别只有0.09%和0.03%,这表明大部分公司的管理层持股比例相当低。两类样本的投资性房地产比重(IPRATIO)的均值分别为6.64%和4.02%,75%分位数分别为8.77%和4.12%,这说明投资性房地产对绝大多数上市公司而言不具有重要性。公允价值模式下有9.30%的样本已连亏两年(TWOLOSS),成本模式下有3.41%的样本已连亏两年,且两类样本间存在显著差异。公允价值模式下有39.53%的样本的实际控制人(CTRLER)是国有,成本模式下有65.85%的样本的实际控制人是国有,且两类样本间存在显著差异。两类样本均有三成左右的样本公司位于楼市一线城市(YIXIAN)。Mann-Whitney U检验显示,盈余平滑度(SMOOTH)、房地产市场是否活跃(YIXIAN)、投资性房地产比重(IPRATIO)和公司规模(SIZE)在两类样本间没有显著差异。

(三)变量间的相关性分析

由于使用Pearson相关性分析要求数据连续且整体呈正态分布,而Spearman相关性分析既不要求数据呈正态分布,也不要求数据是连续的,因此本章选用Spearman相关系数判断变量间的相关关系。变量间的相关系数如表11-4所示。从表11-4可以看出,绝大部分变量间的相关系数值小于0.3、最大为0.509;进一步考察方差膨

表11-3 变量的描述性统计

变量	FV	样本量	均值	标准差	最小值	25%分位数	中位数	75%分位数	最大值	Z值
LEV	1	43	0.7399	0.3134	0.1785	0.5719	0.7360	0.9022	1.6090	-4.44***
	0	3 927	0.5564	0.2266	0.0924	0.4123	0.5548	0.6846	1.6090	
PAY	1	43	14.0700	1.2200	11.8900	13.2200	14.2300	14.8700	16.1500	-1.03
	0	3 927	13.9300	0.8100	11.8900	13.4200	13.9300	14.4500	16.1500	
HOLDING	1	43	0.0337	0.0960	0	0	0.0001	0.0009	0.3682	1.49
	0	3 927	0.0117	0.0529	0	0	0.0000	0.0003	0.3682	
SMOOTH	1	43	0.9164	1.4577	0.0568	0.1628	0.3596	0.9452	7.9802	1.41
	0	3 927	0.9481	1.2242	0.0361	0.2592	0.5491	1.1140	7.9802	
TWOLOSS	1	43	0.0930	0.2939	0	0	0	0	1.0000	-2.10**
	0	3 927	0.0341	0.1816	0	0	0	0	1.0000	
CTRLER	1	43	0.3953	0.4947	0	0	0	1.0000	1.0000	3.61***
	0	3 927	0.6585	0.4743	0	0	1.0000	1.0000	1.0000	
YIXIAN	1	43	0.3953	0.4947	0	0	0	1.0000	1.0000	-0.95
	0	3 927	0.3270	0.4692	0	0	0	1.0000	1.0000	
IPRATIO	1	43	0.0664	0.1112	0	0.0001	0.0063	0.0877	0.4413	0.45
	0	3 927	0.0402	0.0749	0	0.0021	0.0112	0.0412	0.4413	
SIZE	1	43	22.2500	2.0100	19.1100	21.1200	21.9200	23.8100	26.0000	-1.02
	0	3 927	21.8900	1.2800	19.1100	21.0300	21.7500	22.5900	26.0000	

注:最后一列是Mann-Whitney U检验的Z值;**、***分别表示在5%和1%的统计水平上显著。

表 11 -4 Spearman 相关系数（$N=3\ 970$）

变量	FV	LEV	PAY	HOLDING	SMOOTH	TWOLOSS	CTRLER	YIXIAN	IPRATIO	SIZE
FV	1.000									
LEV	0.071***	1.000								
PAY	0.016	0.045***	1.000							
HOLDING	0.024	-0.083***	0.134***	1.000						
SMOOTH	-0.022	-0.095***	-0.059***	-0.004	1.000					
TWOLOSS	0.033**	0.121***	-0.154***	-0.054***	0.170***	1.000				
CTRLER	-0.057***	0.041***	0.099***	-0.110***	-0.037**	-0.025	1.000			
YIXIAN	0.015	-0.038**	0.266***	0.013	-0.007	-0.039**	0.087***	1.000		
IPRATIO	-0.007	-0.088***	-0.112***	-0.004	-0.008	0.049***	-0.089***	0.176***	1.000	
SIZE	0.016	0.277***	0.509***	0.035**	-0.124***	-0.128***	0.281***	0.090***	-0.325***	1.000

注：**、***分别表示在5%、1%的统计水平上显著（双尾检验）。

胀因子,发现 VIF 值全部小于 2。这说明变量间不存在严重的多重共线性问题,可以直接使用 Logistic 模型进行回归分析。此外,根据表 11-4 可知,FV 与 LEV、TWOLOSS 显著正相关,与 CTRLER 显著负相关,这与 Mann-Whitney U 检验结果一致,说明资产负债率高、过去两年连续亏损、实际控制人为非国有的公司选择公允价值模式的可能性较大,初步支持假设 1、假设 5 和假设 6。然而,上述为单变量分析,还要进行多元回归分析,以取得更稳定、更准确的经验证据。

二、多元回归分析

为了更准确地检验我国上市公司选择投资性房地产计量模式的动机和影响因素,借助统计软件 Stata 12.0,本章采用二元 Logistic 回归模型进行多元回归分析,回归结果如表 11-5 所示。

表 11-5 Logistic 模型回归结果

变量	全部样本		行业—年度控制样本		配对样本		预期符号
	系数	Z 值	系数	Z 值	系数	Z 值	
常数项	-14.00***	-4.81	-16.03***	-4.08	-16.65**	-2.41	
LEV	2.67***	4.70	2.48***	4.10	2.79**	2.39	+
PAY	-0.05	-0.20	0.15	0.59	0.29	0.81	+
HOLDING	4.55**	2.50	5.82***	2.97	244.09	1.57	+
SMOOTH	-0.17	-1.24	-0.08	-0.56	-0.06	-0.31	-
TWOLOSS	0.86	1.39	0.62	0.95	0.82	0.75	+
CTRLER	-1.16***	-3.22	-1.17***	-2.98	-1.15**	-2.02	-
YIXIAN	0.22	0.65	0.08	0.22	0.25	0.44	+
IPRATIO	4.98***	3.25	5.05***	2.93	5.47*	1.82	+
SIZE	0.39***	2.83	0.36**	2.20	0.44	1.65	
YEAR	不控制		控制		控制		
INDUSTRY	不控制		控制		控制		
N	3 970		2 992		129		
LR(χ^2)	54.26***		86.72***		39.82***		
PSEUDO R^2	0.1143		0.1926		0.2425		

注:*、**、***分别表示在 10%、5%、1% 的统计水平上显著(双尾检验)。

从表 11-5 可以看出,三组样本的 LR(χ^2)均通过 1% 的显著性水平检验,三组样本的 PSEUDO R^2 分别为 11.43%、19.26% 和 24.25%,这说明模型对投资性房地产计量模式的选择具有一定的解释力。具体来看,代表债务契约的资产负债率(LEV)在三组样本中的回归系数至少在 5% 的统计水平上显著为正,这表明高资产负债率的公司选择公允价值模式的可能性更大,假设 1 得到验证。这与 Christensen

和Nikolaev(2013)、Jung等(2013)的发现一致,说明我国A股上市公司会出于债务契约动机而选择公允价值模式。代表长期股权激励的管理层持股比例(HOLDING)在前两组样本中的回归系数至少在5%的统计水平上显著为正,在第三组样本中的Z值也达到1.57,这表明管理层持股比例越高的公司,选择公允价值模式的可能性越大,假设3得到验证。这说明在长期激励——管理层持股——的股权激励下,管理层会选择公允价值模式以提升公司价值。实际控制人性质(CTRLER)在三组样本中的回归系数至少在5%的统计水平上显著为负,这表明实际控制人为国有的公司更愿意选择成本模式,实际控制人为非国有的公司更愿意选择公允价值模式,假设6得到验证。这说明实际控制人为国有的公司更有动机采用成本模式以便利用投资性房地产的处置进行盈余管理,国有公司比非国有公司存在更严重的代理问题。房地产市场是否活跃(YIXIAN)在三组样本中的回归系数均不显著,假设7未得到验证,这说明房地产市场活跃与否并不影响公司对投资性房地产计量模式的选择。投资性房地产比重(IPRATIO)在三组样本中的回归系数均显著为正,这说明投资性房地产比重越高,公司选择公允价值模式的可能性越大,假设8得到验证。这也与国外有关资产比重与公允价值计量模式选择间关系的发现一致(Hlaing和Pourjalali,2012;Jung等,2013)。

  代表短期薪酬激励的管理层货币薪酬(PAY)在三组样本中的回归系数均不显著,这表明货币薪酬对计量模式选择没有显著影响,假设2未得到验证,说明管理层不会为了一时的货币薪酬提高而改变投资性房地产计量模式。与Quagli和Avallone(2010)的检验结果一致,代表盈余平滑动机的盈余平滑度(SMOOTH)在三组样本中的回归系数均为负但不显著,假设4未得到验证,这说明公司不会出于盈余平滑动机而选用公允价值模式。代表资本市场监管的变量——过去两年连续亏损(TWOLOSS)在三组样本中的回归系数符号与预期一致但不显著,假设5也未得到验证。这说明即使公司已经连亏两年而面临退市风险,也不会利用投资性房地产计量模式的改变来避免报告亏损。国内众多会计政策选择文献发现我国上市公司会利用会计政策选择避免亏损、平滑盈余(王建新,2007;叶建芳等,2009),但本章未能取得相应的证据,可能是因为投资性房地产计量模式的选择有别于一般的会计政策选择。一般的会计政策选择,如研发支出资本化与费用化的选择、交易性金融资产与可供出售金融资产的划分、资产减值的计提与转回等,不像投资性房地产计量模式的选择具有不可逆性。投资性房地产计量模式的选择属于长期的会计政策选择,而货币薪酬、盈余平滑和资本市场监管都属于短期的盈余管理动机,假设2、假设4、假设5均未得到验证说明公司不会为了短期的盈余管理动机而改变长期的会计政策。

第五节 稳健性检验

前文的研究发现,公司不会出于短期的盈余管理动机——货币薪酬、盈余平滑、资本市场监管而改变投资性房地产计量模式。为了保证检验结果的稳健性,本章尝试计算采用公允价值模式计量投资性房地产的公司因采用公允价值模式而导致的相对成本模式而言的损益影响。相较于成本模式,公允价值模式既可以确认公允价值变动损益,也无须计提折旧和进行摊销,两种模式的相对损益影响等于投资性房地产公允价值变动损益与少提的折旧和摊销之和。由于多数公司不披露其房地产的折旧年限和折旧方法,我们无法计算少提的折旧和摊销,只能根据投资性房地产公允价值变动损益额大致判断公允价值模式带来的损益影响。从表11-2可以看到,共有171个样本的投资性房地产采用公允价值模式①,手工查阅这些样本对应的上市公司年报,可以获知公司每年因投资性房地产而确认的公允价值变动损益额,对比利润总额后发现,171个样本中有5个样本的利润总额在扣除投资性房地产公允价值变动损益额后由正转负。剔除利润总额小于零的18个样本后,本章还计算了投资性房地产公允价值变动损益额占利润总额的比重(FVR)。FVR的中位数只有1.59%、75%分位为13.95%、90%分位数为38.60%,153个样本中71.24%的样本的FVR小于10%,可见大多数公司的投资性房地产公允价值变动损益对当期损益的影响不具有重要性。那么,公司不会为了短期的盈余管理动机而从成本模式转向公允价值模式就不难理解了。

前文还提出实际控制人为国有的公司有更强的动机采用成本模式计量投资性房地产,以便在有需要时通过资产处置一次性地确认大笔收益。为了检验采用成本模式的公司中国有公司是否比非国有公司更多地利用资产出售进行盈余操纵,我们查阅这些上市公司年报中与投资性房地产相关的信息,区分当年投资性房地产是否减少以及减少的原因(包括处置、转自用、合并范围等),发现表11-2中采用成本模式的全部4 644个样本中,3 668个样本在当年没有处置投资性房地产,613个样本无法根据年报信息判断其当年是否处置了投资性房地产,余下的363个样本

---

① 这里包含采用公允价值模式以后年份的样本。因为无论是采用公允价值模式当年还是以后各年份,公允价值变动损益都只包括当年公允价值变动额。

当年处置了投资性房地产,其中国有企业为 244 个、非国有企业为 119 个,两者之比为 2.05∶1;全部 4 644 个成本模式样本中,国有企业为 2 821 个、非国有企业为 1 823 个,两者之比为 1.55∶1。由此可见,实际控制人为国有的公司比非国有的公司更多地处置了投资性房地产。

前文研究还发现房地产市场是否活跃不影响企业对投资性房地产计量模式的选择,为了保证检验结果的稳健性,本章分别用樊纲等(2011)的市场化指数和地区GDP 的自然对数替代房地产市场是否活跃变量重新进行回归。研究发现,这两个替代变量在三组样本的回归结果中均不显著,而且系数符号均为负,说明前文根据公司上市注册地是否位于北京、上海、广州、深圳而设定的房地产市场是否活跃变量比两个替代变量更优,也说明候晓红等(2013)利用樊纲的市场化指数而发现的市场化程度越低地区的上市公司采用公允价值模式比例越高的结果很可能源于样本问题——样本中不应当包括已失去更改计量模式选择权的公司。

小结

本章以 2007—2012 年持有投资性房地产的 A 股上市公司为样本,研究上市公司选择投资性房地产计量模式的动机和影响因素。本章的经验证据表明,资产负债率高、管理层持股比例高、投资性房地产比重高的非国有上市公司倾向于选择公允价值模式。具体而言,资产负债率越高,公司采用公允价值模式计量投资性房地产的可能性越大,因为公司试图借此降低债务契约压力。管理层持股比例越高,公司采用公允价值模式计量投资性房地产的可能性越大,因为这可以提高公司的报告收益,提升公司股票市值,从而增加管理层的私人利益。投资性房地产在总资产中所占比重越大,公司采用公允价值模式计量投资性房地产的可能性越大,因为这种会计政策选择足以对财务报告产生较大的影响。相较于实际控制人为国有的公司,实际控制人为非国有的公司采用公允价值模式的可能性更大,实际控制人为国有的公司更愿意采用成本模式以便在有需要时通过处置投资性房地产进行盈余操纵。房地产市场是否活跃对会计计量模式的选择没有显著影响,这说明当前我国企业在进行投资性房地产计量模式选择时并不会过多考虑公允价值信息获取的难易程度。管理层货币薪酬、盈余平滑度、过去两年是否连续亏损对计量模式选择也没有显著影响,这说明管理层不会为了一时的货币薪酬提高而选用公允价值模式,也不会出于盈余平滑动机而选用公允价值模式,即使已经连亏两年也不会为了避免报告亏损而选用公允价值模式。这些情况可能与采用公允价值模式操纵利润的空间有限、持续操纵提高利润的机会相对较少、一旦采用公允价值模式就不能逆转有关。稳健性检验结果表明,在采用公允价值模式后,大部分公司每年确认的投资性房地产公允价值变动损益额相对利润总额来说不具有重要性,所以公司一般不会为了管理短期盈余而选用公允价值模式。

参考文献

[1]陈鹰. 投资性房地产公允价值计量模式选择[J]. 财经问题研究,2010(6):68-72.

[2]杜勇. 控股股东特质与亏损上市公司扭亏途径及效果:基于中国2005年亏损上市公司的经验证据[J]. 山西财经大学学报,2011(7):83-91.

[3]樊纲,王小鲁,马光荣. 中国市场化进程对经济增长的贡献[J]. 经济研究,2011(9):4-16.

[4]何小杨,康冬梅. 关于两类金融资产划分动机的实证分析[J]. 经济经纬,2012(4):100-104.

[5]候晓红,李刚,郭雅. 市场化程度、借款契约与公允价值计量选择:基于公允价值计量在投资性房地产中应用的实证研究[J]. 当代会计评论,2013(1):78-88.

[6]李刚,侯晓红,郭雅. 股权性质、借款契约与公允价值计量模式选择[J]. 控制与决策,2014(3):154-157.

[7]李莉,曲晓辉,肖虹. R&D资本化选择动机与影响因素:来自高新技术行业的经验证据[J]. 税务与经济,2012(5):1-8.

[8]李英,邹燕,蒋舟. 新会计准则下公允价值运用的动因探索:基于问卷调查与因子分析[J]. 会计研究,2012(2):28-36.

[9]刘斌,孙雪梅. 会计政策选择的契约动因研究:来自我国上市公司低值易耗品摊销方法选择的经验证据[J]. 中央财经大学学报,2005(5):71-75.

[10]刘永泽,马妍. 投资性房地产公允价值计量模式的应用困境与对策[J]. 当代财经,2011(8):102-109.

[11]吕长江,张海平. 股权激励计划对公司投资行为的影响[J]. 管理世界,2011(11):118-126.

[12]谭军良. 国企高管薪酬激励与公司盈余管理[J]. 宏观经济研究,2012(11):86-91.

[13]王建新. 长期资产减值转回研究:来自中国证券市场的经验证据[J]. 管理世界,2007(3):42-50.

[14]王跃堂. 会计政策选择的经济动机:基于沪深股市的实证研究[J]. 会计研究,2000(12):31-40.

[15]夏芸,唐清泉. 我国高科技企业的股权激励与研发支出分析[J]. 证券市场导报,2008(10):29-34.

[16] 叶建芳,孟利. 投资性房地产计量属性选择的原因分析:基于"A+H"股上市公司的经验数据[J]. 财政监督,2009(22):56-58.

[17] 叶建芳,周兰,李丹蒙,等. 管理层动机、会计政策选择与盈余管理:基于新会计准则下上市公司金融资产分类的实证研究[J]. 会计研究,2009(3):25-30.

[18] 张奇峰,张鸣,戴佳君. 投资性房地产公允价值计量的财务影响与决定因素:以北辰实业为例[J]. 会计研究,2011(8):22-29.

[19] 邹燕,王雪,吴小雅. 公允价值计量在投资性房地产中的运用研究:以津滨发展及同行业同地区公司为例[J]. 会计研究,2013(9):22-28.

[20] CHRISTENSEN H B, NIKOLAEV V V. Does fair value accounting for non-financial assets pass the market test[J]. Review of Accounting Studies,2013,18(3):734-775.

[21] COTTER J, ZIMMER I. Asset revaluations and assessment of borrowing capacity[J]. Abacus,1995,31(2):136-151.

[22] DIETRICH J R, HARRIS M S, MULLER III K A. The reliability of investment property fair value estimates[J]. Journal of Accounting and Economics,2000,30(2):125-158.

[23] EASTON P D, EDDEY P H, HARRIS T S. An investigation of revaluations of tangible long-lived assets[J]. Journal of Accounting Research, Supplement,1993,31(3):1-38.

[24] FIELDS T D, LYS T Z, Vincent L. Empirical research on accounting choice[J]. Journal of Accounting and Economics,2001,31(1/2/3):255-307.

[25] HEPWORTH S R. Smoothing periodic income[J]. The Accounting Review,1953,28(1):32-39.

[26] HLAING K P, POURJALALI H. Economic reasons for reporting PPE at fair market value by foreign cross-listed firms in the United States[J]. Journal of Accounting, Auditing & Finance,2012,27(4):557-576.

[27] JUNG B, POURJALALI H, WEN E, et al. The association between firm characteristics and CFO's opinions on the fair value option for non-financial assets[J]. Advances in Accounting,2013,29(3):255-266.

[28] LEUZ C, NANDA D, WYSOCKI P D. Earnings management and investor protection: An international comparison[J]. Journal of Financial Economics,2003,69(3):505-527.

[29] QUAGLI A, AVALLONE F. Fair value or cost model? Drivers of choice for IAS 40 in the real estate industry[J]. European Accounting Review,2010,19(3):461-493.

[30] WATTS R L, ZIMMERMAN J L. Towards a positive theory of the determination of accounting standards[J]. The Accounting Review,1978,53(1):112-134.

第十二章
投资性房地产公允价值计量层次的适用性*

自2007年我国开始实施《企业会计准则》(2006)以来,公允价值在金融工具的初始计量与后续计量中得到广泛应用,在投资性房地产中也有少量应用且稳中有升。根据本章的统计,2007—2013年拥有投资性房地产的5 738个观测样本中,公允价值模式应用比例为3.92%(225个观测样本),采用公允价值模式计量投资性房地产的上市公司数量从最初的18家逐年增至52家。2014年我国《企业会计准则第39号——公允价值计量》的颁布和实施进一步提升了我国会计准则与国际财务报告准则的趋同程度,并为企业应用公允价值计量模式提供了更为详细的规范。随着新常态经济下我国租赁市场的培育及其规模化、产业化的发展,作为企业谋求利益的一种手段,投资性房地产在企业总资产中的比重将大幅提高。那么,我国采用公允价值模式计量投资性房地产的时机是否成熟?投资性房地产采用公允价值模式计量的情况如何?企业能否规范地运用公允价值计量的三个不同层次对投资性房地产进行估值?这些问题不仅关系到资源的高效配置和国民经济的健康发展,而且直接影响到企业财务报告质量及其决策有用性,关系到企业的投资者、债权人等利益相关方的切身利益,并直接影响到我国上市公司价值评估以及与国际财务报告准则趋同的我国《企业会计准则第39号——公允价值计量》的实施效果。本章旨在总结我国投资性房地产公允价值应用的历史,以解答上述疑问,并对我国投资性房地产公允价值的理论与实践有所贡献。

本章选取2007—2013年以公允价值模式计量投资性房地产的全部A股上市公司为研究对象,采用统计分析方法,对我国上市公司采用公允价值模式计量投资性

---

* 本章参阅了张国华,张瑞丽. 公允价值计量层次适用性研究:来自中国投资性房地产的经验证据[J]. 当代会计评论,2016(1):33-48.

房地产的规律性进行概括和总结,并检验市场化程度与投资性房地产公允价值应用的关系。研究发现,无论是理论推导还是实际应用方面,公允价值计量的三个层次并不完全适用于我国投资性房地产公允价值的计量;虽然拥有投资性房地产的企业众多,但公允价值的应用却具有明显的行业特征,以金融业和房地产业为主;公允价值的应用与市场化程度正相关,公允价值估值方式和估值方法的选择与市场化程度密切相关;企业对投资性房地产公允价值的信息披露严重缺失,导致投资性房地产公允价值信息缺乏可验证性。由于我国公允价值应用的市场经济环境与发达资本主义国家相比尚有很大差距,加之缺乏专业的估值人员,成本-收益权衡和可靠性问题成为公允价值全面应用的瓶颈;我国投资性房地产全面应用公允价值的市场环境尚不成熟,在推进我国房地产市场化建设的同时应加强房地产信息的数据库建设,同时还应进一步完善准则的制定,并加强对准则执行尤其是信息披露的监管。

本章的贡献在于:从理论和实践两个方面论证公允价值输入值的三个层次并不完全适用于我国投资性房地产公允价值的计量;对我国投资性房地产公允价值的应用规律进行总结,丰富我国公允价值研究文献;以投资性房地产所处的地理位置而非上市公司所处的地理位置为基准,揭示我国投资性房地产公允价值应用与市场化程度的关系,纠正已有研究提出的命题和结果中的偏误;从信息披露的充分性方面论证我国投资性房地产公允价值信息的可靠性。

第一节 文献回顾

国内外有关投资性房地产公允价值计量的研究起步较晚,主要集中在2000年之后。国外文献侧重于研究投资性房地产公允价值计量模式选择的动机和可靠性。公允价值计量动机的研究最早见于Dietrich等(2000),他们发现管理者会利用投资性房地产公允价值计量模式的选择进行盈余管理,会择机出售资产以平滑盈余和净资产变动,并在举借新债前夸大公允价值。在投资性房地产公允价值估值的可靠性方面,Dietrich等(2000)基于英国数据的研究发现,外部评估者和"六大"会计师事务所的监督会提高投资性房地产估值的可靠性;Bretten和Wyatt(2001)的问卷调查表明,不同估值者对同一产权的估值存在差异的主要原因是估值者的行为。Nellessen和Zuelch(2011)发现欧洲房地产上市公司净资产价值偏离市场价值的主要原因在于公允价值估值的可靠性不足,并认为这一不足产生于估值的缺陷,即评估投资性房地产方法的多样化及估值模型的可靠性存在问题。Herrmann 等(2006)从预测价值、反馈价值、及时性、中立性、真实反映、可比性和一致性等方面揭示了财产、厂房和设备采用公允价值计量优于历史成本计量,历史成本优于公允价值的唯一质量特征在于可验证性。虽然有研究表明投资性房地产公允价值信息具有一定的价值相关性(So 和 Smith,2009;Danbolt 和 Rees,2003),但出于可靠性和成本-收益考虑,在拥有自由裁量权的情况下,管理者更倾向于采用历史成本计量投资性房地产(Jung 等,2013)。越来越多的房地产公司因投资性房地产公允价值的估值成本较高而不愿意选择公允价值计量模式(Muller 等,2011);即使本地准则中强制性要求企业采用公允价值模式对投资性房地产进行估值的英国,当遵循国际财务报告准则允许公司在历史成本和公允价值之间做选择时,一些公司会自愿放弃公允价值模式而选择历史成本模式(Christensen 和 Nikolaev,2013)。Jung 等(2013)还发现,公司规模、非金融资产数量、公允价值计量专业知识与 CFO 选择公允价值计量非金融资产的取向呈正相关关系,CFO 是否采用公允价值计量非金融资产取决于成本-收益的权衡。上述基于发达国家实践的研究表明,公允价值在投资性房地产中的应用仍存在较大阻力,如何以较低成本取得可靠的估值成为公允价值模式广泛应用的关键。

我国对投资性房地产公允价值计量的研究起步较晚,侧重于管理者选择公允价值计量投资性房地产的动机与影响因素的检验。我国企业选择公允价值计量的动机与国际研究结论类似,借款或债务契约(侯晓红等,2013;王福胜和程富,2014;李刚等,2014)是管理者选择公允价值计量投资性房地产的主要动机,然后是盈余管理(刘永泽和马妍,2011;邹燕等,2013)。国内研究还发现,市场化程度或市场条件的不完善是企业选择公允价值计量的重要影响因素(张奇峰等,2011;刘永泽和马妍,2011;侯晓红等,2013)。其他因素,如股份的市场价格与账面价值的差异(陈鹰,2010)、投资性房地产在资产中所占比重、管理层持股比例(张瑞丽等,2014)、上市公司股东特征(李刚等,2014)等也是企业选择公允价值计量投资性房地产的重要影响因素。投资性房地产公允价值计量对上市公司业绩的影响还表现为公允价值模式会使企业盈利水平提高、净利润提升和净资产增加(陈敏和柴斌峰,2011;邹燕等,2013),这些结论在房地产价格回落后是否成立还需要进一步验证。至于投资性房地产公允价值估值的可靠性和成本-收益问题,目前鲜见相关文献。需要关注的是,侯晓红等(2013)发现,市场化程度越低的地区,上市公司在投资性房地产后续计量中选择公允价值的比例越高,这一状况与公允价值计量的应用条件形成悖论。这一研究发现直接影响到投资性房地产公允价值信息的价值相关性和可靠性,有必要做进一步的验证。

根据上述国内外研究现状,本章将研究重点放在投资性房地产公允价值输入值层次和可靠性、市场化程度对投资性房地产计量方法选择的影响方面,以弥补国内研究的不足并验证已有研究观点的正确性。

第二节 公允价值相关概念及其释义

一、公允价值、估值技术与市场化程度

公允价值是市场参与者在计量日发生的有序交易中,出售一项资产所能取得或者转移一项负债所需支付的价格,其金额可以采用市场法、收益法或成本法等估值技术确定。市场法是利用相同或类似的资产、负债或资产和负债组合的价格以及其他相关市场交易信息进行估值的技术,市场价格及相关市场交易信息的可获得性和取得成本是选用市场法估值的关键。在成熟和完善的市场环境下,市场价格及其他相关市场信息可以以较低成本极为便利地获得,有利于企业运用市场法进行公允价值估值。因此,市场法下企业的估值成本最低,公允价值信息的可靠性最强。收益法是将未来收益金额转换为单一现值的估值技术。收益法需要预测企业未来的收益,大量收集、整理和分析不同的信息是运用收益法的前提,市场发育越成熟,相关信息的收集越便利,估值越准确。由于收益法下的估值成本高于市场法,可靠性也有所减弱,因此在不适宜采用市场法的情况下,企业会选择收益法进行公允价值估值。成本法是反映当前要求重置相关资产或服务能力所需金额(现行重置成本)的估值技术,除需要现实条件下的市场价格或建造成本信息外,还需要考虑评估对象的实体性贬值、功能性贬值和经济性贬值等因素,适用于没有收益、市场上又很难找到交易参照物的评估对象,也就是评估对象尚未形成活跃的交易市场。由于在取得市场价格或建造成本的同时还要评估其他因素,成本法下的估值成本高于市场法,可靠性也有所减弱。

综上可以推断:公允价值及其估值技术的应用与市场化程度密切相关,市场化程度越高,越有利于公允价值的应用和市场法估值技术的使用,次之为收益法和成本法。

涉及投资性房地产公允价值,关于其估值还有特殊规定。虽然《企业会计准则第39号——公允价值计量》允许企业以主要市场或最有利市场的价格计量相关资产或负债的公允价值,但《企业会计准则第3号——投资性房地产》作出投资性房地产所在地必须有活跃的房地产交易市场且企业能够从房地产交易市场上取得同类或类似房地产的市场价格及其他相关信息的限定,从而排除《企业会计准则第39号——公允价值计量》关于不存在主要市场情况下运用公允价值估值的假设,因为土地和建筑物有固定的位置,不存在地点转移问题,活跃的房地产交易市场也排除了最有利市场的假设。所谓最有利市场,是指在考虑交易费用和运输费用后,能够以最高金额出售相关资产或者以最低金额转移相关负债的市场。因此,依据会计准则及估值技术的特点可以推断:市场化程度与投资性房地产公允价值的应用具有正相关关系,市场法和收益法更适用于投资性房地产公允价值的估值,处于成熟和完善市场环境下的企业更可能采用市场法对房地产进行估值。

二、公允价值输入值层次及其可靠性

在运用估值技术时,《企业会计准则第39号——公允价值计量》引入了公允价值输入值层次的概念。公允价值输入值包括能够从市场数据中取得的可观察输入值和不能从市场数据中取得的不可观察输入值,具体可划分为三个层次,其中第一、第二层次为可观察输入值,第三层次为不可观察输入值。第一层次输入值是指企业在计量日能够取得的相同资产或负债在活跃市场上未经调整的报价。显然,第一层次与市场法匹配,估值具有确定的可验证性,其价值相关性和可靠性最强。第二层次输入值是指除第一层次输入值外相关资产或负债直接或间接可观察的输入值,包括活跃市场中类似资产或负债的报价、非活跃市场中相同或类似资产或负债的报价、除报价以外的其他可观察输入值和经市场验证的输入值等。第二层次输入值对应的估值方法可以是市场法,也可以是收益法或成本法。企业在使用第二层次输入值对投资性房地产进行公允价值估值时,排除非活跃市场中相同或类似资产或负债的报价和除报价以外的其他可观察输入值与经市场验证的输入值等,但对于活跃市场中类似资产或负债的报价,还应根据该投资性房地产所在地理位置以及环境、使用功能、结构、新旧程度、可使用状况、输入值与类似房地产的相关程度等加以调整。第二层次输入值虽具有可验证性,但由于存在人为判定的因素,因此其价值相关性和可靠性次于第一层次输入值。第三层次输入值是指相关资产或负债的不可观察输入值。第三层次输入值对应的估值方法为成本法,其价值相关性和可靠性要弱于市场法与收益法。鉴于投资性房地产的输入值只能是可观察输入值,由此决定投资性房地产公允价值输入值层次只能是第一层次和限定的第二层次。

三、公允价值信息披露及其可靠性

作为决策有用的投资性房地产公允价值信息应同时具备相关性和如实反映的基本质量特征。2010年,IASB与FASB的联合概念框架以"如实反映"替代"可靠性"的表述,并将其解释为完整、中立、没有差错地如实反映意欲反映的相关现象。也就是说,所反映的信息包括使用者理解现象所需的全部描述和解释,该描述和解释没有任何偏好,描述现象和报告信息的过程没有差错。此外,为了增强财务信息的有用性,会计信息还应具备可比性、可验证性、及时性和可理解性等强化质量特征(FASB,2010)。就投资性房地产公允价值的"如实反映"(可靠性)而言,其最基本的体现在于投资性房地产公允价值的估值方式、估值方法、输入值及其变动情况等是否在财务报告中全部得到如实描述和解释。因此,投资性房地产公允价值信息的披露程度直接影响其信息的可验证性。

根据《企业会计准则第3号——投资性房地产》和《企业会计准则第39号——公允价值计量》的要求,企业财务报告中除应依据投资性房地产准则披露投资性房地产公允价值的确定依据和方法以及公允价值变动对损益的影响外,还应披露以下内容:以公允价值计量的投资性房地产的分组信息;持续的公允价值计量与非持续的公允价值计量的项目和金额;公允价值计量的层次及变动情况;第二层次公允价值计量使用的估值技术和输入值、估值技术的变更及原因;投资性房地产的最佳用途与当前用途存在不同的事实和原因;等等。上述信息在财务报告中披露得越翔实,投资性房地产公允价值越具可验证性,其决策有用性就越强;反之亦反。

四、公允价值估值方式及其成本约束

投资性房地产公允价值的估值在满足上述质量特征时还应考虑成本约束问题,即投资性房地产公允价值的估值成本不应大于由此带来的收益。企业在对投资性房地产公允价值进行估值时,其估值方法可以是市场法,也可以是收益法;估值方式可以是聘请外部中介机构,也可以由企业内部机构自行评估。从估值成本来看,收益法需要收集大量的资料并加以整理和分析,其估值成本高于市场法;外部中介机构会收取高额费用,其估值成本会大大高于企业自行估值。因此,企业应

当根据自身和市场情况权衡公允价值的估值方式与估值方法。可以推断：对于完善与成熟市场中的房地产，企业会选择市场法和自行估值方式进行估值，以降低估值成本；对于不完善市场中的房地产，企业更倾向于聘请外部中介机构并使用收益法进行估值。

五、房地产市场化程度的测量

房地产市场化程度是指房地产资源配置在多大程度上是通过市场来完成的，即房地产市场的成熟度（曹振良和傅十和，1998）。房地产商品的异质性决定房地产市场具有区域性的特征，不存在全国统一的房地产市场。对于房地产市场化程度的测量，目前学术界及实务界尚未达成共识。倪鹏飞和白石雨（2007）以市场体系、诉讼保障、政府规制和政府参与为一级参数对我国35个大中城市房地产市场化程度进行了排名，曹振良和傅十和（1998）以住房私有率、住房消费支出比重、房价收入比、房地产金融深化程度、房地产投资多样化、土地出让市场化、住房价格市场化为参数对我国房地产市场化进行综合测度，但鲜见对全国各城市房地产市场化程度的分层测度和排名的文献。鉴于此，可以采用《第一财经周刊》推出的综合商业指数对全国400个城市的等级排名作为房地产市场化程度的代理变量。该排名包括全国300个地级及以上城市和100个百强县，所选用的参数包括一线品牌进入密度、一线品牌进入数量、国内生产总值（GDP）、人均收入、211高校、《财富》全球500强进入数量、大公司重点战略城市排名、机场吞吐量、使领馆数量、国际航线数量共10项指标。由于城市是工商业发展的产物，是"一个坐落在有限空间地区内的各种经济市场（住房、劳动力、土地、运输等）相互交织在一起的网络系统"（巴顿，1986），因此城市等级排名可以较好地刻画包括房地产经济在内的城市经济发展状况及市场化程度。

第三节 我国投资性房地产公允价值的基本数据及评价

根据CSMAR数据库有关中国上市公司投资性房地产信息及上市公司年报，本章逐一阅读年报，手工收集2007—2013年深沪A股上市公司运用公允价值计量投资性房地产的时间、投资性房地产所在地、公允价值的评估方式和方法、公允价值输入值层次，以及以公允价值计量的投资性房地产的变更情况和披露情况等信息。

一、采用公允价值计量投资性房地产的上市公司数量及行业分布

根据中国证监会2012年发布的上市公司行业分类指引,参照深交所和上交所的官方网站对上市公司的分类,2007—2013年采用公允价值计量投资性房地产的上市公司观测数量和所属行业分类情况汇总如表12-1所示;各行业拥有投资性房地产上市公司数量及采用公允价值计量的数量和比例汇总如表12-2所示;拥有投资性房地产公司的投资性房地产占总资产比例及金融资产占总资产比例如表12-3所示。

表12-1 2007—2013年以公允价值计量投资性房地产的上市公司所属行业及数量

行业	2007年	2008年	2009年	2010年	2011年	2012年	2013年	合计
C 制造业	6	6	8	9	12	16	16	73
D 电力、热力、燃气及水的生产和供应业	1	1	1	1	1	1	1	7
E 建筑业	0	0	0	0	1	1	1	3
F 批发和零售业	1	2	2	2	2	4	5	18
G 交通运输、仓储和邮政业	0	0	1	1	1	3	3	9
H 住宿和餐饮业	1	1	0	0	0	0	0	2
I 信息传递、软件和信息技术业	1	1	1	1	1	1	1	7
J 金融业	5	4	5	6	6	6	7	39
K 房地产业	3	6	8	8	8	12	15	60
L 租赁和商务服务业	0	0	0	0	0	1	1	2
N 水利、环境和公共设施管理	0	0	0	0	0	1	1	2
R 文化、体育和娱乐业	0	0	0	0	1	1	1	3
合计	18	21	26	28	33	47	52	225

表12-2 2007—2013年各行业拥有投资性房地产上市公司数量及公允价值计量占比

行业	拥有投资性房地产公司数量	公允价值计量公司数量	公允价值计量占比(%)
J 金融业	153	39	25.49
K 房地产业	645	60	9.30
R 文化、体育和娱乐业	61	3	4.92
I 信息传递、软件和信息技术业	183	7	3.83
G 交通运输、仓储和邮政业	266	9	3.38
H 住宿和餐饮业	62	2	3.23
N 水利、环境和公共设施管理	62	2	3.23
F 批发和零售业	591	18	3.05
D 电力、热力、燃气及水的生产和供应业	253	7	2.77
C 制造业	2 811	73	2.60

（续表）

行业	拥有投资性房地产公司数量	公允价值计量公司数量	公允价值计量占比(%)
L租赁和商务服务业	85	2	2.35
E建筑业	221	3	1.36
B采矿业	120	0	0
M科学研究和技术服务	79	0	0
S综合	71	0	0
A农林牧渔	66	0	0
P教育	7	0	0
Q卫生和社会工作	2	0	0
合计	5 738	225	3.92

表12-3　2007—2013年拥有投资性房地产公司的投资性房地产占比及金融资产占比

年份	拥有投资性房地产公司数量	投资性房地产占总资产比例(%)	金融资产占总资产比例(%)	金融企业数量	金融企业占比(%)	房地产企业数量	房地产企业占比(%)	金融和房地产企业合计	金融和房地产企业占比(%)
2007	18	0.05	10.17	5	27.78	3	16.67	8	44.44
2008	21	0.18	10.04	4	19.05	6	28.57	10	47.62
2009	26	0.25	6.49	5	19.23	8	30.77	13	50.00
2010	28	0.19	6.22	6	21.43	8	28.57	14	50.00
2011	33	0.21	5.19	6	18.18	8	24.24	14	42.42
2012	47	0.24	5.66	6	12.77	12	25.53	18	38.30
2013	52	0.31	5.75	7	13.46	15	28.85	22	42.31

注：金融资产包括交易性金融资产和可供出售金融资产。

表12-1、表12-2和表12-3的描述性统计数据可以揭示公允价值计量模式在我国投资性房地产中的应用具有以下四个特征：

第一，我国各行业上市公司普遍拥有投资性房地产，说明企业已将该资产作为一项稳健的收入来源，并纳入企业的日常经营管理。因此，讨论投资性房地产公允价值计量问题具有普遍意义。

第二，投资性房地产采用公允价值计量的总体数量少且增幅缓慢。表12-1及表12-2的数据表明，自2007年《企业会计准则》(2006)实施之日起至2013年，我国采用公允价值计量投资性房地产的上市公司数量从18家逐年递增到54家（扣除

2家因重组由公允价值模式又改为成本模式的上市公司,实际应用公允价值计量投资性房地产的上市公司数量为52家),占为数众多的拥有投资性房地产上市公司数量的不到4%。表12-1清晰地反映2007—2013年共有225个样本采用公允价值模式,仅占拥有房地产上市公司数量的3.92%,其中15家公司在此期间持续使用公允价值计量模式,新增仅36家。这说明我国上市公司自愿选用公允价值模式计量投资性房地产的意愿并不强烈。

第三,公允价值在投资性房地产中的应用具有明显的行业特征。表12-2的描述性统计数据表明,金融业上市公司应用公允价值的比例最高,占行业拥有投资性房地产公司总数的25.49%,其次是房地产业(9.30%),这一结果与Jung等(2013)的发现吻合,即拥有计量复杂金融资产和金融负债专业人才的企业更易于采用公允价值模式计量投资性房地产;同时也验证了侯晓红等(2013)的推测,即房地产业和金融业的上市公司更倾向于选择公允价值模式计量投资性房地产。虽然制造业采用公允价值模式的数量最多,但相对值并不高,只有2.60%。此外,还有6个行业完全没有采用公允价值模式。虽然2007—2013年采用公允价值模式计量投资性房地产的上市公司已从7个行业、18家公司递增到12个行业、52家公司,但实际上多数行业只有一家公司采用公允价值模式,只有制造业、房地产业、金融业、批发和零售业以及交通运输、仓储和邮政业5个行业有多家上市公司采用公允价值模式。

第四,投资性房地产在企业总资产中占比不高,但呈逐年上升趋势,占比已从2007年的0.05%上升到2013年的0.31%;金融资产占比较高,但在开始采用公允价值模式的前两年比例最高,随后逐年下降,占比从2007年的10.17%下降到2013年的5.75%。这说明企业投资方向在向投资性房地产倾斜,尤其是随着我国租赁市场的培育及其规模化、产业化的发展,投资性房地产在企业总资产中占比还将继续攀升。

二、投资性房地产公允价值的估值方式和估值方法及相关信息的披露

投资性房地产公允价值的估值方式和估值方法及相关信息的披露如表12-4所示。其中,估值方式是指对投资性房地产进行估值的主体,可以是聘请中介机构,也可以由企业自行对投资性房地产进行估值;估值方法包括市场法、收益法和成本法,其中企业年报中披露"按照市场价格"估值的,以"市价"表示,企业年报中披露"参考市场价格"估值的,以"参考市价"表示。在资料收集过程中未发现采用成本法评估投资性房地产公允价值的样本。

表 12-4 2007—2013 年投资性房地产公允价值的估值方式和方法

估值方式及估值方法		2007年	2008年	2009年	2010年	2011年	2012年	2013年	合计	占比(%)
估值方式（主体）	未披露	3	5	9	10	11	19	25	82	36.44
	中介估值	11	14	14	16	20	25	24	124	55.11
	自行估值	4	2	3	2	2	3	3	19	8.44
	小计	18	21	26	28	33	47	52	225	100.00
估值方法	未披露	8	10	15	17	20	31	37	138	61.33
	市价	1	1	3	1	1	2	1	10	4.44
	参考市价	9	10	9	10	11	11	10	70	31.11
	收益法	0	0	0	0	1	4	5	10	4.44

注：表 12-4 数据以 225 个采用公允价值模式计量投资性房地产的样本为总体，一个样本公司所使用的估值方式和估值方法不唯一，即同一家样本公司可以对所拥有的不同投资性房地产使用不同的估值方式和估值方法。

由表 12-4 数据可知我国投资性房地产公允价值的估值方式、估值方法及相关信息的披露具有以下三个特征：

第一，信息披露极为不充分。表 12-4 的统计数据显示，近 2/3 的上市公司（61.33%）未披露公允价值的估值方法，超过 1/3 的公司（36.44%）未披露公允价值的估值方式。这说明我国上市公司对投资性房地产公允价值信息披露得极为不充分，基本不符合准则对公允价值信息披露的要求。通过查阅年报还发现，我国上市公司对以公允价值计量的投资性房地产信息披露得相当有限，很难找到根据准则要求充分披露投资性房地产公允价值信息的个案。

第二，估值方法的选择存在随意性。如前所述，正常情况下投资性房地产公允价值的确定只能以可观察输入值（即第一层次输入值和限定的第二层次输入值）为依据，也就是在可选用的市场法、收益法和成本法等估值方法中，市场法最适用于对投资性房地产公允价值进行估值。由于《企业会计准则第 3 号——投资性房地产》并未规定已采用公允价值模式计量的投资性房地产因环境变化而无法满足公允价值计量条件的处理方法，企业在估值技术的选择中，应当优先使用相关可观察输入值，只有在相关可观察输入值无法取得或取得不切实可行的情况下才可以使用不可观察输入值，即第三层次输入值。表 12-4 估值方法的数据表明，在已披露估值方法的样本中，多数样本（80 个，占全部样本的 35.55%）采用市场法（第一、第二层次输入值），少量样本（10 个，占全部样本的 4.44%）采用收益法。而采用收益法估值的企业并未说明选择原因，也未对输入值给出专门说明，表明企业在对投资性房地产进行公允价值估值时随意性较大，未能完全遵循相关准则的规定。企业未能在年报中充分披露公允价值估值的相关参数，由此也导致公允价值信息的可验证性大大减弱。

第三，以聘请中介机构评估为主，公允价值模式的应用成本较高。在披露估方式的样本中,大多数样本(124 个,占全部样本的 55.11%)聘请中介机构,企业自行估值的比例很小,只有 19 个样本,占全部 225 个样本的 8.44%。这一结果表明,公允价值在投资性房地产中应用程度较低的原因可能来自市场环境的不完善、市场信息匮乏导致企业自行估值困难、聘请中介机构估值成本过高等。我们在阅读报表的过程中还发现,即便是披露了投资性房地产公允价值估值方法的样本,也未列明投资性房地产公允价值估值的具体依据和标准。这一情况说明,至少现阶段我国投资性房地产公允价值的估值不具有可验证性,即不具有可靠性(如实反映)特征。

三、市场化程度对采用公允价值模式计量投资性房地产的影响

本章认为,企业更多地依赖中介机构对投资性房地产公允价值进行估值的主要原因可能是自行评估能力有限,也可能出于审计师的要求以降低审计风险,还可能是投资性房地产市场发育程度不均衡,企业难以取得活跃房地产市场的直接报价。较少企业直接选用公允价值第一层次输入值对投资性房地产公允价值进行估值的事实可以在一定程度上说明市场发育程度对企业采用公允价值模式计量投资性房地产的影响。为了进一步厘清经济发展、市场化程度对投资性房地产公允价值估值方法和公允价值模式应用的影响程度,本章用城市等级替代市场化程度,并根据《第一财经周刊》2014 年最新城市排名所划分的城市等级,以及企业年报中披露的以公允价值计量的投资性房地产信息,将各样本投资性房地产所处地区的分布情况列示于表 12-5,并进一步细化不同等级城市中投资性房地产的估值方式和估值方法。

表 12-5 2007—2013 年以公允价值计量的投资性房地产所处地区分布情况

城市等级		一线城市	二线城市	三线城市	四线城市	五线城市	六线城市	未披露	样本总数（占比）
样本数量		71	61	23	10	2	7	86	225
占比(%)		31.56	27.11	10.22	4.44	0.89	3.11	38.22	100
公司数量(家)		21	17	6	4	2	1	25	54
估值方式	未披露	17	26	4	6	0	2	44	99(44.0%)
	中介估值	48	28	19	4	2	5	36	142(63.1%)
	自行估值	6	7	0	0	0	0	6	19(8.4%)
估值方法	未披露	41	46	15	8	1	7	50	168(74.7%)
	市价	2	0	0	0	0	0	7	9(4.0%)
	参考市价	29	13	8	0	1	0	26	77(34.2%)
	收益法	0	2	0	2	0	0	8	12(5.3%)

注:①由于一个样本中存在同时拥有在不同城市的投资性房地产的情况,因此表 12-5 中占比是以样本总数 225 为基数,而不是按分布在各等级城市样本的合计数计算的。②一个样本中对于多项不同的投资性房地产存在自行评估、聘请中介机构或未披露评估机构、采用不同估值方法的情况,因此表 12-5 中占比以样本总数 225 为基数,而不是不同估值方式和估值方法样本的合计数。

根据表 12-5 数据,可以将城市等级与公允价值模式应用的关系整理为图 12-1。由图 12-1 及表 12-5 的数据,本章发现:

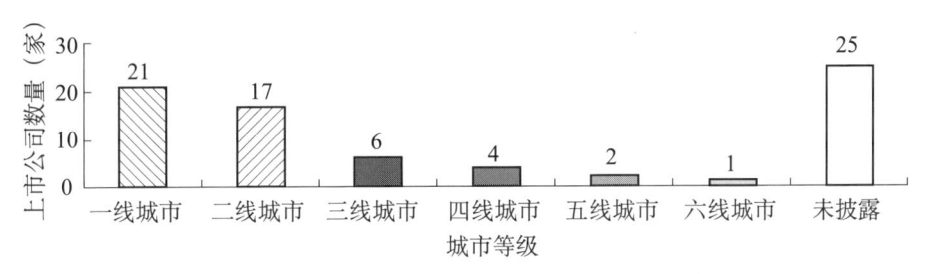

图 12-1　城市等级与采用公允价值计量投资性房地产上市公司数量

第一,市场化程度与公允价值模式的应用数量呈正相关关系。表 12-5 表明,在全部采用公允价值模式计量投资性房地产的 54 家上市公司中有 25 家上市公司未披露其投资性房地产所在地。图 12-1 清晰地显示,披露投资性房地产所在地上市公司的投资性房地产所在城市等级越高,采用公允价值模式的上市公司数量越多。这验证了前文的推断:城市等级越高,市场发育越好,越容易取得活跃投资性房地产市场的报价,应用公允价值计量投资性房地产的上市公司数量就越多。需要说明的是,表 12-5 中六线城市的 7 个样本是同一家上市公司在 2007—2013 年一直采用公允价值计量投资性房地产所致。这一研究结果与侯晓红等(2013)的发现不同,他们认为"市场化程度越低的地区,上市公司在投资性房地产后续计量中选择公允价值的比例越高,与公允价值计量的应用条件形成悖论"。侯晓红等(2013)的研究结果可能源于他们以上市公司所在地而非投资性房地产所在地为基准进行检验。

第二,投资性房地产公允价值估值方式与市场化程度密切相关。进一步的分析发现,在自行估值方式的 19 个样本中,除 6 个未披露房地产所在地的样本外,其余样本位于一线城市(6 个)和二线城市(7 个)。在中介估值的 142 个样本中,除 36 个未披露房地产所在地的样本外,各线城市均有分布。也就是说,三线及以下城市的样本公司会聘请中介机构估值。这一结果证实了本章的推论,企业会选择自评方式对完善市场中的房地产进行估值,会聘请中介机构对不完善市场中的房地产进行估值。为判明企业聘请中介机构估值的原因是否出于审计机构规避风险的要求,对全部样本的审计单位做普查并发现,19 个自行估值的样本中由"四大"会计师事务所的中国合伙人审计的样本有 6 个,占自行估值样本的 31.6%;专业机构估值的 142 个样本中由"四大"会计师事务所的中国合伙人审计的样本有 28 个,占专业机构估值样本总数的19.7%。这些数据排除了本章对于企业聘请专业机构评估的原因是出于审计师的要求以降低审计风险的猜测。如果出于规避风险的考虑，那么会计师事务所更倾向于企业聘请中介机构对投资性房地产的公允价值进行评估，"四大"会计师事务所审计比例高的样本组选择聘请中介机构估值的比例会更高，但事实并非如此，这说明企业聘请中介机构估值可能是出于企业自行评估投资性房地产公允价值的能力有限、投资性房地产市场发育程度不均衡、企业难以取得活跃房地产市场的直接报价等原因。但不论是哪种可能，都会增加企业编制财务报告的成本。

第三，投资性房地产公允价值估值方法与市场化程度密切相关。在按照市价估值的9个样本中，2个样本位于一线城市（深圳和北京），并明确披露根据公开的市场价格或可比项目成交价格类比法确定公允价值，其余未披露投资性房地产所在地，而且披露估值方法的措辞比较模糊——根据公开市场原则确定的现行公允市价，本章权且将这一方法认定为市场法。在参考市价估值的77个样本中，投资性房地产位于一线、二线城市的较多，分别有29个样本和13个样本，三线城市也有8个样本，四线和六线城市没有样本，五线城市有1个样本。此外，二线和四线城市各有2个样本采用收益法，这是同一家公司的房地产，其余采用收益法的公司未披露投资性房地产所在地。在存在活跃房地产交易市场的一线城市，企业更容易取得公开交易的房地产的市场价格，其对房地产公允价值的估值方法主要是市场法，既包括不加调整的市场价格（第一层次输入值），也包括调整后的市场价格（限定的第二层次输入值）。在二线城市中，投资性房地产公允价值的估值方法包括市场法和收益法两种。这一结果验证了本章的推断，即企业会选择市场法对成熟市场中的房地产进行估值，会选择收益法对不完善市场中的房地产进行估值。需要关注的是，在采用收益法的样本中，有2个样本采用自行估值方式，其余为聘请中介机构估值，但不论采用哪种评估方式都既未披露房地产所在地，也未披露收益法涉及的有关参数。这一现象表明企业在采用公允价值模式对投资性房地产进行估值时，存在未按准则规定执行的随意性，这也增大了企业滥用公允价值估值操纵利润的可能，以公允价值计量的投资性房地产信息的可靠性和决策有用性受到质疑。

小结

综上所述，本章对我国采用公允价值计量投资性房地产上市公司的数据进行分析，得出以下结论和启示：

第一,公允价值计量的三个层次并不完全适用于投资性房地产公允价值的计量,我国应进一步完善投资性房地产准则,并针对投资性房地产公允价值输入值层次给出明确指引。从理论推导和投资性房地产准则的相关规定来看,第三层次输入值完全不适用于投资性房地产公允价值的估值。从现实结果来看,现阶段第二层次输入值是我国投资性房地产公允价值估值的主流,第一层次输入值较少。产生这一现象的主要原因在于投资性房地产准则对公允价值计量的约束条件不够严谨,同时缺乏公允价值估值方法选择及披露的详细指引。我们建议准则制定机构进一步完善投资性房地产准则,更为明确地规范公允价值计量的应用条件,避免因理解和认识偏差而导致估值方法的误用。此外,我国会计准则规定已采用公允价值模式计量的投资性房地产不得从公允价值模式转为成本模式。但是,如果市场环境变化导致企业无法从房地产交易市场上取得同类或类似房地产的市场价格及其他相关信息,企业不得采用其他方法对投资性房地产的公允价值作出合理估计而继续使用公允价值计量模式,就不仅与国际准则相悖,也与投资性房地产准则的前一规定相悖。因此,我们建议准则制定机构根据当前投资性房地产市场环境状况而取消该项规定,在缺乏同类或类似房地产的市场价格及其他相关信息的情况下允许企业从公允价值模式转为成本模式,但需要作出专门说明,以避免企业借此操纵利润,并确保准则前后逻辑的一致性和可执行性。

第二,我国投资性房地产公允价值信息披露缺失严重,有关部门应加强对公允价值信息披露的监管。从当前的实务状况来看,企业并未完全遵循《企业会计准则第3号——投资性房地产》的要求披露投资性房地产公允价值信息,更未满足2014年颁布的《企业会计准则第39号——公允价值计量》对公允价值信息披露的有关要求。这一现状不仅说明我国上市公司未能按照有关规定认真执行相关准则,而且所提供的公允价值会计信息质量也值得怀疑。我们建议从多渠道加强对企业会计信息披露,尤其是公允价值信息披露的监管,防止企业利用监管漏洞滥用公允价值估值来操纵利润。例如,企业年报审计中应将公允价值信息是否允分披露作为审计的一项重要内容,监管部门也应将公允价值信息披露作为监管的重点,从制度和程序上堵塞企业违规的漏洞。

第三,我国投资性房地产公允价值信息不具有可验证性,不符合如实反映(可靠性)的决策有用的基本质量特征,企业及信息使用者应对公允价值在投资性房地产中的应用持谨慎态度。鉴于前述第一点和第二点结论所基于的实际情况,我国投资性房地产公允价值信息缺乏可验证性。至于以公允价值计量的投资性房地产信息是否具有价值相关性，还需要做进一步的检验，但如果由此得到的相关性信息弥补不了由可靠性减弱所带来的不良影响，采用公允价值模式计量投资性房地产将会得不偿失。因此，企业在编制财务报告时，管理层应当在相关性和可靠性之间作出权衡。同时，财务报告使用者对投资性房地产公允价值信息也应持谨慎态度，避免依据不公允的信息作出错误决策。

第四，企业或缺乏条件或缺少动力采用公允价值模式计量投资性房地产，管理层应从改善内部环境入手，不断提高会计人员素质，降低公允价值应用成本。在缺乏活跃市场及公开透明的房地产价格信息的情况下，大多数企业缺乏独立对投资性房地产公允价值进行估值的能力，而是过多依赖中介机构进行估值，成本约束可能是绝大多数企业拒绝采用公允价值模式计量投资性房地产的一个原因。此外，公允价值模式的应用显现较显著的行业特征，金融业和房地产业采用公允价值模式的比例最高，远远超出公允价值应用比例的均值，企业会计人员的职业能力和专业水平无疑是影响公允价值应用的一个重要因素。因此，内部环境的改善是公允价值在投资性房地产中应用的催化剂，我们建议企业加强对会计人员专业素质及职业能力的培养，从改善内部环境入手，不断降低公允价值计量的使用成本。

第五，投资性房地产公允价值计量的应用程度、公允价值输入值层次和公允价值估值方法，均受制于投资性房地产市场发育程度。完善我国房地产市场的市场机制和市场环境，提高各等级城市房地产价格信息的透明度，是降低投资性房地产公允价值估值成本的关键。我们建议统计部门或相关研究机构展开全面的市场调查，进一步整合我国各地房地产市场价格信息，并通过信息平台提供全国范围的投资性房地产市场价格动态信息，为企业或中介机构的公允价值估值及后续的验证提供客观依据和参考。

受篇幅和样本量的限制，本章并未涉及诸如以公允价值计量的投资性房地产信息是否具有价值相关性、不同层次输入值的公允价值信息是否具有等价的价值相关性、企业尤其是不发达地区的企业是否存在利用投资性房地产公允价值的变动操纵盈余等，这些问题还有待后续研究根据累积的经验数据做进一步的检验。

参考文献

[1] 巴顿. 城市经济学[M]. 上海社会科学院部门经济研究所城市经济研究室, 译. 北京: 商务印书馆, 1986.

[2] 财政部. 企业会计准则第3号——投资性房地产[A]. 2006.

[3] 财政部. 企业会计准则第39号——公允价值计量[A]. 2014.

[4] 曹振良, 傅十和. 中国房地产市场化测度研究[J]. 中国房地产, 1998(7): 13-22.

[5] 陈敏, 柴斌峰. 投资性房地产公允价值计量对上市公司业绩的影响[J]. 财会月刊, 2011(7下): 6-69.

[6] 陈鹰. 投资性房地产公允价值计量模式选择[J]. 财经问题研究, 2010(6): 68-72.

[7] 侯晓红, 李刚, 郭雅. 市场化程度、借款契约与公允价值计量选择: 基于公允价值计量在投资性房地产中应用的实证研究[J]. 当代会计评论, 2013(1): 78-88.

[8] 李刚, 侯晓红, 郭雅. 股权性质、借款契约与公允价值计量模式选择[J]. 统计与决策, 2014(3): 154-157.

[9] 刘永泽, 马妍. 投资性房地产公允价值计量模式的应用困境与对策[J]. 当代财经, 2011(8): 102-109.

[10] 倪鹏飞, 白石雨. 中国城市房地产市场化测度研究[J]. 财贸经济, 2007(6): 85-116.

[11] 王福胜, 程富. 投资性房地产公允价值计量模式选择动因实证研究[J]. 财经理论与实践, 2014(3): 74-79.

[12] 张奇峰, 张鸣, 戴佳君. 投资性房地产公允价值计量的财务影响与决定因素: 以北辰实业为例[J]. 会计研究, 2011(8): 22-29.

[13] 张瑞丽, 曲晓辉, 张国华. 投资性房地产计量模式选择的动机及影响因素研究: 来自中国A股市场的经验证据[J]. 当代财经, 2014(7): 115-128.

[14] 邹燕, 王雪, 吴小雅. 公允价值计量在投资性房地产中运用的研究: 以津滨发展及同行业地区公司为例[J]. 会计研究, 2013(9): 22-28.

[15] BRETTEN J, WYATT P. Variance in commercial property valuations for lending purposes: An empirical study[J]. Journal of Property Investment & Finance, 2001, 19(3): 267-282.

[16] CHRISTENSEN H B, NIKOLAEV V. Does fair value accounting for non-financial assets pass the market test[J]. Review of Accounting Studies, 2013, 18(3): 734-775.

[17] DANBOLT J, REES W. Mark-to-market accounting and valuation: Evidence from UK real estate and investment companies[J]. SSRN Electronic Journal, 2003.

[18] DIETRICH J R, Mary S, HARRIS M S, et al. The reliability of investment property fair value estimates[J]. Journal of Accounting and Economics, 2000, 30(2): 125-158.

[19] FASB. SFAC No. 8 Conceptual Framework for Financial Reporting[A]. 2010.

[20] Herrmann D, Saudagara S M, Thomas W B. The quality of fair value measures for property, plant, and equipment[J]. Accounting Forum, 2006, 30(1):43-59.

[21] ISAB. IAS 40 Investment Property[A]. 2003.

[22] ISAB. IFRS 13 Fair Value Measurement[A]. 2013.

[23] JUNG B, POURJALALI H, WEN E, et al. The association between firm characteristics and CFO's opinions on the fair value option for non-financial Assets[J]. Advances in Accounting, 2013, 29(2):255-266.

[24] MULLER K A, RIEDL E J, SELLHORN T. Mandatory fair value accounting and information asymmetry:Evidence from the European real estate industry[J]. Management Science, 2011, 57(6):1138-1153.

[25] NELLESSEN T, ZUELCH H. The reliability of investment property fair values under IFRS [J]. Journal of Property Investment and Finance, 2011, 29(1):59-73.

[26] SO S, SMITH M. Value-relevance of presenting changes in fair value of investment properties in the income statement: Evidence from Hong Kong[J]. Accounting and Business Research, 2009, 39(2):103-118.

第十三章

投资性房地产公允价值计量与股价同步性*

一般认为,公允价值信息的价值相关性更强,因而有取代混合计量会计模式的趋势。公允价值计量整体上提升了会计信息的价值相关性(Landsman,2007),有助于实现财务报告决策有用的目标。然而,由于各国制度背景差异较大,市场发展程度也千差万别,完全采纳国际财务报告准则(IFRS)的公允价值计量规范可能产生背离制度设计初衷的后果(He 等,2012),甚至与财务报告目标背道而驰。由此可见,理论界对于公允价值计量改革能否促进财务报告目标的实现存在争议,体现了理论界对于公允价值计量可能使盈余管理空间扩大的担忧。相关研究证实,以公允价值计量的可供出售金融资产项目成为管理层的盈余管理工具(吴战篪等,2009;He 等,2012)。然而,现有研究主要探讨盈余管理与公允价值计量的关系,研究范畴的局限性显见。关于公允价值计量改革、盈余管理空间扩大和会计信息决策有用性之间的作用机理,现有文献鲜有关注。因此,对于公允价值计量改革能否实现财务报告目标的争议,已有研究未能给出令人信服的解释。

回应公允价值计量改革与财务报告目标适应性的相关争议,需要进一步探讨公允价值会计信息,尤其是存在盈余管理空间的公允价值会计信息影响投资者投资决策的作用机理,以及相关的制度执行因素和市场发展状况的影响与作用。从这个意义而言,探讨以公允价值计量的投资性房地产项目来回应上述争议具有积极的理论价值和现实意义。投资性房地产项目以公允价值计量,为管理层提供了盈余管理空间,盈余管理动机是投资性房地产公允价值计量模式选择的重要动

---

* 本章参阅了黄霖华,曲晓辉,张瑞丽. 投资性房地产公允价值计量与股价同步性[J]. 厦门大学学报(哲学社会科学版),2017(4):125-134.

因(Danbolt 和 Rees,2008;Quagli 和 Avallone,2010;邹燕等,2013)。探讨投资性房地产项目公允价值计量、盈余管理空间扩大和股价同步性的相关关系,可以为盈余管理空间扩大对公允价值信息决策有用性的影响机理提供直接的经验证据支持。因此,本章拟基于私有信息交易理论和股价同步性理论,探讨投资性房地产的公允价值计量对股价同步性的影响与作用、相关的制度执行因素(即会计信息透明度)和市场因素(即证券分析师关注度)的制约作用,为公允价值计量改革与财务报告目标适应性的相关争议提供经验证据支持,并为我国公允价值计量改革方向提供政策参考。

本章以持有以公允价值计量的投资性房地产项目的我国 A 股上市公司为样本,实证检验上述问题,取得以下研究结论:(1)投资性房地产项目公允价值计量扩大了管理层的盈余管理空间,投资性房地产项目的真实公允价值成为管理层控制的私有信息,因私有信息融入股票价格而削弱了股价同步性,即以公允价值计量的投资性房地产项目金额与股价同步性显著负相关;(2)会计信息透明度提高了投资者挖掘投资性房地产公允价值私有信息的边际成本,抑制了投资性房地产公允价值披露金额与股价同步性之间的负相关关系;(3)证券分析师的关注降低了投资者挖掘投资性房地产项目公允价值私有信息的相对收益,削弱了投资性房地产公允价值披露金额与股价同步性之间的负相关关系。

本章对投资性房地产项目公允价值计量在理论层面进行了创新性的解释,对现有公允价值会计研究文献具有积极的意义:(1)关于我国全面引入 IFRS 公允价值计量规范可能产生背离会计准则的经济后果,本章提供了投资性房地产公允价值计量的实证结果支持;(2)结合会计信息透明度和证券分析师关注度进行了实证分析,丰富了公允价值计量与股价同步性方面有限的实证文献;(3)为公允价值计量改革与财务报告目标适应性的相关争议以及我国公允价值计量改革的方向,提供了股价同步性视角的文献参考。

第一节 文献回顾与研究假设

一、文献回顾

一方面,公允价值计量是否有助于财务报告目标的实现是检验公允价值计量改革成果的重要标准。整体而言,广泛采用公允价值计量模式的 IFRS 的实施,提高了企业会计信息质量,提供了与投资者决策更相关的会计信息,增进了会计信息的价值相关性(Barth 等,2008)。吴战篪等(2009)利用 A 股上市公司 2007 年的数据,检验了证券投资公允价值变动损益信息的价值相关性,发现证券投资采用公允价值确认变动损益能增强会计信息的价值相关性。刘永泽和孙蔼(2011)检验了全部公允价值变动信息的价值相关性,其研究结果也表明公允价值会计信息在一定程度上增强了会计信息的价值相关性。

另一方面,由于各国的制度背景差异较大,市场发展程度也千差万别,全面引入 IFRS 的公允价值计量规范也可能产生背离制度设计初衷的后果,甚至与财务报告目标背道而驰。这种背离主要源于公允价值计量可能使管理层盈余管理空间扩大。例如,以公允价值计量的可供出售金融资产为管理层进行盈余管理提供了空间。相关研究证实,上市公司出于避免亏损的动机,存在通过可供出售金融资产项目出售时机的选择对已实现证券投资收益进行盈余管理的行为(吴战篪等,2009;He 等,2012)。此外,公允价值计量模式的可选择性无疑也扩大了管理层的盈余管理空间。以投资性房地产为例,相关研究证实,盈余管理是企业对投资性房地产选择公允价值计量模式的主要动因(Danbolt 和 Rees,2008;Quagli 和 Avallone,2010;邹燕等,2013)。

综合上述分析,现有文献对于公允价值计量改革能否促进财务报告目标的实现存在争议,焦点在于公允价值计量改革能否切实增进会计信息的决策有用性;而且,对于公允价值计量和盈余管理空间扩大如何影响会计信息决策有用性的相关问题,现有文献未能提供有说服力的经验证据。因此,本章拟实证检验投资性房地产公允价值会计信息与股价同步性的相关关系,深入剖析公允价值计量、盈余管理空间扩大和会计信息决策有用性的相关性问题,回应公允价值计量改革与财务报告决策有用性的相关争议。

二、研究假设

(一)投资性房地产公允价值与股价同步性

股价同步性指股票价格随着市场同步上涨或者下跌的程度。根据 Roll(1988)的股价同步性理论,拟合优度指标 R^2 度量了股价波动中被市场和行业层面信息解释的部分,较高的 R^2 意味着股价中包含较少的公司特质信息。这似乎表明,公司特质信息融入股票价格的程度较低。然而,Roll(1988)进一步指出,公司特质信息对股价的波动具有十分重要的影响与作用。只是,公开披露的公司特质信息并不显著影响股价的波动(冯用富等,2009),且公司特质信息主要以私有信息的形式影响股价的波动(Durnev等,2003;冯用富等,2009;金智,2010)。

那么,投资性房地产的公允价值计量会产生私有信息吗?投资性房地产公允价值计量带来的问题在于,通常难以取得相同或类似房地产的市场价格。房地产管理部门虽然掌握着最全面、最可靠的房地产交易信息,但并不向社会公开。房地产的地理位置、周边环境、结构类型、新旧程度乃至楼层、格局、朝向等,都对房地产价格产生影响。因此,与金融工具公允价值可以直接获取活跃公开市场报价不同,投资性房地产公允价值的确定更依赖管理层的估计。公允价值主要取决于管理层的估计和判断,这往往会引发管理层的机会主义行为(Kothari等,2010;He等,2012)。与成本模式相比,以公允价值模式计量的投资性房地产项目可能会扩大管理层的盈余管理空间。管理层操纵投资性房地产公允价值的结果是,投资性房地产的真实公允价值成为管理层的私有信息。具体而言,私有信息指投资性房地产公允价值的真实金额与披露金额之间的差额,而私有信息基于管理层盈余管理动机转化为未来会计期间的公允价值变动损益项目金额。此类不可预期的未来盈余通过挖掘私有信息的投资者的股票交易融入股票价格,进而削弱了股价同步性。同时,管理层也可能并不存在操纵投资性房地产公允价值的行为。在这种情况下,私有信息失去存在的基础,投资性房地产公允价值信息成为公开披露的真实信息。然而,公开披露的公司特质信息并不显著影响股价的波动(冯用富等,2009)。因此,如果管理层不存在操纵投资性房地产项目的行为,投资性房地产公允价值金额就可能不会影响股价同步性。但相关研究证实,盈余管理动机是企业对投资性房地产选择公允价值计量模式的重要动因(Danbolt和Rees,2008;Quagli和Avallone,2010;邹燕等,2013)。综合以上分析,本章更倾向于管理层可能存在对投资性房地产项目的盈余管理行为。

本章认为,以公允价值计量的投资性房地产项目可能扩大了管理层的盈余管理空间,而管理层操纵投资性房地产公允价值的结果是投资性房地产的真实公允价值成为管理层的私有信息;而且,投资性房地产公允价值的金额越大,管理层的盈余管理空间越大,管理层隐藏的与投资性房地产公允价值相关的私有信息也越多,投资者挖掘投资性房地产公允价值私有信息的边际收益越高,投资性房地产公允价值金额对股价同步性的负向影响与作用越强。基于私有信息交易理论，本章的第一个假设为：

假设 1 投资性房地产公允价值金额与股价同步性负相关。

（二）会计信息透明度与股价同步性

在相同的监管环境下，私有信息融入股票价格的程度主要取决于信息搜寻收益。当获取私有信息的边际收益高于边际成本时，就会有更多的投资者搜寻私有信息，也就有更多的私有信息通过交易融入股票价格（Grossman 和 Stiglitz，1980）。会计信息透明度是衡量投资者和管理层关于上市公司信息不对称程度的重要指标，而且在一定程度上体现会计准则等相关制度的执行情况。会计信息透明度越低，管理层隐藏的公司私有信息越多（Hutton 等，2009），参与私有信息搜寻的投资者越多，通过交易融入股票价格的私有信息也就越多，股价同步性随之减弱。

基于上述分析，会计信息透明度可能影响投资性房地产公允价值私有信息融入股票价格的深度和广度。会计信息透明度越低，参与私有信息搜寻的投资者越多，投资性房地产公允价值相关私有信息融入股票价格的可能性越大。基于此，本章的第二个假设为：

假设 2 会计信息透明度对投资性房地产公允价值与股价同步性之间的相关关系存在负向影响与作用。

（三）证券分析师关注度与股价同步性

证券分析师是资本市场有效信息的供给者（Frankel 等，2006）。证券分析师利用自身优于一般投资者的信息收集途径和专业分析能力，向证券市场参与者提供合理反映证券内在价值的有效信息，进而提升市场的有效性。证券分析师数量在一定程度上体现了证券市场的发展状况。股票被越多证券分析师关注，股票价格中包含的盈余信息越多（朱红军等，2007；Landsman 等，2012）。股票价格中包含的盈余信息越多，私有信息通过交易融入股票价格的程度随之下降，投资者搜寻私有信息的边际收益随之减少，股价同步性相应增强。由此可见，证券分析师关注度有利于降低投资者搜寻投资性房地产公允价值相关私有信息的边际收益，减少融入股票价格的投资性房地产公允价值私有信息，进而增强股价同步性。基于此，本章的第三个假设为：

假设 3 证券分析师关注度对投资性房地产公允价值与股价同步性之间的相

关关系存在负向影响与作用。

第二节 研究设计

一、数据和样本

本章以采用公允价值模式计量投资性房地产的 A 股上市公司为样本,同时考虑我国会计准则国际趋同因素[2007 年开始实施与 IFRS 实质性趋同的《企业会计准则》(2006)]和证券市场改革因素(2014 年的沪港通和 2015 年的熔断机制)对股票价格的影响,将样本区间设定为 2007—2013 年。由于当时我国对投资性房地产采用公允价值模式计量的上市公司数量较少,本章以半年为一个样本期,将 2007—2013 年划分为 14 个样本期,并对数据进行处理。在剔除估计个股 $R_{i,t}^2$ 半年交易天数少于 80 天、期末净资产为负值和数据缺失的样本之后,共获得 386 个观测。除投资性房地产计量模式通过手工查阅上市公司年度财务报告收集外,其他数据均来自 CSMAR 数据库。为了使统计结果不受异常值的影响,本章对所有连续变量进行上下 1% 的缩尾处理。

二、变量定义

(一)股价同步性

本章借鉴 Hutton 等(2009),采用模型(13 - 1)估计个股 $R_{i,t}^2$。

$$R_{i,t} = \alpha_0 + \alpha_1 R_{m,t} + \alpha_2 R_{n,t} + \varepsilon \qquad (13-1)$$

其中,$R_{i,t}$ 是公司 i 第 t 个交易日的收益率;$R_{m,t}$ 和 $R_{n,t}$ 分别为第 t 个交易日按流通市值加权平均的市场收益率和行业收益率,行业收益率通过除公司 i 以外的同行业其他公司得到,行业的划分按中国证监会行业分类标准;ε 为回归残差。通过模型(13 - 1)得出的拟合优度 $R_{i,t}^2$ 表示公司 i 股价变动被市场波动和行业波动所解释的部分,$R_{i,t}^2$ 越大说明股价同步性越强。由于 $R_{i,t}^2$ 的取值区间为[0,1],参考已有文献(Hutton 等,2009;金智,2010)的做法,对 $R_{i,t}^2$ 进行如下处理以得到股价同步性指标($Syn_{i,t}$):

$$Syn_{i,t} = Ln[R_{i,t}^2/(1-R_{i,t}^2)] \qquad (13-2)$$

(二)会计信息透明度

借鉴 Hutton 等(2009)、王亚平等(2009)的研究,以当期及过去两期可操控性应计绝对值之和度量上市公司的会计信息透明度。

(1) 参照修正 Jones 模型(Dechow 等,1995),运用公式(13-3)分行业(其中制造业按证监会二级行业分类)、分半年度回归,提取行业特征参数 γ_1、γ_2 和 γ_3。

$$TA_{i,t}/Asset_{i,t-1} = \gamma_1(1/Asset_{i,t-1}) + \gamma_2(\triangle REV_{i,t}/Asset_{i,t-1}) + \gamma_3(PPE_{it}/Asset_{i,t-1}) + \varepsilon \quad (13-3)$$

其中,$TA_{i,t}$ 为公司 i 第 t 期的总应计(营业利润减去经营活动现金流量);$\triangle REV_{i,t}$ 为公司 i 第 t 期的营业收入减去第 $t-1$ 期的营业收入;$PPE_{i,t}$ 为公司 i 第 t 期的固定资产净额;$Asset_{i,t-1}$ 为公司 i 第 t 期的期初总资产;ε 为回归残差。

(2) 将通过公式(13-3)计算出的行业特征参数 γ_1、γ_2 和 γ_3 代入公式(13-4),计算各公司的不可操控性应计 $NDA_{i,t}$。

$$NDA_{i,t} = \gamma_1(1/Asset_{i,t-1}) + \gamma_2[(\triangle REV_{i,t} - \triangle REC_{i,t})/Asset_{i,t-1}] + \gamma_3(PPE_{i,t}/Asset_{i,t-1}) \quad (13-4)$$

其中,$\triangle REC_{i,t}$ 为公司 i 第 t 期的应收款项减去第 $t-1$ 期的应收款项。

(3) 使用公式(13-5)计算各公司的可操控性应计 $DA_{i,t}$。

$$DA_{i,t} = TA_{i,t}/Asset_{i,t-1} - NDA_{i,t} \quad (13-5)$$

(4) 使用公式(13-6)计算会计信息透明度 $Opaque_{i,t}$。

$$Opaque_{i,t} = Abs(DA_{i,t}) + Abs(DA_{i,t-1}) + Abs(DA_{i,t-2}) \quad (13-6)$$

其中,$Abs(\cdot)$ 表示计算括号内变量的绝对值。$Opaque_{i,t}$ 为公司 i 第 t 期的会计信息透明度,该指标值越大表明会计信息越不透明。

三、模型设定

(一) 回归模型

首先,为检验假设1,使用最小二乘法并利用模型(13-7)进行回归分析:

$$Syn_{i,t} = a_0 + a_1 IPPS_{i,t} + \sum a_j Controls + \varepsilon_{i,t} \quad (13-7)$$

其中,$Syn_{i,t}$ 为公司 i 第 t 期的股价同步性,$IPPS_{i,t}$ 为公司 i 第 t 期的期末每股投资性房地产账面净额,ε 为回归残差。根据假设1,预期 $a_1 < 0$,表明投资性房地产项目公允价值计量扩大了管理层盈余管理空间,形成了管理层的私有信息,导致股价同步性减弱。

其次,在模型(13-7)中加入会计信息透明度项进行回归,以检验会计信息透

明度对投资性房地产公允价值与股价同步性的相关关系的影响与作用,由此得到模型(13-8):

$$\mathrm{Syn}_{i,t} = b_0 + b_1 \mathrm{IPPS}_{i,t} + b_2 \mathrm{IPPS}_{i,t} \times \mathrm{Opaque}_{i,t} + b_3 \mathrm{Opaque}_{i,t} + \sum b_j \mathrm{Controls} + \varepsilon_{i,t} \quad (13-8)$$

其中,$\mathrm{Opaque}_{i,t}$为公司i第t期的会计信息透明度,$\mathrm{Opaque}_{i,t}$值越大表明会计信息越不透明。根据假设2,预期$b_2 < 0$,表明会计信息透明度越低,投资性房地产公允价值相关私有信息融入股票价格的程度越高,股价同步性越弱。

最后,为了检验证券分析师关注度对公允价值计量的投资性房地产削弱股价同步性的影响与作用,在模型(13-7)中加入投资性房地产与证券分析师关注度的交乘项,得到模型(13-9):

$$\mathrm{Syn}_{i,t} = c_0 + c_1 \mathrm{IPPS}_{i,t} + c_2 \mathrm{IPPS}_{i,t} \times \mathrm{Analyst}_{i,t} + c_3 \mathrm{Analyst}_{i,t} + \sum c_j \mathrm{Controls} + \varepsilon_{i,t} \quad (13-9)$$

其中,$\mathrm{Analyst}_{i,t}$为公司i第t期的证券分析师跟踪数量。根据假设3,预期$c_2 > 0$,表明证券分析师关注度对以公允价值计量的投资性房地产与股价同步性之间的负相关关系具有抑制作用。

(二) 控制变量

本章同时控制了可能影响股价同步性的相关变量如下:公司规模(Size)、资产负债率(Lev)、账面市值比(BM)、股票换手率(Turnover)、每股其他以公允价值计量项目(OFVPS)。大规模公司的业务经营往往更加分散,同时规模越大对股市整体走势的影响越大。Hutton等(2009)、王亚平等(2009)的研究均表明,公司规模与股价同步性正相关。低账面市值比公司的成长性较好,易受到更多投资者的追捧,进而削弱股价同步性;换手率越高的股票交易越活跃,股价同步性越弱。李增泉等(2011)的研究表明,股价同步性与账面市值比正相关、与股票换手率负相关。资产负债率也是股价同步性研究中常用的控制变量。资产负债率越高,企业资产中相对透明的权益资产的比重越小,从而股价同步性越强(李春涛等,2013),这表明资产负债率可能影响投资性房地产净额与股价同步性的相关关系。除此以外,公允价值计量程度与股价同步性正相关(徐浩峰,2013),本章控制财务报表中除投资性房地产外的其他以公允价值计量项目。同时,本章还引入行业(Industry)和年度(Year)虚拟控制变量。

第三节 实证结果分析

一、描述性统计

表13-1是采用公允价值模式样本的变量描述性统计结果。股价同步性(Syn)的均值为-0.025,对应的R^2为0.499。每股投资性房地产金额(账面净额)(IPPS)的均值为1.131、中位数为0.428,分布偏左,这表明多数公司持有的投资性房地产较少,少数公司持有的投资性房地产较多。会计信息透明度(Opaque)的均值为0.064、中位数为0.036。分析师关注度(Analyst)的均值为11.788、中位数为2.000,在全部386个样本中有242个样本(占比为62.69%)至少有一个证券分析师跟踪,这表明大部分样本公司有证券分析师关注。

表13-1 采用公允价值模式样本的变量描述性统计

变量	均值	标准差	最小值	中位数	最大值
R^2	0.499	0.199	0.062	0.508	0.859
Syn	-0.025	0.934	-2.730	0.034	1.803
IPPS	1.131	1.927	0.003	0.428	10.393
Opaque	0.064	0.139	0.000	0.036	1.398
Analyst	11.788	17.456	0.000	2.000	84.000
Size	20.990	1.913	16.754	20.586	25.875
Lev	0.648	0.205	0.168	0.676	0.966
BM	0.742	0.295	0.151	0.751	1.412
Turnover	0.021	0.017	0.000	0.017	0.081
OFVPS	1.054	3.292	0.000	0.000	23.944

注:样本观测数为386个(信息透明度除外),但信息透明度(Opaque)的样本只有328个,因为:①剔除金融、保险业样本;②部分样本因缺失历史财务数据而无法计算 Opaque。

二、变量相关系数检验

表13-2列示了主要变量的相关系数。单变量检验结果显示,股价同步性(Syn)与每股投资性房地产金额(账面净额)(IPPS)显著负相关。这表明投资性房地产公允价值私有信息会影响投资者交易,对股价同步性存在负向的影响与作用。同时,每股其他以公允价值计量项目(OFVPS)与股价同步性正相关,这与徐浩峰(2013)的检验结果一致。除此之外,股价同步性(Syn)与公司规模(Size)、账面市

值比(BM)正相关,与股票换手率(Turnover)负相关。总体而言,表 13 – 2 解释变量与被解释变量的相关关系和显著性水平与现有文献的相关检验结果大体一致。后续部分将对相关系数检验的初步结果做进一步的实证检验与分析。另外,控制变量 Size、BM 及 Turnover 之间的相关系数值较大,这表明这些变量间可能存在多重共线性问题。但是,多重共线性检验结果(限于篇幅,本章未详细列示)显示,所有变量的方差膨胀因子(VIF 值)都小于 5,这表明实证模型的控制变量之间并不存在显著影响模型检验结果的多重共线性问题。

表 13 – 2 主要变量相关系数

变量	Syn	IPPS	Size	Lev	BM	Turnover	OFVPS
Syn	1.00						
IPPS	-0.20***	1.00					
Size	0.50***	-0.16**	1.00				
Lev	0.06	-0.03	0.38***	1.00			
BM	0.44***	0.12*	0.72***	0.33***	1.00		
Turnover	-0.28***	0.04	-0.54***	-0.36***	-0.57***	1.00	
OFVPS	0.43***	-0.17**	0.58***	0.25***	0.37***	-0.25***	1.00

注:会计信息透明度(Opaque)和分析师关注度(Analyst)两个控制变量主要考察它们对每股投资性房地产金额(IPPS)的交互作用,未包含相关系数检验;*、**、***分别表示在 10%、5%、1% 的统计水平上显著(双尾)。

三、投资性房地产公允价值与股价同步性

表 13 – 3 显示,在公允价值模式下,每股投资性房地产金额(IPPS)与股价同步性(Syn)显著负相关(T 值为 -2.76)。这表明在公允价值模式下,管理层存在通过投资性房地产项目进行盈余管理的行为,投资性房地产的真实公允价值成为管理层的私有信息,投资性房地产公允价值相关私有信息通过交易融入股票价格,从而削弱了股价同步性。投资性房地产金额越大,投资性房地产的真实公允价值与披露公允价值之间的差额越大,管理层隐藏的私有信息越多。私有信息越多,参与私有信息搜寻的投资者越多,投资性房地产公允价值相关私有信息通过交易融入股票价格的可能性越大,股价同步性的降幅也越大。由此,实证结果支持假设 1。

本章还以 2007—2013 年采用成本模式计量投资性房地产的 A 股上市公司的半年度数据为样本,检验以历史成本计量的投资性房地产与股价同步性的相关关系。表 13 – 3 的检验结果显示:与公允价值模式相比,在成本模式下每股投资性房地产金额与股价同步性的相关性并不显著(T 值为 -1.22)。这表明在成本模式下,投资

性房地产项目不存在盈余管理空间,无法形成影响股价同步性的私有信息。成本模式下投资性房地产项目与股价同步性的检验结果从反面证实了假设1的理论分析和推论。此外,在公允价值和成本两种不同的计量模式下,其他主要控制变量的符号与推论大体一致,并且与现有文献的检验结果也保持一致。

表 13-3 多元回归结果

变量	假设1 公允价值模式		假设1 成本模式		假设2 会计信息透明度		假设3 分析师关注度	
	系数	T 值	系数	T 值	系数	T 值	系数	T 值
IPPS	-0.119***	-2.76	-0.017	-1.22	-0.012	-0.48	-0.094***	-3.04
IPPS × Opaque					-0.102***	-3.12		
Opaque					0.125	1.33		
IPPS × Analyst							0.002*	1.79
Analyst							0.004	1.61
Size	0.135***	4.10	0.039***	7.84	0.137***	3.45	0.120***	3.63
Lev	-1.431***	-5.81	-0.833***	-23.33	-1.585***	-5.86	-1.566***	-6.13
BM	1.218***	6.18	1.148***	37.91	1.242***	5.81	1.200***	5.74
Turnover	-6.758***	-2.62	-4.746***	-13.07	-6.569**	-2.24	-6.908**	-2.56
OFVPS	0.021	0.53	0.003	0.28	-0.089	-1.22	0.020	1.43
常数项	-1.779**	-2.57	-0.549***	-4.74	-3.500***	-4.75	-2.948***	-4.66
Year	控制		控制		控制		控制	
Industry	控制		控制		控制		控制	
观测数	386		9 783		328		386	
Adj. R^2	0.5539		0.3809		0.4946		0.5304	

注:*、**、***分别表示在10%、5%、1%的统计水平上显著(双尾);假设2的检验样本只有328个,因为:①剔除金融、保险业样本;②部分样本因缺失历史财务数据而无法计算Opaque。

四、会计信息透明度与股价同步性

表13-3还列示了会计信息透明度对投资性房地产公允价值与股价同步性的相关关系的影响与作用。检验结果显示,每股投资性房地产金额与会计信息透明度的交乘项(IPPS × Opaque)的回归系数在1%的统计水平(T值为-3.12)上显著为负,这表明会计信息透明度对投资性房地产公允价值和股价同步性之间的负相关关系具有抑制作用。会计信息透明度越低,可供投资者挖掘的私有信息越多,挖掘私有信息的边际收益大于边际成本的可能性越大。挖掘私有信息的收益越高,

参与私有信息搜寻的投资者越多,从而投资性房地产公允价值私有信息融入股票价格的可能性越大。此外,其他主要控制变量的检验结果与现有文献的结果保持一致。因此,假设2得到实证数据的支持。

五、证券分析师关注度与股价同步性

表13-3还展示了证券分析师关注度(Analyst)对投资性房地产公允价值与股价同步性的相关关系的影响与作用。检验结果显示,每股投资性房地产金额与分析师关注度的交乘项(IPPS × Analyst)的回归系数在10%的统计水平(T值为1.79)上显著为正,这表明证券分析师关注会抑制投资性房地产公允价值与股价同步性之间的负相关关系。证券分析师跟踪数量越多,投资性房地产公允价值私有信息融入股票价格的程度越低,股价同步性越强。同时,其他主要控制变量的检验结果与现有文献的结果保持一致。因此,假设3得到实证数据的有效支持。

六、稳健性检验

为了检验上述实证结果的可靠性,本章还进行了补充检验:

(1)改变股价同步性(Syn)的度量方法。前文在计算股价同步性指标时未考虑一阶滞后项的影响,现重置Syn的度量模型,使解释变量不仅包含当期市场收益率和行业收益率,还包括滞后一期的市场收益率和行业收益率,重新计算拟合度R^2,然后进行对数转换,得到股价同步性的替代变量,重新检验本章的三个假设,检验结果保持不变。

(2)改变会计信息透明度(Opaque)的度量方法。使用分析师盈余预测误差作为会计信息透明度的替代变量,重新检验假设2(不剔除金融、保险业样本),检验结果仍然支持假设2。

(3)改变分析师关注度(Analyst)的度量方法。分别使用券商跟踪数量和经过对数变换的分析师跟踪数量作为分析师关注度的替代变量,重新检验假设3,检验结果仍然支持假设3。

(4)剔除金融、保险业样本。样本中金融、保险业占比较大(15%),为了保证检验结果的稳健性,剔除金融、保险业样本后重新检验假设1和假设3,结果表明本章的主要结论依然成立。

(5)控制其他因素。增加机构投资者持股比例、股权集中度、控制权性质、是否有 H 股交叉上市等因素后重新检验,检验结果与主检验一致。

限于篇幅,未详细报告上述稳健性检验的回归结果。

小结

公允价值计量改革是否有助于财务报告目标的实现?以公允价值计量的投资性房地产项目提供了回应这一问题的较好视角。本章认为,投资性房地产项目的公允价值计量模式扩大了管理层的盈余管理空间,使得投资性房地产的真实公允价值成为管理层的私有信息。投资性房地产公允价值私有信息通过交易融入股票价格,从而削弱了股价同步性。而且,会计信息透明度和证券分析师关注度通过作用于投资性房地产私有信息的搜寻收益,影响投资性房地产公允价值信息与股价同步性的相关关系。

本章针对以上问题进行详细的理论论证和实证检验,得出以下研究结论:首先,投资性房地产公允价值影响投资者决策,对股价同步性存在显著的负向影响与作用。具体而言,以公允价值计量的投资性房地产金额越大,管理层的盈余管理空间越大,可供投资者挖掘的私有信息越多,通过交易融入股票价格的私有信息越多,进而削弱了股价同步性。其次,会计信息透明度对投资性房地产公允价值与股价同步性之间的负相关关系具有抑制作用。会计信息透明度越低,参与私有信息搜寻的投资者越多,投资性房地产公允价值私有信息融入股票价格的可能性越大。因此,会计信息透明度越低,投资性房地产公允价值对股价同步性的负向影响与作用越强。最后,证券分析师关注度对投资性房地产公允价值与股价同步性之间的负相关关系具有抑制作用。随着证券分析师跟踪数量的增加,投资性房地产公允价值相关私有信息融入股票价格的程度越低,股价同步性随之增强。因此,证券分析师关注度越高,投资性房地产公允价值对股价同步性的负向影响与作用越弱。

综上所述,本章发现投资性房地产公允价值计量扩大了管理层的盈余管理空间,使得投资性房地产的真实公允价值成为管理层的私有信息。投资性房地产公允价值私有信息融入股票价格导致股价同步性减弱。同时,受制于投资性房地产私有信息的搜寻收益,投资性房地产公允价值与股价同步性的相关关系还受到会计信息透明度和证券分析师关注度的制约。本章研究结果表明,公允价值计量改革需要更及时、更有效的公允价值输入值来源,以缩小管理层的盈余管理空间。

参考文献

[1] 冯用富,董艳,袁泽波,等. 基于 R^2 的中国股市私有信息套利分析[J]. 经济研究, 2009(8):50-59.

[2] 金智. 新会计准则、会计信息质量与股价同步性[J]. 会计研究,2010(7):19-26.

[3] 李春涛,胡宏兵,谭亮. 中国上市银行透明度研究:分析师盈利预测和市场同步性的证据[J]. 金融研究,2013(6):118-132.

[4] 李增泉,叶青,贺卉. 企业关联、信息透明度与股价特征[J]. 会计研究,2011(1):44-51.

[5] 刘永泽,孙翯. 我国上市公司公允价值信息的价值相关性:基于企业会计准则国际趋同背景的经验研究[J]. 会计研究,2011(2):16-22.

[6] 王亚平,刘慧龙,吴联生. 信息透明度、机构投资者与股价同步性[J]. 金融研究, 2009(12):162-174.

[7] 吴战篪,罗绍德,王伟. 证券投资收益的价值相关性与盈余管理研究[J]. 会计研究, 2009(6):42-49.

[8] 徐浩峰. 公允价值计量、系统流动性与市场危机的传染效应[J]. 南开管理评论, 2013(1):49-63.

[9] 张奇峰,张鸣,戴佳君. 投资性房地产公允价值计量的财务影响与决定因素:以北辰实业为例[J]. 会计研究,2011(8):22-29.

[10] 周晓苏,吴锡皓. 稳健性对公司信息披露行为的影响研究:基于会计信息不透明度的视角[J]. 南开管理评论,2013(3):89-100.

[11] 朱红军,何贤杰,陶林. 中国的证券分析师能够提高资本市场的效率吗:基于股价同步性和股价信息含量的经验证据[J]. 金融研究,2007(2):110-121.

[12] 邹燕,王雪,吴小雅. 公允价值计量在投资性房地产中的运用研究:以津滨发展及同行业同地区公司为例[J]. 会计研究,2013(9):22-28.

[13] BARTH M E, KONCHITCHKI Y, LANDSMAN W R. Cost of capital and earnings transparency[J]. Journal of Accounting and Economics,2013,55(2/3):206-224.

[14] BARTH M E, LANDSMAN W R, LANG M H. International accounting standards and accounting quality[J]. Journal of Accounting Research,2008,46(3):467-498.

[15] BHATTACHARYA U, DAOUK H, WELKER M. The world price of earnings opacity[J]. The Accounting Review,2003,78(3):641-678.

[16] DANBOLT J, REES W. An experiment in fair value accounting: UK investment vehicles [J]. European Accounting Review,2008,17(2):271-303.

[17] DECHOW P, SLOAN R, SWEENEY A. Detecting earnings management [J]. The Accounting Review, 1995, 70(2): 193-225.

[18] DURNEV A, MORCK R, YEUNG B, et al. Does greater firm-specific return variation mean more or less informed stock pricing? [J]. Journal of Accounting Research, 2003, 41(5): 797 - 836.

[19] FRANKEL R, KOTHARI S P, WEBER J. Determinants of the informativeness of analyst research[J]. Journal of Accounting and Economics, 2006, 41(1/2): 29 - 54.

[20] GROSSMAN S J, STIGLITZ J E. On the impossibility of informationally efficient markets [J]. American Economic Review, 1980, 70(3): 393 - 408.

[21] HE X, WONG T J, YOUNG D. Challenges for implementation of fair value accounting in emerging markets: Evidence from China[J]. Contemporary Accounting Research, 2012, 29(2): 538 - 562.

[22] HUTTON A P, MARCUS A J, TEHRANIAN H. Opaque financial reports, R^2, and crash risk[J]. Journal of Financial Economics, 2009, 94(1): 67 - 86.

[23] KOTHARI S P, RAMANNA K, SKINNER D J. Implications for GAAP from an analysis of positive research in accounting[J]. Journal of Accounting Economics, 2010, 50(2): 246 - 286.

[24] LANDSMAN W R. Is fair value accounting information relevant and reliable: Evidence from capital market research[J]. Accounting and Business Research, 2007, Special Issue: 19 - 30.

[25] LANDSMAN W R, MAYDEW E L, THORNOCK J R. The information content of annual earnings announcements and mandatory adoption of IFRS [J]. Journal of Accounting and Economics, 2012, 53(1/2): 34 - 54.

[26] QUAGLI A, AVALLONE F. Fair value or cost model? Drivers of choice for IAS 40 in the real estate industry[J]. European Accounting Review, 2010, 19(3): 461 - 493.

[27] ROLL R. R^2[J]. The Journal of Finance, 1988, 43(3): 541 - 566.

第六篇
商誉的公允价值研究

第十四章　商誉减值信息的价值相关性
第十五章　商誉减值与分析师盈余预测
第十六章　商誉减值的盈余管理动机

本篇聚焦于商誉,检验商誉减值信息的价值相关性、商誉减值与分析师盈余预测、商誉减值的盈余管理动机。

第十四章

商誉减值信息的价值相关性*

随着新一轮企业并购浪潮的蓬勃兴起和新会计准则(指2006年版《企业会计准则》)的贯彻实施,企业合并商誉的会计处理不仅成为会计理论的重要议题,更是资本市场中的热点话题。美国财务会计准则委员会和国际会计准则理事会分别在FASB 142和IAS 3中,将合并商誉的会计处理由直线摊销法改为减值测试法,旨在提高商誉信息的决策有用性。中国企业会计准则也借鉴美国财务会计准则和国际财务报告准则的做法,变更商誉的后续计量方法。决策有用论的信息观认为,只有当信息能改变投资者的信念和行为时,它才是有用的;决策有用论的计量观主张通过改进计量方法,增强信息的决策有用性。Ohlson(1995)的净盈余模型为计量观提供了理论支持,明确了会计信息在确定股票内在价值上的直接作用。Jennings等(2001)研究发现,商誉摊销金额不仅没有信息含量,甚至容易误导投资者。

会计准则被认为是降低交易费用的一种制度安排,然而高质量的会计准则并不一定意味着高质量的会计信息。构成一项制度的重要前提是制度的可执行性,从这个意义上讲,会计准则执行机制与会计准则同样重要。从内部监督的视角看,公司治理、内部控制通过会计准则的执行来影响会计信息质量;从外部监督的视角看,投资者法律保护、独立审计等也会影响会计信息质量。由此可以认为,商誉减值会计准则的执行效果在很大程度上取决于公司内部监督机制和外部监督机制的有效性。已有研究虽然考察了商誉减值是否价值相关,但鲜有探讨商誉减值信息之价值相关性与内部监督机制和外部监督机制的关系。本章的贡献主要体现在以

---

* 本章参阅了曲晓辉,卢煜,张瑞丽. 商誉减值的价值相关性:基于中国A股市场的经验证据[J]. 经济与管理研究,2017(3):122-132.

下三个方面:(1)基于中国资本市场,检验了商誉减值信息的价值相关性,丰富了商誉减值的经济后果的相关文献;(2)发现了盈余管理动机对商誉减值信息之价值相关性的不利影响,揭示了现行会计准则对上市公司利用商誉减值进行盈余管理的诱导作用;(3)发现了高质量内部控制和高质量审计可以增强商誉减值信息的价值相关性,为高质量内部控制和高质量审计抑制盈余管理行为、提高会计信息质量提供了经验证据。

第一节 文献回顾与研究假设

会计准则制定机构希望会计信息能够指导投资者对证券作出正确的定价,促使资本市场以更高的效率发挥定价功能,从而实现高效的资源配置。与传统的历史成本计量模式相比,公允价值计量为报表使用者提供与当期公司价值更接近的信息,而公司价值主要体现在权益性证券的价格上,因此公允价值信息与股票价格的关系更密切,即公允价值信息的价值相关性更强。商誉的后续计量从摊销法向减值测试法的转变,体现了公允价值计量属性的推广与应用,现有研究表明商誉减值具有信息含量。商誉和商誉减值信息均存在显著的价值相关性,并且新会计准则的实施增强了商誉信息的价值相关性。Lee(2011)发现,在采用商誉减值测试法之后,商誉预测企业未来现金流的能力提高了。Bens等(2011)发现,市场对未预期商誉减值损失作出明显的负向反应。吴虹雁和刘强(2014)基于价格模型,发现新会计准则时期商誉减值与股价显著负相关,旧会计准则时期商誉摊销与股价不相关。因此,基于公允价值计量模式的商誉减值若执行恰当则可以反映商誉的真实价值,有助于增强商誉会计信息的价值相关性。基于上述分析,本章的第一个假设为:

假设1 商誉减值信息具有价值相关性。

会计信息价值相关性的发挥取决于信息是否可靠,会计信息可靠性的减弱可能导致会计信息价值相关性减弱,如果会计信息的可靠性出现问题,则其相关性再强也会化为乌有(葛家澍和徐跃,2006;Richardson,2005)。由于亏损公司具有"洗大澡"的盈余管理动机,因此其会计信息的可靠性相对较弱,进而导致会计信息价值相关性的减弱。现有研究表明,亏损公司与盈利公司在会计信息价值相关性方面存在显著差异。Hayn(1995)表明,亏损公司的盈余反应系数明显小于盈利公司。薛爽(2002)发现,对于亏损公司,投资者主要基于权益账面价值作出决策,而不再依赖会计盈余。徐筱凤和李寿喜(2005)发现,亏损公司的会计盈余及净资产信息均不存在价值相关性。孟焰和袁淳(2005)、唐国琼(2008)发现,亏损公司的会计盈余信息的价值相关性显著弱于盈利公司。还有学者研究了亏损公司的资产减值信息的价值相关性。例如,李杨和田益祥(2007)发现,亏损公司在计提减值准备后,会计盈余信息的价值相关性得到增强,资产减值准备信息具有增量价值相关性。周冬华(2012)发现,盈余管理行为会削弱资产减值信息的价值相关性,具有扭亏和"洗大澡"动机的上市公司的资产减值信息的价值相关性较弱。吴虹雁和严心怡(2015)认为,相较于盈利公司,亏损公司的资产减值规模对会计稳健性的影响更显著。亏损公司具有"洗大澡"动机,可能通过计提商誉减值损失进行盈余管理,因此其商誉减值并不能真实反映企业未来价值的下降。如果市场中的投资者能够识别公司通过商誉减值进行盈余管理的行为,就不会对商誉减值信息作出反应,由此导致商誉减值信息的价值相关性减弱。基于上述分析,本章的第二个假设为:

假设2 亏损公司的商誉减值信息的价值相关性较弱。

Doyle等(2007)发现,当内部控制存在缺陷时,公司更容易进行盈余管理,高质量内部控制抑制了公司的盈余管理行为,提高了会计信息质量。因此,内部控制有助于增强会计信息的价值相关性。田高良等(2011)、李虹和田马飞(2015)发现,内部控制质量与会计盈余信息的价值相关性显著正相关。方红星和段敏(2014)发现,内部控制自我评价报告和内部控制审计鉴证报告的自愿性披露均增强了会计盈余信息的价值相关性。彭珏和胡斌(2015)发现,内部控制增强了公允价值信息的价值相关性。总的来说,高质量内部控制增强了会计信息的价值相关性,使其对股票价格具有更强的解释能力。基于公允价值计量属性的商誉减值测试法给管理层提供了新的盈余操纵空间,而高质量内部控制可以缩小管理层的自由裁量空间,削弱公允价值估计的主观性,增强其可靠性和价值相关性。因此,在内部控制质量较高的公司中,商誉的公允价值计量更准确,商誉减值信息的可靠性和价值相关性也更强。基于上述分析,本章的第三个假设为:

假设3 高质量内部控制增强了商誉减值信息的价值相关性。

审计师作为提供审计鉴证服务的独立第三方,对公司财务报告发表审计意见,旨在保证会计信息质量。Lin和Hwang(2009)的研究表明,作为有效的外部监督机制,高质量审计可以制约公司的盈余管理行为。因此,高质量审计监督下的会计盈余信息质量更高,其对投资者具有更高的信息含量,表现出更强的价值相关性。例如,魏巍和魏超(2009)发现,经"四大"会计师事务所审计的上市公司披露的盈余预测信息具有较强的价值相关性。贾平和陈关亭(2010)、叶康涛和成颖利(2011)的研究发现,"四大"会计师事务所的审计增强了公允价值计量下会计盈余信息的价值相关性。综合以上文献,高质量审计有利于增强会计盈余信息的价值相关性。商誉不同于其他有形资产,不存在公开交易市场,其估值涉及较多的主观职业判断,因而商誉减值作为会计盈余的一个部分,容易被管理层用于盈余管理。而高质量审计作为有效的外部监督机制,可以缩小管理层的自由裁量空间,提升商誉减值信息的可信度,从而增强其价值相关性。基于上述分析,本章的第四个假设为:

假设4 高质量审计增强了商誉减值信息的价值相关性。

第二节 研究设计

一、样本选择及数据来源

2007年,中国上市公司开始实行《企业会计准则》(2006),对商誉采用减值测试法进行后续计量。为了检验《企业会计准则》(2006)下商誉减值信息的价值相关性,本章选取2007—2014年作为样本区间,从我国A股上市公司年报数据中选取商誉金额和商誉减值金额不同时为0的公司作为样本,共获得6 480个初始样本,其中588个样本确认了商誉减值损失,并对上述样本进行如下筛选:(1)剔除所有金融类上市公司,因为这类公司的会计核算体系和资产结构具有特殊性;(2)剔除数据缺失的观测值。为避免异常值对研究结论的影响,本章对所有连续变量进行上下1%分位的缩尾处理。经过上述筛选,最终得到5 655个观测值,其中530个样本确认了商誉减值损失。商誉减值损失数据手工收集自财务报表附注中的资产减值准备明细项目,其他数据均来自CSMAR数据库。

二、模型构建

关于会计信息的价值相关性,现有文献通常借助Ohlson(1995)的价格模型(14-1)和收益模型(14-2)展开分析和检验。为了保证研究结果的稳健性,本章同时采用价格模型和收益模型,并结合研究内容,对模型中变量进行适当调整,将每股盈余拆分为每股商誉减值损失(GWIPS)和扣除商誉减值损失前的每股盈余(Other_EPS)。同时,参考田高良等(2011)、李虹和田马飞(2015)、彭珏和胡斌(2015)、闫志刚(2012)、廖义刚和徐影(2013)等的做法,控制影响会计盈余信息之价值相关性的其他因素,即公司规模(Size)、总资产收益率(ROA)、资产负债率(Debt)和营业收入增长率(Growth),得到模型(14-3)和模型(14-4)。

$$\text{PRICE}_{i,t} = \alpha_0 + \alpha_1 \text{EPS}_{i,t} + \alpha_2 \text{BVPS}_{i,t} + \varepsilon_{i,t} \qquad (14-1)$$

$$\text{RET}_{i,t} = \alpha_0 + \alpha_1 \text{EPS}_{i,t}/P_{i,t-1} + \alpha_2 \Delta \text{EPS}_{i,t}/P_{i,t-1} + \varepsilon_{i,t} \qquad (14-2)$$

$$\text{PRICE}_{i,t} = \alpha_0 + \alpha_1 \text{GWIPS}_{i,t} + \alpha_2 \text{Other\_EPS}_{i,t} + \alpha_3 \text{BVPS}_{i,t} + \\ \beta_1 \text{Size}_{i,t} + \beta_2 \text{ROA}_{i,t} + \beta_3 \text{Debt}_{i,t} + \beta_4 \text{Growth}_{i,t} + \varepsilon_{i,t} \qquad (14-3)$$

$$\text{RET}_{i,t} = \alpha_0 + \alpha_1 \text{GWIPS}_{i,t}/P_{i,t-1} + \alpha_2 \text{Other\_EPS}_{i,t}/P_{i,t-1} + \\ \alpha_3 \Delta \text{EPS}_{i,t}/P_{i,t-1} + \beta_1 \text{Size}_{i,t} + \beta_2 \text{ROA}_{i,t} + \beta_3 \text{Debt}_{i,t} + \\ \beta_4 \text{Growth}_{i,t} + \varepsilon_{i,t} \qquad (14-4)$$

其中,PRICE 表示每年 4 月 30 日的股票收盘价,因为 4 月 30 日为中国上市公司的年报披露截止日,可以认为此时年报中的信息已经被投资者充分理解。RET 表示报告期的年度股票收益率,是以上一年度 5 月 1 日至报表披露年度 4 月 30 日为期间计算的年度股票收益率。EPS 表示每股盈余,BVPS 表示每股净资产,△EPS 表示每股盈余的变动,GWIPS 表示每股商誉减值损失,Other_EPS 表示扣除商誉减值损失前的每股盈余,Size 为公司规模,ROA 为总资产收益率,Debt 为资产负债率,Growth 为营业收入增长率。在模型(14-2)和模型(14-4)中,所有的解释变量除以年初普通股市场价值予以标准化。根据假设 1,若商誉减值信息具有价值相关性,预期模型(14-3)和模型(14-4)中 α_1 均显著为负。为检验亏损公司的商誉减值信息的价值相关性,引入亏损公司变量(Loss),若扣除商誉减值前的净利润为负,则 Loss 取值为 1,否则取值为 0。根据假设 3,亏损公司的商誉减值信息的价值相关性较弱,预期模型(14-5)和模型(14-6)中 α_3 均显著为正。

$$\text{PRICE}_{i,t} = \alpha_0 + \alpha_1 \text{GWIPS}_{i,t} + \alpha_2 \text{Loss}_{i,t} + \alpha_3 \text{Loss}_{i,t} \times \text{GWIPS}_{i,t} + \\ \alpha_4 \text{Other\_EPS}_{i,t} + \alpha_5 \text{BVPS}_{i,t} + \beta_1 \text{Size}_{i,t} + \beta_2 \text{ROA}_{i,t} + \\ \beta_3 \text{Debt}_{i,t} + \beta_4 \text{Growth}_{i,t} + \varepsilon_{i,t} \qquad (14-5)$$

$$\text{RET}_{i,t} = \alpha_0 + \alpha_1 \text{GWIPS}_{i,t}/P_{i,t-1} + \alpha_2 \text{Loss}_{i,t} + \alpha_3 \text{Loss}_{i,t} \times \\ \text{GWIPS}_{i,t}/P_{i,t-1} + \alpha_4 \text{Other\_EPS}_{i,t}/P_{i,t-1} + \alpha_5 \Delta \text{EPS}_{i,t}/P_{i,t-1} + \\ \beta_1 \text{Size}_{i,t} + \beta_2 \text{ROA}_{i,t} + \beta_3 \text{Debt}_{i,t} + \beta_4 \text{Growth}_{i,t} + \varepsilon_{i,t} \qquad (14-6)$$

为了检验内部控制质量对商誉减值信息之价值相关性的影响,参照卢锐等(2011)的做法,根据内部控制自我评价报告和内部控制审计鉴证报告的披露情况,对内部控制质量(IC)进行定义。同时披露内部控制自我评价报告和内部控制审计鉴证报告的 IC 取值为 2,只披露内部控制自我评价报告或者内部控制审计鉴证报告的 IC 取值为 1,两者都未披露的 IC 取值为 0。根据假设 3,内部控制增强了商誉减值信息的价值相关性,预期模型(14-7)和模型(14-8)中 α_3 均显著为负。

$$PRICE_{i,t} = \alpha_0 + \alpha_1 GWIPS_{i,t} + \alpha_2 IC_{i,t} + \alpha_3 IC_{i,t} \times GWIPS_{i,t} +$$
$$\alpha_4 Other\_EPS_{i,t} + \alpha_5 BVPS_{i,t} + \beta_1 Size_{i,t} + \beta_2 ROA_{i,t} +$$
$$\beta_3 Debt_{i,t} + \beta_4 Growth_{i,t} + \varepsilon_{i,t} \quad (14-7)$$

$$RET_{i,t} = \alpha_0 + \alpha_1 GWIPS_{i,t}/P_{i,t-1} + \alpha_2 IC_{i,t} + \alpha_3 IC_{i,t} \times GWIPS_{i,t}/P_{i,t-1} +$$
$$\alpha_4 Other\_EPS_{i,t}/P_{i,t-1} + \alpha_5 \Delta EPS_{i,t}/P_{i,t-1} + \beta_1 Size_{i,t} +$$
$$\beta_2 ROA_{i,t} + \beta_3 Debt_{i,t} + \beta_4 Growth_{i,t} + \varepsilon_{i,t} \quad (14-8)$$

将会计师事务所按"前十大"和"非前十大"进行划分,并设置"前十大"/"非前十大"虚拟变量作为审计质量的代理变量。为了检验审计质量对商誉减值信息之价值相关性的影响,引入是否"前十大"审计客户的虚拟变量(Audit),若公司是"前十大"审计客户则 Audit 取值为1,否则取值为0。若审计质量增强了商誉减值信息的价值相关性,则模型(14-9)和模型(14-10)中 α_3 均显著为负。

$$PRICE_{i,t} = \alpha_0 + \alpha_1 GWIPS_{i,t} + \alpha_2 Audit_{i,t} + \alpha_3 Audit_{i,t} \times GWIPS_{i,t} +$$
$$\alpha_4 Other\_EPS_{i,t} + \alpha_5 BVPS_{i,t} + \beta_1 Size_{i,t} + \beta_2 ROA_{i,t} +$$
$$\beta_3 Debt_{i,t} + \beta_4 Growth_{i,t} + \varepsilon_{i,t} \quad (14-9)$$

$$RET_{i,t} = \alpha_0 + \alpha_1 GWIPS_{i,t}/P_{i,t-1} + \alpha_2 Audit_{i,t} + \alpha_3 Audit_{i,t} \times$$
$$GWIPS_{i,t}/P_{i,t-1} + \alpha_4 Other\_EPS_{i,t}/P_{i,t-1} + \alpha_5 \Delta EPS_{i,t}/P_{i,t-1} +$$
$$\beta_1 Size_{i,t} + \beta_2 ROA_{i,t} + \beta_3 Debt_{i,t} + \beta_4 Growth_{i,t} + \varepsilon_{i,t} \quad (14-10)$$

控制变量的选取以及主要变量的定义如表14-1所示。

表14-1 变量定义

变量类型	变量名称	变量符号	变量定义
被解释变量	股票价格	$PRICE_{i,t}$	第 $t+1$ 年4月30日(年报披露截止日)股票收盘价
	年度股票收益率	$RET_{i,t}$	第 t 年5月1日至第 $t+1$ 年4月30日的年度股票收益率
解释变量	每股商誉减值损失	$GWIPS_{i,t}$	商誉减值损失/总股本
	标准化后的每股商誉减值损失	$GWIPS_{i,t}/P_{i,t}$	每股商誉减值损失/年初股票价格
	每股盈余	$EPS_{i,t}$	净损益/总股本
	每股净资产	$BVPS_{i,t}$	净资产/总股本
	扣除商誉减值损失前的每股盈余	$Other\_EPS_{i,t}$	每股盈余 + 每股商誉减值损失
	标准化后的每股盈余	$EPS_{i,t}/P_{i,t}$	每股盈余/年初股票价格
	标准化后的 $Other\_EPS_{i,t}$	$Other\_EPS_{i,t}/P_{i,t}$	扣除商誉减值损失前的每股盈余/年初股票价格
	标准化后的每股盈余变动	$\Delta EPS_{i,t}/P_{i,t}$	($EPS_{i,t} - EPS_{i,t-1}$)/年初股票价格

(续表)

变量类型	变量名称	变量符号	变量定义
控制变量	公司规模	$Size_{i,t}$	年末资产总额的自然对数
	总资产收益率	$ROA_{i,t}$	净利润/年末总资产
	资产负债率	$Debt_{i,t}$	年末总负债/年末总资产
	营业收入增长率	$Growth_{i,t}$	$(Sales_t - Sales_{t-1})/Sales_{t-1}$
	是否亏损	$Loss_{i,t}$	若扣除商誉减值前的净利润为负则 Loss 取值为1,否则取值为0
	内部控制质量	$IC_{i,t}$	内部控制自我评价报告和内部控制审计鉴证报告的披露情况
	审计质量	$Audit_{i,t}$	若为"前十大"审计则 Audit 取值为1,否则取值为0

第三节 实证结果分析

一、描述性统计

表14-2是按照是否发生商誉减值分组的分样本描述性统计结果。从中可以看出,两组样本在所有变量方面几乎都存在显著差异。与未发生商誉减值的样本相比,发生商誉减值的样本的股票价格均值显著更低,股票收益率均值也显著更低。这表明市场对商誉减值公司给予负向市场反应,与预期一致。此外,两者在扣除商誉减值损失前的每股盈余、每股净资产、每股盈余变动方面也存在显著差异。控制变量方面,发生商誉减值的样本的总资产收益率均值更低、资产负债率均值更高、成长性(营业收入增长率)均值更低、亏损概率更大、内部控制质量更低;而在公司规模和是否"前十大"审计方面,两组样本不存在显著差异。

二、回归分析

(一)商誉减值信息的价值相关性

表14-3中第(1)—(4)列为商誉减值信息之价值相关性的检验结果,第(5)—(8)列为亏损公司的商誉减值信息之价值相关性的检验结果。模型(14-3)和模型(14-4)的回归结果显示,在价格模型和收益模型中,每股商誉减值损失与股票价格和股票收益率的回归系数均显著为负,这说明商誉减值信息具有价值相关性,对于股票价格和股票收益率均有解释能力,假设1得到验证。扣除商誉减值前的每股

表 14-2 主要变量的描述性统计

变量	发生商誉减值					未发生商誉减值					均值 t检验
	均值	25%分位数	中位数	75%分位数	N	均值	25%分位数	中位数	75%分位数	N	
PRICE	11.6310	6.3900	8.9200	13.9000	530	15.6793	7.7600	12.2100	19.6300	5 125	0.0000
RET	0.0960	-0.2373	0.0012	0.0038	530	0.3430	-0.1695	0.1090	0.6308	5 125	0.0000
GWIPS	0.0170	0.0026	0.0087	0.0232	530	0	0	0	0	5 125	0.0000
Other_EPS	0.3102	0.0648	0.2616	0.5395	530	0.4257	0.1307	0.3216	0.6127	5 125	0.0000
BVPS	4.1549	2.4174	3.6328	5.4570	530	4.5419	2.8284	4.0233	5.7359	5 125	0.0006
GWIPS/P	0.0016	0.0002	0.0009	0.0025	530	0	0	0	0	5 125	0.0000
Other_EPS/P	0.0262	0.0071	0.0229	0.0500	530	0.0330	0.0118	0.0257	0.0485	5 125	0.0005
△EPS/P	-0.0047	-0.0210	-0.0028	0.0103	530	0.0012	-0.0105	-0.0002	0.0101	5 125	0.0005
Size	22.1448	21.1709	21.8749	22.7635	530	22.1401	21.1808	21.9565	22.8820	5 125	0.9378
ROA	0.0266	0.0082	0.0324	0.0585	530	0.0459	0.0178	0.0400	0.0709	5 125	0.0000
Debt	0.4923	0.3225	0.5050	0.6665	530	0.4670	0.3072	0.4753	0.6262	5 125	0.0078
Growth	0.1505	-0.0232	0.1251	0.2768	530	0.2281	0.0175	0.1532	0.3225	5 125	0.0001
Loss	0.1698	0	0	1.0000	530	0.0609	0	0	0	5 125	0.0000
IC	1.1924	0	1.0000	2.0000	525	1.3016	1.0000	2.0000	2.0000	5 080	0.0030
Audit	0.4491	0	0	1.0000	530	0.4628	0	0	1.0000	5 125	0.5449

表 14-3 商誉减值信息的价值相关性与亏损公司的商誉减值信息的价值相关性

变量	预期符号	模型(14-1) (1)PRICE	模型(14-2) (2)PRICE	模型(14-3) (3)RET	模型(14-4) (4)RET	模型(14-5) (5)PRICE	模型(14-5) (6)PRICE	模型(14-6) (7)RET	模型(14-6) (8)RET
GWIPS	−	−43.7664*** (−3.07)	−44.0956*** (−3.06)			−77.1620*** (−4.52)	−83.0109*** (−5.03)		
Other_EPS	+	7.8608*** (17.70)	6.1548*** (8.27)			8.6158*** (16.70)	5.6841*** (7.77)		
BVPS	+	1.0854*** (12.96)	1.5053*** (15.40)			1.0456*** (12.31)	1.5760*** (16.37)		
Loss × GWIPS	+					101.2227*** (4.03)	113.4350*** (4.23)		
Loss	+					2.1656*** (4.68)	5.3995*** (10.90)	0.0980** (2.05)	0.0808* (1.57)
GWIPS/P	−			−46.4862*** (−4.37)	−55.4759*** (−5.25)			−61.6026*** (−5.76)	−64.5861*** (−6.05)
Loss × GWIPS/P	+							38.2369 (1.30)	25.0807 (0.86)
Other_EPS/P	+			1.2250*** (3.82)	2.7311*** (6.77)			1.5316*** (4.42)	2.8725*** (7.06)
ΔEPS/P	+			1.4523*** (4.11)	1.3475*** (3.62)			1.5831*** (4.43)	1.4331*** (3.79)
Size	−	−2.2493*** (−19.71)			−0.0130 (−1.36)	−2.2004*** (−19.40)			−0.0131 (−1.37)
ROA	?	23.1727*** (4.36)			−1.9623*** (−7.16)	44.4173*** (7.76)			−1.7840*** (−6.24)
Debt	?	−0.3388 (−0.39)			−0.4042*** (−6.68)	0.4611 (0.53)			−0.4061*** (−6.70)
Growth	+	1.9342*** (5.12)			0.0557** (2.07)	2.0859*** (5.49)			0.0563** (2.09)
Adj. R^2		0.2525	0.3319	0.0196	0.0332	0.2558	0.3436	0.0209	0.0339
观测值		5 655	5 655	5 655	5 655	5 655	5 655	5 655	5 655

注：*、**、***分别表示在10%、5%和1%的统计水平上显著。

盈余、每股净资产、每股盈余变动与股票价格和股票收益率的回归系数均显著为正,这说明净资产和扣除商誉减值前的每股盈余信息具有价值相关性。在加入控制变量之后,模型的解释能力得到加强,回归系数值增大、符号和显著性保持一致。公司规模与股票价格显著负相关,与李虹和田马飞(2015)的发现一致;成长性与股票价格和股票收益率均正相关,与彭珏和胡斌(2015)的发现一致。

(二)亏损公司的商誉减值信息之价值相关性

表14-3中模型(14-5)和模型(14-6)的回归结果显示,亏损变量与股票价格和股票收益率均显著正相关,可能的解释是亏损公司在当期通过应计项目进行"洗大澡",目的是向未来期间转移收益,由此当期业绩下降,未来期间业绩上升。由于股票价格是基于对未来期间现金流的预期,因此当期"洗大澡"公司的股票价格和股票收益率反而上升。价格模型中,亏损变量与每股商誉减值损失交乘项(Loss × GWIPS)的回归系数显著为正;收益模型中,亏损变量与每股商誉减值损失的交乘项(Loss × GWIPS/P)的回归系数为正但不显著。这说明亏损公司的商誉减值信息与股票价格的相关性显著弱于正常盈利的上市公司,但两者在商誉减值信息与股票收益率的相关性方面没有显著差异。亏损公司具有较强的"洗大澡"动机,其计提的商誉减值损失更多地出于盈余管理目的,并不是对公司真实价值的反映,因此投资者不会依据商誉减值信息作出投资决策。总的来说,亏损公司的商誉减值信息的价值相关性较弱,假设2部分得证。在加入公司层面的控制变量之后,检验结果保持一致。

(三)内部控制质量对商誉减值信息之价值相关性的影响

表14-4中第(1)—(4)列为内部控制质量对商誉减值信息之价值相关性的影响的检验结果,第(5)—(8)列为审计质量对商誉减值信息之价值相关性的影响的检验结果。模型(14-7)和模型(14-8)的回归结果显示,内部控制质量与股票价格和股票收益率均显著正相关。这说明市场对高内部控制质量的公司给予正向反应,内部控制质量越高,股票价格和股票收益率越高。价格模型中,每股商誉减值损失(GWIPS)的回归系数不显著,内部控制质量与每股商誉减值损失交乘项(IC × GWIPS)的回归系数显著为负;收益模型中,每股商誉减值损失(GWIPS/P)的回归系数不显著,内部控制质量与每股商誉减值损失交乘项(IC × GWIPS/P)的回归系数显著为负。这说明低内部控制质量公司的商誉减值信息不具有价值相关性,随着内部控制质量的提高,商誉减值信息的价值相关性显著增强。由于商誉减值的可操控性比较强,公司可以出于自利目的而择时计提商誉减值损失进行盈余管理。

表 14-4 内部控制质量及审计质量对商誉减值信息之价值相关性的影响

变量	预期符号	模型(14-7) (1)PRICE	模型(14-7) (2)PRICE	模型(14-8) (3)RET	模型(14-8) (4)RET	模型(14-9) (5)PRICE	模型(14-9) (6)PRICE	模型(14-10) (7)RET	模型(14-10) (8)RET
GWIPS	?	9.2118 (0.38)	17.5606 (0.66)			-39.8551** (-2.04)	-39.1971** (-2.01)		
Other_EPS	+	7.9144*** (17.67)	6.2681*** (8.35)			7.8625*** (17.70)	6.1855*** (8.32)		
BVPS	+	1.0576*** (12.30)	1.4730*** (14.91)			1.0786*** (12.77)	1.4993*** (15.33)		
IC × GWIPS	-	-43.0311** (-2.33)	-49.1716*** (-2.59)						
IC	+	0.3900** (2.50)	0.6842*** (4.49)	0.1878*** (17.46)	0.1920*** (17.61)				
Audit × GWIPS	-					-8.1680 (-0.29)	-11.2117 (-0.39)		
Audit	+					0.3143 (1.11)	1.4264*** (5.11)		
GWIPS/P	-			10.2671 (0.62)	-3.2824 (-0.20)			-21.0630 (-1.48)	-30.8276** (-2.19)
IC × GWIPS/P	-			-44.1703*** (-3.31)	-43.3909*** (-3.32)				
Audit × GWIPS/P	-							-57.0432*** (-2.67)	-57.1615*** (-2.73)
Other_EPS/P	+			0.8331*** (2.63)	2.6709*** (6.78)			0.9908*** (3.09)	2.6802*** (6.67)
△EPS/P	+			1.9912*** (5.67)	1.6234*** (4.42)			1.5843*** (4.49)	1.2935*** (3.48)

(续表)

变量	预期符号	模型 (14-7)		模型 (14-8)		模型 (14-9)		模型 (14-10)	
		(1) PRICE	(2) PRICE	(3) RET	(4) RET	(5) PRICE	(6) PRICE	(7) RET	(8) RET
Size	-		-2.3430*** (-19.97)		-0.0422*** (-4.53)		-2.3981*** (-20.05)		-0.0316*** (-3.24)
ROA	?		23.2824*** (4.34)		-1.9005*** (-7.05)		23.4559*** (4.43)		-1.8543*** (-6.84)
Debt	?		0.2243 (0.25)		-0.2210*** (-3.62)		0.2058 (0.24)		-0.3291*** (-5.42)
Growth	+		2.0146*** (5.26)		0.0619** (2.39)		1.9824*** (5.23)		0.0629** (2.34)
Adj. R^2		0.2529	0.3339	0.0602	0.0737	0.2526	0.3354	0.0341	0.0484
观测值		5 605	5 605	5 605	5 605	5 655	5 655	5 655	5 655

注：**、***分别表示在5%和1%的统计水平上显著。

现有研究表明,有效的内部控制能够制约公司管理层的盈余管理行为,从而提高会计盈余信息质量,使其能更正确地指导投资者决策。实证结果表明,内部控制能增强商誉减值信息的价值相关性,假设3得到支持。

(四)审计质量对商誉减值信息之价值相关性的影响

表14-4中模型(14-9)和模型(14-10)的回归结果显示,审计质量与股票价格和股票收益率基本显著正相关。这说明市场对高审计质量的公司给予正向反应,审计质量越高,股票价格和股票收益率越高。价格模型中,审计质量与每股商誉减值损失交乘项(Audit×GWIPS)的回归系数为负但不显著;收益模型中,审计质量与每股商誉减值损失交乘项(Audit×GWIPS/P)的回归系数显著为负。这说明较高审计质量公司的商誉减值与股票收益率之间的相关性显著强于较低审计质量公司。然而,审计质量对商誉减值与股票价格的相关性没有显著影响。高质量审计作为外部监督机制,有效制约了公司的盈余管理行为,提高了会计盈余信息质量。在这种情况下,商誉减值损失作为会计盈余的一部分,其可靠性也得到增强,更能反映企业经济活动的实质,相应的价值相关性更强。由此可见,高质量审计增强了商誉减值信息的价值相关性,实证结果部分支持了假设4。

第四节 稳健性检验

一、固定效应模型和随机效应模型

由于价格模型和收益模型易受到面板数据中截面异方差的影响,部分学者采用固定效应模型和随机效应模型进行统计分析(王思维和程小可,2012;刘永泽和孙蒿,2011;张金若和王炜,2015)。在稳健性检验中,本章同时采用固定效应模型和随机效应模型进行检验,并进行Hausman随机效应检验,结果显示固定效应模型更合适。实证结果显示,固定效应模型中,商誉减值损失与股票价格和股票收益率均显著负相关,价格模型的拟合优度为13.84%,收益模型的拟合优度为11.01%。这说明在控制公司之间不随时间变化的因素之后,商誉减值信息仍具有价值相关性,研究结论不变。

二、连续两年亏损公司的商誉减值信息之价值相关性

由于中国上市公司连续三年亏损就会被暂停上市,亏损公司为实现扭亏为盈

以避免被特别处理或者暂停上市,很可能会在亏损年度计提大量的资产减值准备,并且这种巨额冲销的动机在连续亏损的第二年更为强烈。因此,连续两年亏损公司的"洗大澡"动机更强烈。为此,在稳健性检验中,本章引入连续两年亏损的虚拟变量(Loss2),若公司连续两年扣除商誉减值损失前的净利润为负则 Loss2 取值为 1,否则取值为 0。检验结果显示,Loss2 × GWIPS 的回归系数显著为正,进一步证明亏损公司的"洗大澡"动机削弱了商誉减值信息的价值相关性。

三、内部控制质量的重新衡量

卢锐等(2011)对内部控制质量的衡量并未考虑到内部控制是否存在缺陷以及内部控制审计鉴证报告的意见类型,参考方红星和金玉娜(2011)的研究,本部分将内部控制质量(IC)区分为低、中、高三种情况:将内部控制自我评价报告中披露重大缺陷、内部控制审计鉴证报告被出具非标准意见、存在年度亏损、发生违规、财务报表被出具非标准意见的公司定义为低内部控制质量公司,IC 取值为 -1;将内部控制审计鉴证报告被出具标准意见,且不存在低内部控制质量情形的公司定义为高内部控制质量公司,IC 取值为 1;将不存在低内部控制质量与高内部控制质量情形的公司定义为中等内部控制质量公司,IC 取值为 0。实证结果显示,价格模型和收益模型中,内部控制质量与每股商誉减值损失交乘项的回归系数均显著为负,说明内部控制质量显著增强了商誉减值信息的价值相关性。限于篇幅,以上稳健性检验的结果未予列示。

小结

在商誉会计准则后续计量方法发生变迁的背景下,本章考察了中国上市公司商誉减值信息的价值相关性,并从盈余管理、内部监督和外部监督的角度探讨了市场对商誉减值信息的价值判断,拓展了会计盈余信息之价值相关性的文献。实证结果显示,商誉减值与股票价格和股票收益率均显著负相关,即商誉减值信息存在价值相关性。进一步的检验显示,亏损公司由于存在"洗大澡"动机,其商誉减值信息的价值相关性较弱,高内部控制质量和高审计质量则显著增强了商誉减值信息的价值相关性。经过一系列的稳健性检验之后,上述发现没有发生改变。本章的实证结果表明,虽然商誉减值测试法的引入加大了管理层的盈余操纵空间,但商誉减值信息对投资者决策依然是有用的。商誉减值信息的价值相关性依赖于管理层对商誉减值的如实反映,因此盈余管理动机削弱了其价值相关性,高质量的内部控制和审计监督则通过制约商誉减值中的管理层盈余管理行为而增强了其价值相关性。本章的研究结论对于促进现有商誉会计准则的有效贯彻执行、完善公司内部监督机制和外部监督机制、降低盈余管理程度、提高商誉会计信息含量具有积极意义。

参考文献

[1]方红星,段敏. 内部控制信息披露对盈余价值相关性的影响:来自A股上市公司2007—2011年度的经验数据[J]. 审计与经济研究,2014(6):56-64.

[2]方红星,金玉娜. 高质量内部控制能抑制盈余管理吗[J]. 会计研究,2011(8):53-60.

[3]葛家澍,徐跃. 论会计信息相关性与可靠性的冲突问题[J]. 财务与会计,2006(12):18-20.

[4]贾平,陈关亭. 公允价值计量下审计质量的作用研究[J]. 审计研究,2010(3):59-66.

[5]李虹,田马飞. 内部控制、媒介功用、法律环境与会计信息价值相关性[J]. 会计研究,2015(6):64-71.

[6]李扬,田益祥. 亏损上市公司计提资产减值准备的价值相关性研究[J]. 管理评论,2007(7):52-57.

[7]廖义刚,徐影. 投资机会、高质量审计与盈余的价值相关性[J]. 财经论丛,2013(4):88-94.

[8]刘永泽,孙蔓. 我国上市公司公允价值信息的价值相关性:基于企业会计准则国际趋同背景的经验研究[J]. 会计研究,2011(2):16-22.

[9]卢锐,柳建华,许宁. 内部控制、产权与高管薪酬业绩敏感性[J]. 会计研究,2011(10):42-48.

[10]孟焰,袁淳. 亏损上市公司会计盈余价值相关性实证研究[J]. 会计研究,2005(5):42-46.

[11]彭珏,胡斌. 公允价值、内部控制和盈余质量:来自A股非金融类公司的经验证据[J]. 现代财经,2015(9):77-91.

[12]唐国琼. 亏损公司会计盈余价值相关性实证研究[J]. 金融研究,2008(11):146-159.

[13]田高良,齐保垒,程瑶. 内部控制缺陷对会计信息价值相关性的影响:针对中国股票市场的经验研究[J]. 西安交通大学学报(社会科学版),2011(3):27-31.

[14]王思维,程小可. 负商誉的价值相关性研究:基于新企业会计准则的实证研究[J]. 会计与经济研究,2012(2):54-61.

[15]魏巍,魏超. IPO公司盈利预测的价值相关性:来自我国上市公司的经验证据[J]. 经济与管理研究,2009(5):20-25.

[16]吴虹雁,刘强. 商誉减值会计经济后果分析[J]. 现代财经,2014(9):53-65.

[17]吴虹雁,严心怡. 资产减值政策对上市公司稳健性的影响[J]. 首都经济贸易大学学报,2015(6):98-105.

[18]徐筱凤,李寿喜. 企业盈亏、流通股规模与股票定价:来自中国证券市场的经验证据[J]. 经济经纬,2005(1):77-80.

[19]薛爽. 亏损公司的股票价格是如何确定的[J]. 中国会计与财务研究,2002(4):100-133.

[20]闫志刚. 内部控制质量对会计盈余价值相关性的影响[J]. 统计与决策,2012(15):180-181.

[21]叶建芳,李丹蒙,章斌颖. 内部控制缺陷及其修正对盈余管理的影响[J]. 审计研究,2012(6):50-59.

[22]叶康涛,成颖利. 审计质量与公允价值计量的价值相关性[J]. 上海立信会计学院学报,2011(3):3-11.

[23]张金若,王炜. 金融行业上市公司公允价值会计的价值相关性[J]. 中南财经政法大学学报,2015(3):79-86.

[24]周冬华. 会计准则变迁、盈余管理与资产减值信息价值相关性[J]. 商业经济与管理,2012(9):56-64.

[25]AHMED A,GULER L. Evidence on the effects of SFAS 142 on the reliability of goodwill write-offs[Z]. Working Paper,2007.

[26]BENS D A,HELTZER W,SEGAL B. The information content of goodwill impairments and SFAS 142[J]. Journal of Auditing and Finance,2011,26(3):527-555.

[27]CHALMER K G,GODFREY J M,WEBSTER J C. Does a goodwill impairment regime better reflect the underlying economic attributes of goodwill[J]. Accounting and Finance,2011,51(3):634-660.

[28]CHEN C,KOHLBECK M,WARFIELD T. Goodwill valuation effects of the initial adoption of SFAS 142[R]. Working Paper,Florida Atlantic University,2004.

[29]DOYLE J T,GE W,MAVAY S E. Accrual quality and internal control over financial reporting[J]. The Accounting Review,2007,82:1147-1170.

[30]HAYN C. The information content of losses[J]. Journal of Accounting and Economics,1995,20(2):125-153.

[31]JENNINGS R,LE C J,THOMPSON R B. Goodwill amortization and the usefulness of earnings[J]. Financial Analysts Journal,2001,57(5):20-28.

[32]KOTHARI S P,ZIMMERMAN J L. Price and return models[J]. Journal of Accounting and Economics,1995,20(2):155-192.

[33]LEE C. The effect of SFAS 142 on the ability of goodwill to predict future cash flows[J]. Journal of Accounting and Public Policy,2011,30(3):236-255.

[34] LIN J W, HWANG M I. Audit quality, corporate governance and earnings management: A meta-analysis[J]. International Journal of Auditing, 2009, 13(3): 120 – 130.

[35] OHLSON J. Earnings book values and dividends in equity valuation[J]. Contemporary Accounting Research, 1995, 11(2): 661 – 687.

[36] RICHARDSON S A, SLOAN R G, SOLIMAN M T, et al. Accrual reliability, earnings persistence and stock prices[J]. Journal of Accounting and Economics, 2005, 39(3): 437 – 485.

第十五章
商誉减值与分析师盈余预测*

2006年2月15日,我国财政部颁布了包括1项基本准则和38项具体准则在内的一整套企业会计准则体系①,并要求上市公司自2007年1月1日起执行。其中,《企业会计准则第8号——资产减值》和《企业会计准则第20号——企业合并》针对商誉的处理从采用直线法、按不超过10年的期限进行摊销,转变为至少在每年度终进行减值测试,从而与国际财务报告准则(IFRS 3、IAS 36)以及美国财务会计准则(SFAS 141、SFAS 142)的规范保持一致。商誉准则后续计量方法的变化,是为了真实反映商誉公允价值,以提高会计信息的决策有用性。然而,商誉减值测试机制的引入在很大程度上变成准则制定者为取消权益结合法而向实务界妥协的结果。商誉的后续确认,体现了利益集团之间的博弈(杜兴强等,2011)。商誉减值测试能否确实如国际会计准则理事会和美国财务会计准则委员会所认为的反映经济实质以提升会计信息质量,是值得商榷的。

非同一控制下企业的并购会产生商誉。随着我国经济的整体转型,行业从分散式向集约式发展,引发新一轮的企业并购浪潮,产生大量的并购案例。在此背景下,商誉后续计量问题的重要性凸显。在旧准则下,以前期间计提的长期资产减值损失可以转回并计入当期盈余,减值前亏损的公司存在以转回和计提资产减值进行盈余管理的行为(赵春光,2006)。虽然新准则规定资产减值一经确认不得在以后期间转回,在一定程度上缩小了企业利用减值准备进行盈余管理的空间,但不能

---

* 本章参阅了曲晓辉,卢煜,汪健.商誉减值与分析师盈余预测:基于盈余管理的视角[J].山西财经大学学报,2016(4):101-113.

① 本章将2006年版的企业会计准则体系简称为"新准则",之前版本的企业会计准则体系简称为"旧准则"。

认为新准则完全限制了企业操纵商誉减值的可能性。根据现行准则,如果企业在未处置子公司之前择机计提商誉减值准备,而在以后年度再处置子公司,那么转销的商誉减值准备直接计入投资收益,成为利润的一部分。商誉不同于其他资产,不存在公开交易市场,其估值的透明度更低、灵活性更大,由此针对商誉的盈余管理机会也更多。冯卫东和郑海英(2013)发现,在发生并购交易的当年,个别上市公司在经营环境和财务状况并未发生重大变化也不存在减值迹象的情况下,对商誉计提了部分甚至全部减值,人为调节了企业业绩,导致会计信息失真。因此在新准则下,管理层依然有可能利用商誉减值进行盈余管理,其主要手段是利用商誉减值损失平滑盈余、"洗大澡"(黄世忠,2002),或者延期、择机确认商誉减值损失(Henning等,2004),进而误导分析师预测和投资者决策,造成资本市场资源配置错位。

分析师作为资本市场中主要的财务信息使用者与传递者,他们收集上市公司信息,利用自身较高的专业知识水平,对公司及其所在行业进行深入分析,最终以研究报告的形式对公司盈余作出预测,并给出投资评级。因此,分析师的研究报告能够集中反映资本市场参与者对上市公司未来业绩的预期。由于分析师拥有优于一般投资者的信息收集途径、专业分析能力和团队优势,他们的盈余预测活动将有助于提高市场定价效率,减轻被分析公司的信息不对称,降低公司资本成本,提高市场整体有效性。无论是在西方成熟的资本市场还是在我国这样的新兴资本市场,分析师都已经成为不可或缺的重要组成(Holland 和 Johanson,2003;Covering 和 Low,2005)。上市公司公开发布的会计信息是分析师进行盈余预测的重要信息来源(Schipper,1991;Knutson,1992),而商誉减值作为企业重要的财务信息,必然会受到分析师的关注。因此,从分析师预测的角度探讨商誉减值的经济后果,对于正确评价现行商誉减值准则、进一步完善商誉减值的后续计量和披露、提高资本市场运行效率具有积极的意义。

本章以2007—2013年沪深两市A股上市公司为样本,采用倾向得分匹配(propensity score matching,PSM)法进行配对,考察商誉减值对分析师盈余预测的影响。本章研究发现,上市公司是否发生商誉减值以及减值规模均与分析师盈余预测显著相关。具体来说,商誉减值降低了分析师盈余预测的准确性,提高了分析师盈余预测的分歧度,并且减值规模越大,其不利影响越显著。进一步的检验显示,商誉减值对分析师盈余预测的不利影响仅存在于进行负向盈余管理(可操控性应计为负)的公司中,这说明只有存在盈余管理动机的商誉减值才会影响分析师盈余预测。本章研究还发现,外部审计可以缓解商誉减值对分析师盈余预测的不利影响。

截至2016年,国内关于商誉减值的研究大多是规范性的,仅停留在理论探讨层面。本章的主要贡献在于:(1)基于中国资本市场,首次运用实证方法探讨了商誉减值与分析师盈余预测的关系,从分析师预测的角度丰富了商誉减值的经济后果相关文献;(2)发现了基于商誉减值的盈余管理行为,说明现行会计准则为上市公司利用商誉减值准备进行盈余管理提供了空间,这为我国现行商誉会计准则的评价及未来修订提供了科学依据;(3)发现了高质量审计可以有效缓解商誉减值对分析师盈余预测的不利影响,为高质量审计能够提高资本市场运行效率提供了进一步的经验证据。

第一节 文献回顾

准则制定机构引入商誉减值机制的初衷是真实反映商誉的公允价值,为市场上的投资者提供及时、有效的信息。Jarva(2009)、AbuGhazaleh等(2011)认为,商誉减值是管理层传递未来现金流私有信息的工具。Godfrey和Koh(2009)发现,商誉减值损失额与公司投资机会负相关。Chalmers等(2011)比较商誉减值机制与商誉摊销机制,发现商誉减值与投资机会的相关性更显著。徐玉德和洪金明(2011)发现,计提商誉减值损失的公司的未来盈利能力下降,而且倾向于选择高质量的审计师。吴虹雁和刘强(2014)发现,基于新准则的商誉减值相较于基于旧准则的商誉摊销具有显著的增量价值相关性。由此可见,商誉减值信息是基于未来经营业绩的合理预期,应当具有价值相关性。

然而,由于商誉估值涉及的主观职业判断较多,其依赖的私有信息难以被外部获取,管理层在计提商誉减值的比例、时机方面拥有一定的操作空间。有研究表明,商誉减值机制的引入给予管理层更多的自由裁量权,可能会导致其利用商誉减值进行盈余管理,具体表现为盈余平滑或"洗大澡"(Massoud和Raiborn,2003;Watts,2003)。Henning等(2004)发现,美国公司存在推迟确认商誉减值损失的行为,而英国公司存在择机确认商誉减值损失的行为。Masters-Stout等(2008)发现,CEO在任职初期会更多地确认商誉减值损失,试图将减值损失归咎于前任CEO错误的并购决策,以缓解未来期间计提减值损失的压力,达到粉饰业绩的目的。Alves(2013)发现,商誉处理方法在由摊销转为减值测试之后,商誉减值额与盈余管理程度显著正相关。黄世忠(2002)发现,一些美国大型上市公司利用会计准则的变更,计提巨额的商誉减值准备对资产负债表进行彻底清洗,以释放"资产泡沫"或"隐性负债"带来的风险。丁友刚(2004)认为,商誉减值测试与盈余管理相互制约。陆正华等(2010)发现,其他资产减值准备计提率、合并商誉规模以及资产负债率、净资产收益率等因素对商誉减值测试具有显著影响,由此得出商誉减值是一种盈余管理行为的结论。但是,仅从影响因素的角度得出商誉减值是盈余管理行为的结论是不恰当的。董晓洁(2014)的研究表明,商誉减值额与企业盈余管理水平正相关,并且高质量审计可以削弱商誉减值与盈余管理的相关性。由此可见,研究显示商誉减值是一种盈余管理行为。然而,现有文献主要通过商誉减值的影响因素分析解释盈余管理行为,尚未有学者从经济后果的角度就商誉减值对盈余管理行为的影响进行研究。

鉴于商誉减值是非常重要的财务信息,本章关注的核心问题是,分析师作为资本市场中主要的信息使用者与传递者,其预测是否会受到商誉减值的影响及其原因?国外的研究表明,分析师盈余预测会受到公司规模、信息披露质量、盈余特征、行业状况及分析师自身因素的影响(Lehavy 等,2011;Lang 和 Lundholm,1996;De Franco 等,2011)。在国内研究方面,方军雄(2007)、李丹蒙(2007)均发现,上市公司的信息披露透明度越高,分析师盈余预测的准确度越高。郑亚丽和蔡祥(2008)发现,盈余特征对分析师盈余预测产生影响,当公司存在扭亏或者微营利的盈余管理动机时,分析师预测的难度增大,预测准确度下降。白晓宇(2009)的研究结果表明,上市公司的信息披露政策越透明,跟踪该公司进行预测的分析师数量越多,分析师预测的分歧度越低、准确度越高。李丹和贾宁(2009)发现,公司盈余质量越高,分析师盈余预测越准确、分歧越小,完善的制度环境能够在一定程度上削弱盈余信息质量对分析师盈余预测的影响。马晨等(2012)研究了财务重述对分析师预测行为的影响,发现财务重述减少了分析师跟踪数量、增大了分析师预测误差。张文等(2015)研究了上市公司信息质量对卖方分析师预测精度的影响,发现上市公司的信息质量越低,分析师预测精度越低。

第二节 研究假设

学术界关于分析师盈余预测的研究涵盖分析师跟踪数或关注度、预测准确度、预测分歧度、预测的系统性乐观或悲观偏误、预测误差分布以及预测误差的决定性因素等多个角度,说明这一领域非常重要。本章主要考察商誉减值对分析师盈余预测的准确度和分歧度的影响。准确度取决于分析师盈余预测均值与实际盈余之间的差异,分歧度取决于不同分析师之间盈余预测的差异。已有研究表明,商誉减值中存在盈余管理行为(Massoud 和 Raiborn,2003;Watts,2003),而盈余管理行为会降低会计信息质量,会计信息质量对分析师盈余预测产生显著影响(李丹蒙,2007;白晓宇,2009;张文等,2015)。因此,商誉减值应该会影响分析师盈余预测,具体表现为分析师盈余预测的准确度下降、分歧度提高。就商誉减值对分析师盈余预测在准确度和分歧度两方面造成的影响,本章提出以下假设:

假设1 商誉减值会降低分析师盈余预测准确度,提高分析师盈余预测分歧度。

仅仅检验商誉减值与分析师盈余预测之间的关系是不够的,更重要的是找出商誉减值影响分析师盈余预测的传导机制,由此本章合理预期盈余管理是可能的传导路径。国内外的研究表明,盈余管理普遍存在于资本市场,人为操纵的利润必然会改变其本身的时间序列特征,给分析师盈余预测带来困难(石桂峰等,2007)。由于商誉减值的可操控性比较强,管理层可以在对自身有利的情况下才计提商誉减值损失(陆正华等,2010)。进行负向盈余管理的公司,通过多计本期的损失,达到释放风险、粉饰未来期间业绩的目的。此时的商誉减值作为比其他减值损失更容易操控的应计,更多地体现为一种择机或择时盈余管理行为。为了检验商誉减值对分析师盈余预测的影响是否由盈余管理行为导致,本章将负向盈余管理公司中发生的商誉减值定义为盈余管理动机较强的商誉减值,检验这部分商誉减值对分析师盈余预测的影响,并提出以下假设:

假设2 在存在负向盈余管理行为的公司中,商誉减值对分析师盈余预测的影响显著增强。

独立的外部审计作为公司治理的监督机制,目的在于制约公司管理层编制财务报告中的机会主义行为。现有研究表明,高质量的外部审计可以合理保证会计信息的真实性、可靠性,减少管理层报告的误差和偏见(Willenborg,1999;Bushman 和 Smith,2001)。Becker 等(1998)的研究发现,"非六大"审计的客户报告利润中可操控性应计水平明显高于"六大"审计的客户报告利润水平。蔡春等(2005)检验了外部审计质量对企业盈余管理程度的影响,发现"非十大"会计师事务所审计的公司的可操控性应计利润显著高于"十大"会计师事务所审计的公司。李仙和聂丽洁(2006)认为,高质量的专业审计能够有效抑制 IPO 中的盈余管理动机,降低管理层盈余管理程度。由于外部审计对盈余管理具有抑制作用,本章可以合理预期,外部审计质量能够抑制公司利用商誉减值进行盈余管理,从而提高会计信息质量,减轻商誉减值对分析师盈余预测的不利影响。同时,引入外部审计变量还可以在某种程度上验证商誉减值对分析师盈余预测的影响是否由盈余管理导致。基于此,本章提出以下假设:

假设3 外部审计质量较高公司的商誉减值对分析师盈余预测的影响显著减弱。

第三节 研究设计

一、变量设计

本章借鉴 Duru 和 Reed(2002)的方法,对分析师预测准确度(ACCURACY)和分析师预测分歧度(DISPERSION)分别采用公式(15-1)和公式(15-2)进行衡量。

(1)分析师盈余预测准确度的表达式为:

$$\text{ACCURACY}_{t+1} = -\frac{|\text{Mean}(\text{预测 EPS}_{t+1}) - \text{实际 EPS}_{t+1}|}{\text{Price}_t} \quad (15-1)$$

其中,Mean(预测 EPS_{t+1})是上一年盈余公告日之后至下一年盈余公告日之前所有分析师基于第 t 年的财务数据对第 $t+1$ 年的每股盈余预测均值,实际 EPS_{t+1} 是企业年报中披露的第 $t+1$ 年实际每股盈余,Price_t 是盈余公告日(第 t 年)当月初的股票价格。通过加负号处理之后,ACCURACY 值越大,说明分析师盈余预测准确度越高。

(2)分析师盈余预测分歧度的表达式为:

$$\text{DISPERSION}_{t+1} = \frac{\sqrt{\frac{1}{n-1}\sum_{1}^{n}[\text{预测 EPS}_{t+1} - \text{Mean}(\text{预测 EPS}_{t+1})]^2}}{\text{Price}_t}$$

$$(15-2)$$

其中,公式(15-2)的分子表示上一年盈余公告日之后至下一年盈余公告日之前所有分析师基于第 t 年的财务数据对第 $t+1$ 年的每股盈余预测值的标准差,Price_t 是盈余公告日(第 t 年)当月初的股票价格。DISPERSION 值越大,说明分析师盈余预测分歧度越高。

(3)商誉减值。对于商誉减值的衡量,同时采用虚拟变量和连续变量两种形式。Impair_D$_t$表示公司商誉在第t年是否发生减值,若商誉发生减值则取值为1,否则取值为0;Impair_A$_t$表示公司在第t年计提的商誉减值损失额除以总资产。

(4)盈余管理水平。国内外的研究表明,修正Jones模型(Dechow和Sloan,1995)是有较强解释能力的盈余管理计量模型,因此本章用基于修正Jones模型计算出的可操控性应计(DA)度量盈余管理程度。具体地,先使用模型(15-3)进行分年度、分行业回归,再利用公式(15-4)计算可操控性应计(DA):

$$\frac{TA_t}{Asset_{t-1}} = \alpha_0 \frac{1}{Asset_{t-1}} + \alpha_1 \frac{\Delta REV_t - \Delta REC_t}{Asset_{t-1}} + \alpha_2 \frac{PPE_t}{Asset_{t-1}} + \varepsilon \quad (15-3)$$

$$DA_t = \frac{TA_t}{Asset_{t-1}} - \alpha_0 \frac{1}{Asset_{t-1}} - \alpha_1 \frac{\Delta REV_t - \Delta REC_t}{Asset_{t-1}} - \alpha_2 \frac{PPE_t}{Asset_{t-1}} \quad (15-4)$$

其中,TA为总应计项目,等于营业利润减去经营活动产生的净现金流量;Asset为年初总资产;△REV为营业收入增量,等于年末营业收入减去年初营业收入;△REC为应收账款增量,等于年末应收账款减去年初应收账款;PPE为年末固定资产总额;DA为盈余管理程度的衡量指标,DA为负表明公司进行负向盈余管理,DA为正表明公司进行正向盈余管理;ε为回归残差。

(5)控制变量。借鉴Chaney等(1999)、Duru和Reeb(2002)、Lang和Lundholm(1996)等,采用未预期盈余(UE)、盈余波动性(EV)、盈余偏度(ES)作为盈余特征的控制变量,度量公式如下:

$$UE_t = \frac{|EPS_t - EPS_{t-1}|}{Price_{t-1}} \quad (15-5)$$

其中,EPS$_t$是公司第t年的实际每股盈余,EPS$_{t-1}$表示公司在第$t-1$年加回商誉减值损失扣除额的每股盈余,Price$_{t-1}$表示第$t-1$年的年末股票价格。

$$EV_t = \sqrt{\frac{1}{n-1}\sum_1^n [EPS_t - Mean(EPS_t)]^2} \quad (15-6)$$

$$ES_t = \frac{n}{(n-1)(n-2)}\sum_1^n [EPS_t - Mean(EPS_t)/EV_t]^3 \quad (15-7)$$

其中,Mean(EPS$_t$)是从第t年开始往前推最近4年的平均实际每股盈余。参考以往研究,选择公司规模(Size)、账面市值比(BM)、负债水平(Debt)、盈利能力变化(△ROA)、商誉水平(Gwill)、销售收入变化(△Sales)、分析师跟踪(Follow)、并购重组(Restruct)、上市年限(Age)、行业(Ind)和年份(Year)作为控制变量。

二、模型构建

基于上述文献回顾和研究假设,本章构建多元回归模型(15-8)、(15-9)来检验商誉减值对分析师盈余预测准确度的影响,分别以虚拟变量(Impair_D)和连续变量(Impair_A)作为解释变量;模型(15-10)和模型(15-11)检验商誉减值对分析师盈余预测分歧度的影响。在四个模型中,控制变量保持一致。为了避免不同年份宏观经济因素和行业差异对研究结果的影响,控制行业和年份的虚拟变量。主要变量的定义及计算方法参见表15-1。

$$\begin{aligned} \text{ACCURACY}_{i,t+1} = & \alpha_0 + \alpha_1 \text{Impair\_D}_{i,t} + \alpha_2 \text{UE}_{i,t} + \alpha_3 \text{EV}_{i,t} + \alpha_4 \text{ES}_{i,t} + \\ & \alpha_5 \text{Loss}_{i,t} + \alpha_6 \text{Size}_{i,t} + \alpha_7 \text{Debt}_{i,t} + \alpha_8 \text{Gwill}_{i,t} + \\ & \alpha_9 \text{Follow}_{i,t} + \alpha_{10} \text{Restruct}_{i,t} + \alpha_{11} \Delta \text{Sales}_{i,t} + \\ & \alpha_{12} \text{Age}_{i,t} + a_{13} \text{BM}_{i,t} + \sum \text{Ind} + \sum \text{Year} + \varepsilon \quad (15-8) \end{aligned}$$

$$\begin{aligned} \text{ACCURACY}_{i,t+1} = & \alpha_0 + \alpha_1 \text{Impair\_A}_{i,t} + \alpha_2 \text{UE}_{i,t} + \alpha_3 \text{EV}_{i,t} + \alpha_4 \text{ES}_{i,t} + \\ & \alpha_5 \text{Loss}_{i,t} + \alpha_6 \text{Size}_{i,t} + \alpha_7 \text{Debt}_{i,t} + \alpha_8 \text{Gwill}_{i,t} + \\ & \alpha_9 \text{Follow}_{i,t} + \alpha_{10} \text{Restruct}_{i,t} + \alpha_{11} \Delta \text{Sales}_{i,t} + \\ & \alpha_{12} \text{Age}_{i,t} + a_{13} \text{BM}_{i,t} + \sum \text{Ind} + \sum \text{Year} + \varepsilon \quad (15-9) \end{aligned}$$

$$\begin{aligned} \text{DISPERSION}_{i,t+1} = & \alpha_0 + \alpha_1 \text{Impair\_D}_{i,t} + \alpha_2 \text{UE}_{i,t} + \alpha_3 \text{EV}_{i,t} + \alpha_4 \text{ES}_{i,t} + \\ & \alpha_5 \text{Loss}_{i,t} + \alpha_6 \text{Size}_{i,t} + \alpha_7 \text{Debt}_{i,t} + \alpha_8 \text{Gwill}_{i,t} + \alpha_9 \text{Follow}_{i,t} + \\ & \alpha_{10} \text{Restruct}_{i,t} + \alpha_{11} \Delta \text{Sales}_{i,t} + \alpha_{12} \text{Age}_{i,t} + \\ & a_{13} \text{BM}_{i,t} + \sum \text{Ind} + \sum \text{Year} + \varepsilon \quad (15-10) \end{aligned}$$

$$\begin{aligned} \text{DISPERSION}_{i,t+1} = & \alpha_0 + \alpha_1 \text{Impair\_A}_{i,t} + \alpha_2 \text{UE}_{i,t} + \alpha_3 \text{EV}_{i,t} + \alpha_4 \text{ES}_{i,t} + \\ & \alpha_5 \text{Loss}_{i,t} + \alpha_6 \text{Size}_{i,t} + \alpha_7 \text{Debt}_{i,t} + \alpha_8 \text{Gwill}_{i,t} + \alpha_9 \text{Follow}_{i,t} + \\ & \alpha_{10} \text{Restruct}_{i,t} + \alpha_{11} \Delta \text{Sales}_{i,t} + \alpha_{12} \text{Age}_{i,t} + \\ & a_{13} \text{BM}_{i,t} + \sum \text{Ind} + \sum \text{Year} + \varepsilon \quad (15-11) \end{aligned}$$

表15-1 变量定义

变量类型	变量	变量定义
被解释变量	ACCURACY_{t+1}	分析师第 $t+1$ 年的盈余预测准确度,参见公式(15-1)
	DISPERSION_{t+1}	分析师第 $t+1$ 年的盈余预测分歧度,参见公式(15-2)
解释变量	Impair_D_t	若商誉在第 t 年发生减值则取值为1,否则取值为0
	Impair_A_t	商誉减值损失额/年末总资产
	DA_t	可操控性应计利润
	Big4_t	虚拟变量,国际"四大"审计取值为1,否则取值为0

(续表)

变量类型	变量	变量定义
控制变量	$Loss_t$	是否发生亏损,若当年亏损则取值为1,否则取值为0
	UE_t	第t年的未预期盈余,参见公式(15-5)
	EV_t	盈余波动性,最近4年实际每股盈余的标准差,参见公式(15-6)
	ES_t	盈余偏度,最近4年实际每股盈余的偏度,参见公式(15-7)
	$Size_t$	公司规模,年末总资产的自然对数
	BM_t	账面市值比,净资产的面值与市值之比
	$Debt_t$	负债水平,资产负债率=负债/总资产
	$\triangle ROA_t$	盈利能力变化,$\triangle ROA_t = ROA_t - ROA_{t-1}$
	$Gwill_t$	商誉水平,商誉期末余额/总资产期末余额
	$\triangle Sales_t$	销售收入变化,$\triangle Sales_t = Sales_t - Sales_{t-1}$
	$Follow_t$	分析师跟踪,分析师发布的盈余预测报告数的自然对数
	$Restruct_t$	并购重组,公司在本年度内是否发生并购重组事项
	Age_t	公司上市年限
	Ind	行业
	Year	年份

三、样本选择及数据来源

我国于2007年1月1日开始实施与国际财务报告准则趋同的《企业会计准则》(2006)体系,新准则要求至少在每年度终了时对商誉进行减值测试,取代之前采用直线法按不超过10年期限进行摊销的规定。为了检验新准则下商誉减值损失对分析师盈余预测的影响,本章选取2007—2013年作为样本区间,从我国A股上市公司年报数据中选取商誉额和商誉减值损失额不同时为0的数据作为样本,共获得6 480个初始样本,其中588个样本发生了商誉减值。对上述样本进行如下筛选:(1)剔除所有金融类上市公司(如银行、证券、保险、基金和信托等),因为这类公司的会计核算体系和资产结构具有特殊性;(2)剔除分析师盈余预测报告数少于5的样本;(3)剔除数据缺失的观测值。经过上述筛选后得到3 553个观测值,其中367个观测值确认商誉减值损失、3 186个未确认商誉减值损失。为了避免异常值对研究结果的影响,对所有连续变量进行1%分位数的缩尾处理。数据来自CSMAR数据库,其中商誉减值损失数据手工收集自财务报表附注中的资产减值准备明细项目。

表15-2列示了样本中发生商誉减值的367个观测的年度分布。从中可以看出,除2008年发生商誉减值的公司数异常增加之外,其他年份基本呈逐年增加的趋势。这与公司并购事件逐年增加的大背景相符,而2008年商誉减值公司数的爆发

式增长可能与金融危机有关。

表15-2 发生商誉减值的公司年度分布

项目	2007年	2008年	2009年	2010年	2011年	2012年	2013年	合计
观测	18	57	43	49	43	58	99	367
占比(%)	7.99	13.44	10.71	10.88	12.59	17.52	24.83	100

四、倾向得分匹配

考虑到样本可能存在自选择问题,如扩张速度快的公司因频繁并购而更有可能发生商誉减值损失,而公司扩张速度与盈余预测精确度负相关(石桂峰等,2007),那么商誉减值损失与分析师盈余预测之间就不是因果关系,而是由公司扩张速度所决定。为此,参考(Chen等,2015)的做法,本章采用RosenBaum和Rubin(1983)的倾向得分匹配法,将处理组(发生商誉减值损失的公司)与对照组(未发生商誉减值损失的公司)进行配对,使未发生商誉减值的公司在可观测的公司特征上与发生商誉减值的公司相同或者类似。配对思路为:若能找到与发生商誉减值的公司尽可能相似的未发生商誉减值的公司,则两者之间唯一的差异就在于是否发生商誉减值,因此分析师对两者的预测差异即反映商誉减值对分析师盈余预测的影响,从而可以有效控制内生性的自选择问题。与基于单一指标匹配不同的是,倾向得分匹配将多个特征浓缩成一个指标——倾向得分值,从而实现多个特征的整体匹配。

具体匹配过程包括:第一阶段,参考Beatty和Weber(2006)、Ramanna和Watts(2009)、AbuGhazaleh等(2011),构建商誉减值影响因素的Probit模型(15-12),影响因素主要包括公司规模(Size)、是否发生亏损(Loss)、负债水平(Debt)、盈利能力变化($\triangle$ROA)、未预期盈余(UE)、商誉水平(Gwill)、分析师跟踪(Follow)、并购重组(Restruct)、销售收入变化($\triangle$Sales)及账面市值比(BM),用估计的参数值计算出每家公司-年度的倾向得分,得分值代表公司发生商誉减值概率;第二阶段,根据倾向得分值最接近的原则进行1∶1的不重复样本配对,使每个发生商誉减值样本都匹配了倾向得分最接近的未发生商誉减值样本。

为了检验匹配样本是否有效,对配对结果进行平衡性测试,并在匹配之后进行多元回归分析。由于处理组与对照组在可观测的公司特征上是类似的,因此两类公司的分析师盈余预测差异可以归结为由商誉减值所致。模型(15-12)的表达式为:

$$\begin{aligned}\text{Impair\_D}_{i,t} = &\alpha_0 + \alpha_1 \text{Size}_{i,t} + \alpha_2 \text{Loss}_{i,t} + \alpha_3 \text{Debt}_{i,t} + \alpha_4 \Delta \text{ROA}_{i,t} + \\ &\alpha_5 \text{UE}_{i,t} + \alpha_6 \text{Gwill}_{i,t} + \alpha_7 \text{Follow}_{i,t} + \alpha_8 \text{Restruct}_{i,t} + \\ &\alpha_9 \Delta \text{Sales}_{i,t} + \alpha_{10} \text{BM}_{i,t} + \varepsilon\end{aligned} \quad (15-12)$$

表 15-3 报告了倾向得分匹配的平衡性测试结果。从中可以看出,所有特征变量在两组间的均值差异都不显著,说明本章采用的倾向得分匹配法是正确、有效的,通过了平衡性测试。商誉减值损失影响因素的 Probit 模型回归结果如表 15-4 所示。

表 15-3 PSM 的平衡性测试

变量	均值		处理组和对照组的差异	均值 T 检验	
	处理组	对照组		T 值	P 值
Size	22.4361	22.3306	0.1055	0.92	0.355
Debt	0.4803	0.4805	-0.0002	-0.01	0.991
Gwill	0.0185	0.0170	0.0015	0.65	0.514
△Sales	0.1840	0.1660	0.0180	0.81	0.415
△ROA	-0.0108	-0.0115	0.0007	0.24	0.811
BM	1.2571	1.1618	0.0953	0.93	0.353
Follow	2.5317	2.4732	0.0585	0.74	0.460
Loss	0.1035	0.1035	0.0000	-0.00	1.000
UE	0.0257	0.0256	0.0000	0.04	0.969
Restruct	0.8202	0.8365	-0.0163	-0.59	0.558

表 15-4 商誉减值影响因素的 Probit 回归

变量	是否发生商誉减值:Impair_D	
	系数值	z 值
Size	0.04350	1.43
Debt	-0.15470	-0.82
Gwill	3.34509***	3.49
△Sales	-0.23437***	-2.68
△ROA	-0.91600	-1.00
BM	0.02033	0.65
Follow	-0.08784***	-2.87
Loss	0.60198***	3.93
UE	1.36199	1.30
Restruct	0.06598	0.88

（续表）

变量	是否发生商誉减值：Impair_D	
	系数值	z 值
Pseudo R^2	0.0328	
LR Chi2(10)	77.41	
观测值	3 553	

注：***表示在1%的统计水平上显著（双尾）；括号内为 t 值，并经 White 异方差修正。

第四节　实证结果分析

一、描述性统计

表15-5列示了主要变量的描述性统计结果。从中可以看出，在分析师盈余预测准确度均值方面，未发生商誉减值的公司高于发生商誉减值的公司，但是 T 检验显示这一差异并不显著；在分析师盈余预测分歧度均值方面，两类公司存在显著差异，并且发生商誉减值公司的分析师盈余预测分歧度均值更高，说明分析师针对发生商誉减值公司的盈余预测存在更大的分歧。在发生商誉减值的样本中，商誉减值损失占总资产的比例大约为0.19%。其他控制变量的均值在两组样本之间不存在显著差异，说明采用倾向得分匹配法进行配对可以有效控制两组样本在控制变量上的差异，样本间达到高度平衡。

表15-5　主要变量的描述性统计

变量	均值		中位数		标准差		均值
	未减值	减值	未减值	减值	未减值	减值	T 检验
ACCURACY	-0.0114	-0.0119	-0.0071	-0.0075	0.0136	0.0156	0.6824
DISPERSION	0.0088	0.0100	0.0061	0.0076	0.0091	0.0094	0.0801
Impair_A	0	0.0019	0	0.0011	0	0.0022	0.0000
DA	0.0039	0.0063	-0.0014	0.0038	0.1135	0.1036	0.7790
UE	0.0256	0.0237	0.0125	0.0139	0.0369	0.0325	0.9686
ES	0.3273	0.3450	0.3925	0.4332	0.7622	0.7824	0.7568
EV	0.2296	0.2266	0.1821	0.1864	0.1741	0.1635	0.8080
BM	1.1618	1.2571	0.7357	0.7937	1.3913	1.3856	0.3530
△Sales	0.1660	0.1840	0.1378	0.1669	0.2993	0.2983	0.4154
Size	22.3306	22.4361	22.0561	22.0269	1.5007	1.5876	0.3554
Debt	0.4805	0.4803	0.4932	0.4970	0.2113	0.2143	0.9911

(续表)

变量	均值		中位数		标准差		均值
	未减值	减值	未减值	减值	未减值	减值	T检验
Gwill	0.0170	0.0185	0.0035	0.006	0.0314	0.0327	0.5140
△ROA	-0.0115	-0.0108	-0.0051	-0.0038	0.0394	0.0417	0.5940
Loss	0.1035	0.1035	0	0	0.3051	0.3051	1.0000
Restruct	0.8365	0.8202	1.0000	1.0000	0.3703	0.3846	0.5576
Follow	2.4732	2.5317	2.5649	2.6391	1.0844	1.0598	0.4598
Age	8.4578	8.2589	8.0000	8.0000	5.4379	5.2637	0.6148

注:"未减值"表示未发生商誉减值的样本组,"减值"表示发生商誉减值的样本组。

二、相关性分析

从表15-6的Pearson相关系数显示,分析师盈余预测准确度(ACCURACY)与商誉减值的虚拟变量和连续变量均负相关但不显著;分析师盈余预测分歧度(DISPERSION)与商誉减值虚拟变量显著正相关(p值=0.0801),与商誉减值连续变量正相关但不显著。未预期盈余、账面市值比、公司规模、负债水平、亏损、并购重组、上市年限均与分析师盈余预测准确度显著负相关,与分析师盈余预测分歧度显著正相关;而盈余偏度、商誉水平、盈利能力变化、分析师跟踪均与分析师盈余预测准确度显著正相关,商誉水平与分析师盈余预测分歧度显著负相关。相关系数符号与预期一致,说明控制变量的选取较为合理。模型中各变量的方差膨胀因子检验结果显示,模型不存在严重的多重共线性问题(限于篇幅,这部分结果未予报告),可以进行多元回归分析。

三、回归结果分析

1. 商誉减值对分析师盈余预测的影响

从表15-7报告的商誉减值与分析师盈余预测关系的回归结果来看,是否发生商誉减值与分析师盈余预测准确度负相关但并不显著,与分析师盈余预测分歧度正相关且在5%的统计水平上显著;商誉减值损失连续变量与分析师盈余预测准确度负相关,与分析师盈余预测分歧度正相关,且均在5%的统计水平上显著。总体上看,公司计提商誉减值损失会影响分析师盈余预测,具体来说就是降低了分析师盈余预测准确度,提高了分析师盈余预测分歧度,并且商誉减值损失额越高,影响幅度越大,假设1得证。由于分析师预测准确度和分析师预测分歧度的指标值较小,在0附近波动,因此回归模型的系数值都比较小,且商誉减值损失虚拟变量与分析师盈余预测准确度的负相关关系不显著。

第十五章 商誉减值与分析师盈余预测

表15-6 Pearson 相关系数

变量	ACCUR-ACY	DISPER-SION	Impair_D	Impair_A	UE	ES	EV	BM	△Sales	Size	Debt	Gwill	△ROA	Loss	Restruct	Follow	Age
ACCURACY	1.0000																
DISPERSOIN	-0.5504* (0.0000)	1.0000															
Impair_D	-0.0151 (0.6824)	0.0696* (0.0801)	1.0000														
Impair_A	-0.0582 (0.1153)	0.0120 (0.7464)	0.5337* (0.0000)	1.0000													
UE	-0.1790* (0.0000)	0.2224* (0.0000)	0.0015 (0.9686)	-0.0037 (0.9194)	1.0000												
ES	0.0763* (0.0388)	-0.0574 (0.1203)	0.0114 (0.7568)	-0.0429 (0.2461)	-0.1743* (0.0000)	1.0000											
EV	-0.0365 (0.3237)	0.1555* (0.0000)	-0.0090 (0.8080)	-0.0316 (0.3925)	0.36308 (0.0000)	0.0727* (0.0488)	1.0000										
BM	-0.1478* (0.0001)	0.2459* (0.0000)	0.0343 (0.3530)	-0.1248* (0.0007)	0.1667* (0.0000)	-0.0820* (0.0262)	0.0076 (0.8371)	1.0000									
△Sales	0.0567 (0.1248)	-0.0298 (0.4203)	0.0301 (0.4154)	0.0522 (0.1580)	-0.1264* (0.0006)	0.0497 (0.1790)	0.0261 (0.4804)	-0.0570 (0.1226)	1.0000								
Size	-0.1306* (0.0004)	0.2507* (0.0000)	0.0342 (0.3554)	-0.1660* (0.0000)	0.1419* (0.0001)	0.0154 (0.6764)	0.2198* (0.0000)	0.6352* (0.0000)	0.0248 (0.5016)	1.0000							
Debt	-0.2407* (0.0000)	0.2672* (0.0000)	-0.0004 (0.9911)	-0.1109* (0.0026)	0.2321* (0.0000)	-0.1651* (0.0000)	0.0167 (0.6521)	0.5682* (0.0000)	0.0062 (0.8665)	0.5596* (0.0000)	1.0000						
Gwill	0.0639* (0.0836)	-0.1263* (0.0006)	0.0241 (0.5140)	0.1442* (0.0001)	-0.0833* (0.0240)	0.0370 (0.3170)	-0.0063 (0.8647)	-0.2014* (0.0000)	0.0947* (0.0102)	-0.1874* (0.0000)	-0.2726* (0.0000)	1.0000					
△ROA	0.0637* (0.0848)	-0.0417 (0.2594)	0.0089 (0.8107)	-0.0975* (0.0082)	-0.1459* (0.0001)	-0.1607* (0.0000)	-0.1889* (0.0000)	0.0080 (0.8277)	0.3029* (0.0000)	0.0472 (0.2019)	0.0080 (0.8280)	-0.0067 (0.8553)	1.0000				

（续表）

变量	ACCUR-ACY	DISPER-SION	Impair_D	Impair_A	UE	ES	EV	BM	△Sales	Size	Debt	Gwill	△ROA	Loss	Restruct	Follow	Age
Loss	-0.1151* (0.0018)	0.0846* (0.0219)	-0.0000 (1.0000)	0.1152* (0.0018)	0.3950* (0.0000)	-0.4165* (0.0000)	0.1288* (0.0005)	0.0492* (0.1831)	-0.2246* (0.0000)	-0.0443 (0.2304)	0.1477* (0.0001)	-0.0456 (0.2171)	-0.5334* (0.0000)	1.0000			
Restruct	-0.0724* (0.0500)	0.0708* (0.0551)	-0.0217 (0.5576)	-0.0387 (0.2954)	0.1127* (0.0022)	-0.0713* (0.0536)	0.0424 (0.2509)	-0.0195 (0.5984)	0.0876* (0.0176)	0.0274 (0.4581)	0.0996* (0.0069)	0.0703* (0.0570)	0.0460 (0.2133)	0.0480 (0.1941)	1.0000		
Follow	0.1443* (0.0001)	-0.0151 (0.6826)	0.0273 (0.4598)	-0.0488 (0.1865)	-0.0757* (0.0404)	0.0981* (0.0078)	0.2906* (0.0000)	-0.0116 (0.7540)	0.1302* (0.0004)	0.3241* (0.0000)	0.0079 (0.8315)	0.0871* (0.0183)	0.0839* (0.0230)	-0.1613* (0.0000)	0.0583 (0.1148)	1.0000	
Age	-0.0818* (0.0267)	0.1216* (0.0010)	-0.0186 (0.6148)	-0.0595 (0.1074)	0.0940* (0.0108)	0.0722* (0.0504)	0.0186 (0.6148)	0.1894* (0.0000)	-0.0332 (0.3686)	0.2914* (0.0000)	0.3669* (0.0000)	-0.1331* (0.0003)	0.0817* (0.0269)	-0.0504 (0.1727)	0.0319 (0.3886)	-0.0060 (0.8704)	1.0000

注：括号内为 p 值；* 表示在 10% 的统计水平上显著（双尾）。

表 15-7 商誉减值与分析师盈余预测：倾向得分匹配

变量	ACCURACY		DISPERSION	
	负向盈余管理	正向盈余管理	负向盈余管理	正向盈余管理
Impair_D	-0.00078 (-0.76)		0.00145** (2.23)	
Impair_A		-0.71025** (-1.98)		0.40910** (2.57)
UE	-0.04483* (-1.79)	-0.04455* (-1.78)	0.03512** (2.10)	0.03557** (2.14)
ES	0.00028 (0.28)	0.00024 (0.25)	-0.00002 (-0.04)	-9.30e-07 (-0.00)
EV	-0.00196 (-0.59)	-0.00198 (-0.59)	0.00525* (1.89)	0.00517* (1.88)
Loss	-0.00095 (-0.32)	-0.00040 (-0.14)	-0.00038 (-0.22)	-0.00070 (-0.41)
Size	-0.00060 (-0.97)	-0.00070 (-1.15)	0.00033 (0.75)	0.00043 (0.97)
Debt	-0.01640*** (-4.15)	-0.01637*** (-4.16)	0.00569** (2.33)	0.00561** (2.30)
Gwill	-0.01100 (-0.79)	0.00785 (-0.59)	-0.00507 (-0.81)	-0.00692 (-1.10)
Follow	0.00232*** (3.97)	0.00232*** (3.97)	-0.00051 (-1.41)	-0.00050 (-1.39)
Restruct	-0.00248** (-2.25)	-0.00262** (-2.37)	0.00122 (1.53)	0.00127 (1.58)
△Sales	0.00267 (1.44)	0.00294 (1.58)	-0.00060 (-0.55)	-0.00070 (-0.63)
Age	0.00012 (1.03)	0.00012 (1.00)	0.00003 (0.4)	0.00003 (0.38)
BM	0.00007 (0.09)	0.00004 (0.05)	0.00080* (1.75)	0.00082* (1.78)
年份	控制	控制	控制	控制
行业	控制	控制	控制	控制
Adj. R^2	0.1470	0.1533	0.1737	0.1735
观测值	734	734	734	734

注：***、**、* 分别表示在1％、5％和10％的统计水平上显著（双尾）；括号内为 t 值，并经 White 异方差修正。

在控制变量方面，未预期盈余（UE）越大，分析师的盈余预测准确度越低、盈余预测分歧度越高；盈余波动性（EV）越大，分析师盈余预测分歧度越高；负债水平

(Debt)越高,分析师盈余预测准确度越低、盈余预测分歧度越高;分析师跟踪(Follow)数越多,分析师盈余预测准确度越高;企业当年发生并购重组(Restruct)会降低分析师盈余预测准确度。以上控制变量的回归结果与已有研究一致。公司规模(Size)、商誉水平(Gwill)、公司是否亏损(Loss)、销售收入变化(△Sales)等控制变量的回归系数不显著,这是因为采用倾向得分匹配法可以控制这些因素在处理组和对照组之间的差异,所以这部分控制变量不显著是合理的。

2. 按盈余管理方向进行分组检验

商誉减值会影响分析师盈余预测。那么,这种影响是否源自基于盈余管理动机的商誉减值呢?本章用修正 Jones 模型(Dechow 和 Sloan,1995)计算可操控性应计(DA),根据 DA 值的正负号将样本分为正向盈余管理公司和负向盈余管理公司,并对回归结果进行比较分析。DA < 0 表示公司进行了负向盈余管理,DA > 0 表示公司进行了正向盈余管理,分组回归结果如表 15 - 8 所示。由于 DA 计算过程要求同行业、同年度公司数不得少于 20,而部分公司的 DA 值有所缺失,剔除缺失的样本之后,DA < 0 的样本有 370 个,DA > 0 的样本有 351 个。从表 15 - 8 中商誉减值变量的回归系数来看,在负向盈余管理公司中,商誉减值与分析师盈余预测准确度负相关,与分析师盈余预测分歧度正相关,并且分别在 10% 和 1% 的统计水平上显著;在正向盈余管理公司中,商誉减值与分析师盈余预测的准确度和分歧度均不存在相关关系,假设 2 得到验证。由此可以合理预期,出于盈余管理动机的商誉减值会导致会计信息质量下降,进而影响分析师盈余预测。本章还采用 Chow 检验探析商誉减值的回归系数分别在 DA < 0 和 DA > 0 两组样本之间的差异,结果显示增量差异均显著。限于篇幅,这里仅报告商誉减值连续变量的回归结果,商誉减值虚拟变量的回归结果与此类似。

表 15 - 8 商誉减值与分析师盈余预测:盈余管理方向分样本检验

变量	ACCURACY		DISPERSION	
	负向盈余管理公司	正向盈余管理公司	负向盈余管理公司	正向盈余管理公司
Impair_A	-0.98907* (-1.80)	-0.05388 (-0.13)	0.64571*** (2.98)	0.01885 (0.08)
UE	-0.04698 (-0.99)	-0.04745* (-1.80)	0.02522 (1.01)	0.04064* (1.65)
ES	-0.00040 (-0.31)	0.00174 (1.10)	0.00023 (0.38)	-0.00119 (-1.05)
EV	0.00121 (0.19)	-0.00455 (-1.18)	0.00791** (2.41)	0.00242 (0.58)

(续表)

变量	ACCURACY		DISPERSION	
	负向盈余管理公司	正向盈余管理公司	负向盈余管理公司	正向盈余管理公司
Loss	-0.00306 (-0.83)	0.00690 (1.57)	-0.00036 (-0.22)	-0.00192 (-0.46)
Size	-0.00070 (-0.75)	-0.00048 (-0.53)	-0.00025 (-0.53)	0.00119 (1.47)
Debt	-0.02231*** (-3.47)	-0.00768 (-1.45)	0.00880*** (3.11)	0.00058 (0.13)
Gwill	-0.01313 (-0.51)	-0.00484 (-0.35)	-0.01083 (-1.21)	-0.00348 (-0.37)
Follow	0.00216** (2.49)	0.00270*** (2.82)	-0.00023 (-0.55)	-0.00096 (-1.37)
Restruct	-0.00298* (-1.95)	-0.00094 (-0.56)	0.00093 (0.94)	0.00102 (0.69)
△Sales	0.00147 (0.60)	0.00471 (1.47)	-0.00036 (-0.22)	-0.00047 (-0.19)
Age	0.00021 (1.14)	0.00004 (0.22)	0.00003 (0.32)	-2.16e-07 (-0.00)
BM	0.00101 (0.88)	-0.00291** (-1.96)	0.00116* (1.70)	0.00128 (1.29)
年份	控制	控制	控制	控制
行业	控制	控制	控制	控制
Adj. R^2	0.1785	0.2435	0.2679	0.1697
观测值	370	351	370	351

注：***、**、*分别表示在1%、5%和10%的统计水平上显著（双尾）；括号内为 t 值，并经 White 异方差修正。

3. 按外部审计质量进行分组检验

借鉴前人的研究，本章将是否由"四大"会计师事务所审计作为外部审计质量的替代变量，对商誉减值与分析师盈余预测的关系进行分组检验。从表15-9中可以看出，在"非四大"审计公司中，商誉减值与分析师盈余预测准确度显著负相关，与分析师盈余预测分歧度显著正相关；在"四大"审计公司中，上述相关关系并不显著。这说明在"四大"审计公司中，商誉减值中的盈余管理行为得到了抑制，高质量审计有效缓解了商誉减值对分析师盈余预测的不利影响，假设3得到验证。

表 15-9 商誉减值与分析师盈余预测:外部审计(是否由"四大"审计)

变量	ACCURACY		DISPERSION	
	"非四大"审计公司	"四大"审计公司	"非四大"审计公司	"四大"审计公司
Impair_A	-0.67079*	-0.43126	0.39489**	0.80324
	(-1.76)	(-0.46)	(2.52)	(1.04)
UE	-0.03574*	-0.12524	0.032065**	0.06415
	(-1.70)	(-1.24)	(2.07)	(0.94)
ES	0.00026	-0.00217	-0.00019	0.00161
	(0.24)	(-0.65)	(-0.33)	(0.69)
EV	-0.00298	0.01348	0.00805***	-0.00925
	(-0.79)	(1.44)	(3.09)	(-0.74)
Loss	-0.00182	0.00647	-0.00188	0.00442
	(-0.55)	(0.88)	(-1.27)	(0.70)
Size	-0.00139*	0.00212	0.00033	0.00094
	(-1.73)	(0.11)	(0.60)	(0.66)
Debt	-0.01597***	-0.01574	0.00709***	-0.01450
	(-3.97)	(-0.93)	(3.40)	(-0.95)
Gwill	-0.01005	0.11109	-0.00368	-0.05481
	(-0.73)	(1.75)	(-0.56)	(-1.20)
Follow	0.00252***	0.00119	-0.00041	-0.00022
	(3.86)	(0.60)	(-1.08)	(-0.13)
Restruct	-0.00277**	0.00003	0.00115	0.00110
	(-2.50)	(0.01)	(1.33)	(0.33)
△Sales	0.00326*	-0.00354	-0.00115	0.00931
	(1.69)	(-0.38)	(-1.11)	(1.14)
Age	0.00017	0.00004	-0.00002	0.00008
	(1.18)	(0.11)	(-0.20)	(0.28)
BM	0.00055	-0.00076	0.00111*	0.00117
	(0.65)	(-0.42)	(1.79)	(1.08)
年份	控制	控制	控制	控制
行业	控制	控制	控制	控制
Adj. R^2	0.1556	0.3219	0.1953	0.2583
观测值	645	89	645	89

注:***、**、*分别表示在1%、5%和10%的统计水平上显著(双尾);括号内为 t 值,并经 White 异方差修正。

第五节 稳健性检验

1. 配对方法

为了保证配对方法的稳健性,本部分遵循同行业、同年度资产规模最接近的原则,对初始样本重新进行配对。基于新配对样本重新检验,商誉减值与分析师盈余预测的回归结果与主检验结果保持一致,除分析师盈余预测准确度与商誉减值虚拟变量的相关性不显著之外,其余都至少在10%的统计水平上显著。

2. 可操控性应计的可靠性

为了保证可操控性应计(DA)计量的可靠性,本章进一步采用Kothari等(2005)的方法重新计算经业绩调整的DA,并基于倾向得分的配对样本,对正向盈余管理公司和负向盈余管理公司重新进行分组稳健性检验。由于DA值存在缺失,样本量有所减少,但回归结果仍与主检验结果保持一致,进一步验证商誉减值对分析师盈余预测的不利影响仅存在于负向盈余管理公司。

3. 审计质量的衡量

由于"四大"会计师事务所审计的公司样本量较小,为排除样本量对统计显著性的影响,本章在稳健性检验中将公司按"前十大"审计公司和"非前十大"审计公司进行划分并重新检验。结果显示,商誉减值对分析师盈余预测的影响仅存在于"非前十大"审计公司,这一发现与主检验结果一致。从某种程度上讲,审计质量可以通过审计收费予以反映。因此,参考高雷和张杰(2011)的做法,本章用审计收费的自然对数作为审计质量的替代变量,并在回归模型中加入审计收费与商誉减值交乘项。结果显示,模型(15-9)中商誉减值的回归系数显著为负,交乘项的回归系数显著为正,这说明高质量审计削弱了商誉减值与盈余预测准确度的负相关关系;模型(15-11)中商誉减值的回归系数显著为正,交乘项的回归系数显著为负,这说明高质量审计削弱了商誉减值与盈余预测分歧度的正相关关系。总的来说,高质量审计缓解了商誉减值对分析师盈余预测的不利影响。

小结

会计准则改变商誉后续计量模式的目的是提高商誉反映经济实质的能力。然而,由于商誉减值测试的复杂性,对商誉公允价值进行估计需要大量的主观职业判断,并且估值所参照的内部信息很难被外部人获取,信息不对称的存在为管理层利用商誉减值进行盈余管理提供了空间。本章从分析师预测的角度,考察商誉减值的经济后果,发现商誉减值对分析师盈余预测存在不利影响。为了进一步探究这种不利影响的具体成因,本章分别以盈余管理方向和审计质量为标准进行分组检验,主要研究结论如下:(1)与未发生商誉减值的公司相比,分析师对发生商誉减值公司的未来盈余预测的准确度更低、分歧度更高,并且商誉减值额越大,不利影响越显著;(2)商誉减值对分析师盈余预测的不利影响存在于负向盈余管理公司和较低审计质量公司。因此,商誉减值对分析师盈余预测的不利影响可能源自基于盈余管理动机的商誉减值,而审计作为一种外部监督,可以有效抑制管理层盈余管理行为,从而削弱商誉减值对分析师盈余预测的不利影响。

虽然 FASB 和 IASB 认为引入商誉减值测试更能反映经济实质,但本章发现,商誉减值存在可操作空间,为管理层操纵盈余提供了机会,在一定程度上降低了会计信息质量,对分析师盈余预测产生了不利影响。由于分析师盈余预测在证券市场上起着传递和解析会计信息的桥梁作用,其提供的盈余预测信息是投资者决策的重要信息来源,故商誉减值对分析师盈余预测的不利影响会降低资本市场的资源配置效率。本章的研究结论对于商誉会计准则的完善、资本市场运行效率的提高、监管机构的政策制定具有积极的意义。

参考文献

[1]白晓宇. 上市公司信息披露政策对分析师预测的多重影响研究[J]. 金融研究,2009(4):92 - 112.

[2]蔡春,黄益建,赵莎. 关于审计质量对盈余管理影响的实证研究:来自沪市制造业的经验证据[J]. 审计研究,2005(2):3 - 10.

[3]丁友刚. 企业合并会计方法:问题、争论与选择[J]. 会计研究,2004(3):68 - 72.

[4]董晓洁. 商誉、减值及盈余管理实证研究[J]. 商业会计,2014(13):22 - 24.

[5]杜兴强,杜颖洁,周泽将. 商誉的内涵及其确认问题探讨[J]. 会计研究,2011(1):11 - 16.

[6]方军雄. 我国上市公司信息披露透明度与证券分析师预测[J]. 金融研究,2007(6):136 - 148.

[7]冯卫东,郑海英. 企业并购商誉计量与披露问题研究[J]. 财政研究,2013(8):28 - 32.

[8]高雷,张杰. 代理成本、管理层持股与审计质量[J]. 财经研究,2011(1):48 - 58.

[9]黄世忠. 巨额冲销与信号发送:中美典型案例比较研究[J]. 会计研究,2002(8):10 - 21.

[10]李丹,贾宁. 盈余质量、制度环境与分析师预测[J]. 中国会计评论,2009(4):351 - 370.

[11]李丹蒙. 公司透明度与分析师预测活动[J]. 经济科学,2007(6):107 - 117.

[12]李仙,聂丽洁. 我国上市公司 IPO 中审计质量与盈余管理实证研究[J]. 审计研究,2006(6):67 - 72.

[13]陆正华,戴其力,马颖翩. 上市公司合并商誉减值测试实证研究:基于盈余管理的视角[J]. 财会月刊,2010(4):3-6.

[14]马晨,张俊瑞,李彬. 财务重述影响因素研究:基于差错发生期和差错更正期的分析[J]. 山西财经大学学报,2012(5):96-105.

[15]石桂峰,苏力勇,齐伟山. 财务分析师盈余预测精确度决定因素的实证分析[J]. 财经研究,2007(5):62-71.

[16]吴虹雁,刘强. 商誉减值会计经济后果分析[J]. 现代财经,2014(9):53-65.

[17]徐玉德,洪金明. 商誉减值计提动因及其外部审计监管:来自沪深A股上市公司的经验证据[J]. 会计师,2011(3):4-7.

[18]张文,王昊,菀珺. 信息质量与证券分析师预测精度[J]. 江西财经大学学报,2015(2):50-58.

[19]赵春光. 资产减值与盈余管理:论《资产减值》准则的政策涵义[J]. 会计研究,2006(3):11-17.

[20]郑亚丽,蔡祥. 什么影响了证券分析师盈利预测的准确度? 来自中国上市公司的经验证据[J]. 中大管理研究,2008(4):19-37.

[21]ABUGHAZALEH N M, AL-HARES O M, ROBERTS C. Accounting discretion in goodwill impairments: UK evidence[J]. Journal of International Financial Management and Accounting, 2011, 22(3):165-204.

[22]ALVES S. The association between goodwill impairment and discretionary accruals: Portuguese evidence[J]. Journal of Accounting Business and Management, 2013, 20(2):84-98.

[23]BEATTY A, WEBER J. Accounting discretion in fair value estimates: An examination of SFAS 142 goodwill impairments[J]. Journal of Accounting Research, 2006, 44(2):257-288.

[24]BECKER C L, DEFOND M L, JIAMBALVO J. The effect of audit quality on earnings management[J]. Contemporary Accounting Research, 1998, 15(1):1-24.

[25]BUSHMAN R, SMITH A. Financial accounting information and corporate governance[J]. Journal of Accounting Economics, 2001, 32:237-333.

[26]CHALMERS K G, GODFREY J M, WEBSTER J C. Does a goodwill impairment regime better reflect the underlying economic attributes of goodwill[J]. Accounting and Finance, 2011, 51(3):634-660.

[27]CHANEY P K, HOGAN C E, JETER D C. The effect of reporting restructuring charges on analysts' forecast revisions and errors[J]. Journal of Accounting and Economics, 1999, 27(3):261-284.

[28]CHEN L H, KRISHNAN J, SAMI H. Goodwill impairment charges and analyst forecast properties[J]. Accounting Horizon, 2015, 29(1):141-169.

[29]COVERING V, LOW B S. The relevance of analysts' earnings forecasts in Japan[J]. Journal of Business Finance and Accounting, 2005, 32(7/8):1437-1463.

[30]DECHOW P M, SLOAN R G. Detecting earnings management[J]. The Accounting Review, 1995, 70(2):193-225.

[31] DE FRANCO G, WONG M H F, ZHOU Y. Accounting adjustments and the valuation of financial statement note information in 10-K filings[J]. The Accounting Review, 2011, 86(5): 1577 – 1604.

[32] DURU A, REEB D M. International diversification and analysts' forecast accuracy and bias[J]. The Accounting Review, 2002, 77(2): 415 – 433.

[33] GODFREY J M, KOH P S. Goodwill impairment as a reflection of investment opportunities[J]. Accounting and Finance, 2009, 49(1): 117 – 140.

[34] HENNING S L, SHAW W H, STOCK T. The amount and timing of goodwill write-offs and revaluations: Evidence from U. S. and U. K. firms [J]. Review of Quantitative Finance and Accounting, 2004, 23(1): 99 – 121.

[35] HOLLAND J, JOHNSON U. Value-relevant information on corporate intangibles-creation, use and barriers in capital markets-between a rock and a hard place[J]. Journal of Intellectual Capital, 2003, 4(4): 465 – 486.

[36] JARVA H. Do firms manage fair value estimates? An examination of SFAS 142 goodwill impairments[J]. Journal of Business Finance and Accounting, 2009, 36(9/10): 59 – 86.

[37] KNUTSON P. Financial reporting in the 1990s and beyond: A position paper of the association for investment management and research[Z]. Working Paper. University of Pennsylvania, 1992.

[38] KOTHARI S, LEONE A, WASLEY C. Performance matched discretionary accrual measures [J]. Journal of Accounting and Economics, 2005, 39(1): 163 – 197.

[39] LANG M H, LUNDHOLM R L. Corporate disclosure policy and analyst behavior[J]. The Accounting Review, 1996, 71(4): 467 – 492.

[40] LEHAVY R, LI F, MERKLEY K. The effect of annual report readability on analyst following and the properties of their earnings forecasts[J]. The Accounting Review, 2011, 86(3): 1087 – 1115.

[41] MASSOUD M F, RAIBORN C A. Accounting for goodwill: Are we better off? [J]. Review of Business, 2003, 24(2): 26 – 32.

[42] MASTERS-STOUT B, COSTIGAN M L, LOVATA L M. Goodwill impairments and chief executive officer tenure[J]. Critical Perspectives on Accounting, 2008, 19(8): 1370 – 1383.

[43] RAMANNA K, WATTS R L. Evidence on the use of unverifiable estimates in required goodwill impairment[Z]. Working Paper, Harvard Business School, 2009.

[44] ROSENBAUM P, RUBIN D B. The central role of the propensity score in observational studies for causal effects[J]. Biometrika, 1983, 70(1): 41 – 55.

[45] SCHIPPER K. Analysts' forecasts[J]. Accounting Horizons, 1991, 4(12): 105 – 121.

[46] WATTS R L. Conservatism in accounting: Explanations and implications[J]. Accounting Horizons, 2003, 17(3): 207 – 221.

[47] WILLENBORG M. Empirical analysis of the economic demand for auditing in the initial public offerings market[J]. Journal of Accounting Research, 1999, 37(1): 225 – 238.

第十六章

商誉减值的盈余管理动机*

2001年6月,美国财务会计准则委员会第142号财务会计准则(SFAS 142)《商誉和无形资产》,改变了商誉的后续处理方法,取消了之前的系统性摊销,代之以减值测试,并规定将商誉账面价值超过公允价值的部分确认为商誉减值损失。FASB在企业合并准则的征求意见稿中,建议废止权益结合法而只允许采用购买法,但遭到业界的强烈反对(蒋薇薇和王喜,2015)。反对的原因为:权益结合法不确认商誉,不会对企业利润造成影响;而购买法所确认的商誉在摊销时将抵减利润,致使企业利润下降。

为了缓解业界对合并购买法的反对意见,SFAS 141和SFAS 142规定对商誉采用减值测试法,从而确保企业合并准则的落地实施。由此可见,商誉减值测试法的引入,在很大程度上是准则制定者为取消权益结合法而向业界妥协的结果。商誉的后续确认事项淋漓尽致地体现着利益集团之间的博弈(杜兴强等,2011)。为了实现财务报告在全球资本市场上的可比性,国际会计准则理事会也在第3号国际财务报告准则(IFRS 3)和第36号国际会计准则(IAS 36)中采纳商誉减值测试法,并于2005年1月起执行。2006年2月15日,我国财政部颁布了包括1项基本准则和38项具体准则在内的企业会计准则体系,并要求上市公司自2007年1月1日起执行。其中,《企业会计准则第8号——资产减值》和《企业会计准则第20号——企业合并》对于商誉的处理从采用直线法按不超过10年的期限进行摊销转变为至少在每年度终了进行减值测试,从而与国际财务报告准则IFRS 3、IAS 36以及美国财务会计准则SFAS 141、SFAS 142保持一致。

---

* 本章参阅了卢煜,曲晓辉. 商誉减值的盈余管理动机:基于中国A股上市公司的经验证据[J]. 山西财经大学学报,2016(7):87-99.

商誉减值测试法的优点在于:它提高了财务报告反映企业经济实质的能力(Wang,2005),为报表使用者提供了决策相关的信息,反映了商誉公允价值的下降,相较于摊销方法更有经济意义(Donnelly 和 Keys,2002)。然而,不可忽视的是,商誉减值测试法的实施依然存在技术缺陷(Haswell 和 Langfield-Smith,2008),管理层的主观判断和偏误空间较大(Massoud 和 Raiborn,2003),导致公司可能出于各种动机而多计、少计甚至不计商誉减值,从而违背准则制定的初衷。商誉会计选择空间主要体现在以下几点:第一,资产组或资产组组合的确定。准则将资产组认定为产生的主要现金流独立于其他资产组或资产组组合的"企业可认定的最小资产组合"。在实际操作中,资产组或资产组组合的确定存在一定的主观性和随意性。Laurion 等(2014)的研究发现,经营分部越多的公司,管理层选择资产组或资产组组合的随意性越大,商誉发生减值的概率越小。第二,商誉金额的分配。对于商誉金额的分配标准,准则规定"应将取得的合并商誉按照各资产组或资产组组合公允价值所占比例进行分摊,公允价值难以可靠计量的采用账面价值"。以账面价值或者公允价值为分摊依据并不符合资产组或资产组组合从企业合并的协同效应中受益的原则,因为管理层可以将大部分商誉分配到公允价值较高的资产组,以规避商誉减值的确认。第三,资产组或资产组组合可收回金额的确定。根据准则的规定,可收回金额是公允价值(已扣减处置费用)与未来现金流量现值中的较高者。鉴于我国市场条件以及资产评估机构的评估水平,资产组的公开市场报价较难以获得,公允价值往往无法可靠估计。若使用未来现金流量折现模型,则要估计未来期间净现金流量、增长率、折现率等各种输入值,然而准则对此并未给出明确说明,实际操作中大多依赖基于私有信息的主观判断,难以被核实或审计(Ramanna 和 Watts,2012)。

现有关于商誉减值的研究主要集中于发达资本市场,关于中国资本市场上的商誉减值受到哪些经济因素和动机的影响,鲜有学者对此展开全面的研究。本章以2007—2013年中国A股上市公司为样本,同时采用混合的Tobit和Probit多元回归方法,探究商誉减值的盈余管理动机。本章的主要理论贡献有:①发现中国上市公司的商誉减值存在盈余管理动机;②在中国的制度背景下,分析审计质量与股权集中度对商誉减值中盈余管理行为的影响,为外部审计与股权结构的监督、激励作用提供经验证据;③公司对商誉减值的确认存在不及时问题。本章的研究结论对于促进商誉会计准则的发展和完善、推动商誉减值测试法的有效执行具有积极意义。

第一节 文献回顾

准则制定者引入商誉减值的初衷是为了真实反映商誉的公允价值,为资本市场上的投资者提供及时、有效的信息。然而,由于商誉估值涉及较多的主观职业判断,所依赖的私有信息难以被外部获取,管理层在确认商誉减值的比例、时机方面拥有一定的操作空间。现有研究表明,管理层存在利用商誉减值进行盈余管理的动机,具体表现为盈余平滑(Lapointe-Antunes 等,2008)或者"洗大澡"(Massoud 和 Raiborn,2003)。Henning 等(2004)发现,美国公司存在推迟确认商誉减值损失的行为,而英国公司存在择机确认商誉减值损失的行为。Alves(2013)发现,商誉的会计处理方法由摊销变为减值测试之后,商誉减值金额与盈余管理程度显著正相关。

(一)国外相关文献

Francis 等(1996)认为,资产减值不仅受到管理层盈余管理动机的影响,还受到经济环境变化的影响。关于商誉减值的影响因素的研究始于 Beatty 和 Weber(2006)。他们分析 SFAS 142 发布之后美国上市公司确认商誉减值的影响因素,发现股票市场表现、债务契约、薪酬激励、高管变更和交易所退市规则等都会对此产生影响。Zang(2008)发现,债务契约和管理层变更是公司决定是否进行商誉减值的重要因素。Lapointe-Antunes 等(2008)发现,CEO 变更、管理层盈余平滑动机、债务契约、经理人股权激励、融资需求、交叉上市等都会影响管理层的商誉减值决策,表现为多计、少计或不计商誉减值,独立的审计委员会可以约束这种机会主义行为。以上研究主要针对新准则过渡期的美国上市公司。

Godfrey 和 Koh(2001)、Jarva(2009)、Ramanna 和 Watts(2009)研究了新准则过渡期之后公司的商誉减值行为。Godfrey 和 Koh(2001)发现,商誉减值与公司潜在投资机会和会计盈余均显著负相关,即商誉减值信息具有价值相关性。Jarva(2009)发现,SFAS 142 下的商誉减值与未来现金流相关,同时有商誉减值迹象但未确认商誉减值损失的公司并未故意规避商誉减值,因此商誉减值更多地由经济因素而非管理层的机会主义行为所驱动。Ramanna 和 Watts(2009)发现,商誉减值的经济动因主要有:①债务契约,管理层出于规避债务违约风险的考虑,会减少商誉减值损失的确认;②薪酬契约,若商誉减值与高管薪酬挂钩,则公司会更少确认商誉减值损失;③退市风险,出于规避退市风险的考虑,管理层可能少计或者延迟确认商誉减值损失;④股票价格,商誉减值会影响公司股价表现,股票价格成为影响管理层商誉减值决策的因素之一;⑤声誉,如果商誉发生减值是由于支付了过高的并购溢价,那么管理层出于个人声誉的考虑会少计商誉减值损失。

除此之外,CEO变更、CEO任职期限、管理层风险偏好等也会显著影响管理层的商誉减值决策。既有文献表明,CEO在发生管理层变更当年倾向于对公司进行"洗大澡",在将过去经营中存在的问题转嫁给前任管理层的同时,缓解未来期间的经营风险和业绩压力,达到粉饰业绩的目的(Masters-Stout等,2008)。关于CEO任职期限对商誉减值的影响存在两种相反的观点。Beatty和Weber(2006)认为,CEO任职期限越长,越有可能是并购当时的CEO需要对商誉减值承担责任,因而CEO任职期限与商誉减值正相关。但Masters-Stout等(2008)发现,任职期限较长的CEO出于声誉的考虑会规避商誉减值的确认,因而CEO任职期限与商誉减值负相关。Ramanna和Watts(2012)考察商誉减值风险很高但未确认商誉减值的公司,发现管理层会出于高管薪酬、高管声誉和债务契约的考虑而不确认商誉减值,是否确认商誉减值与管理层对公司未来现金流的预测无关。资产组或资产组组合的数量和规模越大,价值难以评估的资产越多,经理人在商誉减值方面的自由裁量空间越大,越有可能不确认商誉减值。

商誉产生于企业并购活动,因此并购特征在一定程度上导致后续商誉减值的发生。Hayn和Hughes(2006)的研究发现,并购特征(收购溢价、并购成本、支付方式等)对于日后发生的商誉减值具有解释力。Gu和Lev(2011)认为,商誉减值的根源在于并购特征,对被并购公司的过高估值会导致日后的商誉减值。

管理层的经历也会影响商誉减值。Francois和Welch(2011)的研究发现,CFO过去的从业经历会影响其商誉减值决策,有金融行业从业经历的CFO更倾向于小额、多次确认商誉减值,提供的商誉信息的价值相关性更强。

公司治理机制也会影响商誉减值。Verriest和Gaeremynck(2009)以欧洲上市公司为样本,用独立董事占董事会的比例作为公司治理的代理变量,发现公司治理机制越健全,商誉减值金额越多。监督机制对商誉减值的影响途径体现在以下两个方面:其一,监督机制约束了管理层在商誉减值中的机会主义行为,提高了商誉减值对经济实质的反映程度;其二,监督机制提高了管理层并购效率,降低了企业日后的商誉减值发生概率。Katrien等(2009)发现,司法系统较完备的国家和地区的上市公司倾向于更多地确认商誉减值。

(二)国内相关文献

黄世忠(2002)的案例研究发现,一些大型美国上市公司利用会计准则的变化,确认巨额的商誉减值准备对资产负债表进行彻底"清洗",以释放"资产泡沫"或"隐性负债"带来的风险。丁友刚(2004)认为,商誉减值测试与盈余管理相互制约。冯卫东和郑海英(2013)发现,在发生并购交易当年,个别上市公司在经营环境和财务状况并未发生重大变化也不存在减值迹象的情况下,就对商誉确认部分甚至全部减值,人为调节企业业绩,导致会计信息失真。实证研究方面,陆正华等(2010)的研究结果显示,其他资产减值准备计提率、合并商誉规模、资产负债率、净资产收益率等因素对商誉减值测试具有显著影响,商誉减值中存在明显的盈余管理行为。刘霞(2014)发现,商誉减值确认越多的公司越倾向于选择高质量的审计师,上市公司商誉减值的确认是基于未来收益能力的下降而非盈余管理行为。董晓洁(2014)发现,商誉减值是盈余管理手段之一,严格的审计能够降低公司利用商誉减值操纵利润的程度。王秀丽(2015)认为,商誉减值主要受盈余管理动机的影响,而不受经济因素的影响。

第二节 研究假设

信息不对称是指某些参与人拥有相关信息但另一些参与人不拥有的情况。委托-代理关系下,委托人可能无法获得与代理人同样的信息,造成双方的信息不对称。就企业来说,管理者作为内部人掌握更多的企业相关信息,所有者因不参与企业日常经营活动而无法获得一手信息。投资者等利益相关者的主要信息来源是上市公司对外披露的公开文件,然而管理者出于机会主义动机会粉饰财务报告,导致公开披露信息的可靠性无法得到绝对保证,从而进一步加剧双方的信息不对称。具体到商誉减值相关信息,由于商誉减值基于商誉的公允价值,需要运用估值技术对各种输入值进行估计,涉及大量主观职业判断,而这些私有信息外部人难以获取,信息不对称的存在为管理层利用商誉减值进行盈余管理提供了空间。

Zucca 和 Campbell(1992)的研究表明,当扣除资产减值损失前的盈余高于预期盈余时,管理层会通过计提资产减值损失进行盈余平滑;当扣除资产减值损失前的盈余低于预期盈余时,管理层会通过计提资产减值损失进行"洗大澡"。戴德明等(2005)也证实,中国上市公司存在利用资产减值平滑盈余和"洗大澡"的行为。由此可见,当扣除商誉减值损失前的盈余较高时,公司具有盈余平滑动机,会通过计提较多的商誉减值平滑盈余;当扣除商誉减值损失前的盈余较低时,公司具有"洗大澡"动机,会通过计提较多的商誉减值"洗大澡"。基于此,商誉减值可能存在盈

余管理动机,具体表现为盈余平滑和"洗大澡"。基于上述分析,本章提出以下假设:

假设1 具有盈余平滑动机的公司,本期确认的商誉减值更多。

假设2 具有"洗大澡"动机的公司,本期确认的商誉减值更多。

相对于管理者,企业所有者和投资者等利益相关者均处于信息获取劣势地位。股东、投资者、债权人、政府等利益相关者依据企业披露的信息进行经济决策,提高信息的可靠性在一定程度上可以削弱管理层所拥有的信息优势、降低其道德风险、减少其逆向选择,从而有助于利益相关者作出正确的决策。外部审计作为独立的第三方鉴证,能够合理保证财务报告的真实性与公允性,从而一定程度地缓解信息不对称带来的负面影响。因此,上市公司的高质量审计在一定程度上可以保证公司财务数据和信息生产过程的质量,降低信息不对称程度,帮助投资者辨别市场中的企业类型。

Elliott 和 Hanna(1996)认为,虽然管理层会利用准则赋予的自由裁量权在盈余管理动机下确认商誉减值,但这种行为在有效的监督机制下会被制约。现有研究表明,高质量的外部审计是一种有效的监督机制,能够减少管理层的盈余管理行为(Bushman 和 Smith,2013)。Katrien 等(2009)的研究发现,"四大"会计师事务所审计的公司利用商誉减值进行盈余管理的行为较少。基于上述分析,本章提出以下假设:

假设3 高质量的外部审计会抑制商誉减值的盈余管理动机。

作为现代企业理论的重要组成部分,委托-代理理论认为,企业不是单一的经济主体,而是由各利益相关者(包括债权人、供应商、客户、企业职工等)缔结的一系列契约联结而成。由于信息不对称、契约不完备、机会主义动机的存在,各利益相关者的利益冲突在实践中演化为委托-代理问题。Jensen 和 Meckling(1976)认为,公司股东和经营者之间的委托-代理问题属于第一类代理问题。随着控股股东持股比例的提高,其更有动力对经营者行使监督权。因此,适当的股权集中度有利于缓解股东与经营者之间的委托-代理问题,从而降低代理成本(Kang 和 Sorensen,1999)。

现有研究表明,适当的股权集中度有利于盈余质量的提高。杜兴强和温日光(2007)发现,公司股权集中度越高,会计信息质量越优。游家兴和罗胜强(2008)发现,当控股股东持股比例较低时,持股比例与盈余质量负相关;当控股股东持股比例较高时,持股比例与盈余质量正相关。由此可见,股权集中度作为一种有效的监

督机制,能够提高公司的盈余质量,减少公司的盈余管理行为。基于上述分析,本章提出以下假设:

假设4 股权集中度会抑制商誉减值的盈余管理动机。

第三节 研 究 设 计

一、样本选择及数据来源

2007年,中国上市公司开始实行《企业会计准则》(2006),对商誉采用减值测试法进行后续计量,由此本章选取2007—2013年A股上市公司为样本,并按以下程序进行筛选:(1)剔除商誉期末余额和商誉减值损失发生额同时为0的样本,因为此类公司没有商誉项目,不需要进行商誉减值测试;(2)剔除金融类上市公司;(3)剔除数据缺失的样本。最终,本章得到4 700个观测值,其中538个观测值确认了商誉减值损失。为了避免异常值对研究结果的影响,对所有连续变量在1%分位数进行缩尾处理。商誉减值损失数据手工收集自财务报表附注中的资产减值准备明细项目,其他数据均来自CSMAR数据库。

从表16-1 Panel A的样本年度分布中可以看出,发生商誉减值的公司平均占比为11%左右,2008年最高,达到14.98%,这可能与金融危机导致公司业绩下滑有关;2011—2013年发生商誉减值的公司占比呈现逐年上升趋势,这说明商誉减值的经济意义凸显。Panel B按2001年证监会行业分类标准对样本进行统计分析,发现新兴行业的公司发生商誉减值的概率较大,传统行业的公司发生商誉减值的概率较小。发生商誉减值的公司占比最大的三个行业分别是传播与文化产业(16.67%)、房地产业(13.31%)和综合类(13.16%);相比之下,传统行业如交通运输、仓储业(7.10%),电力、煤气及水的生产和供应业(7.18%),采掘业(7.23%)发生商誉减值的公司占比较小。

表16-1 样本的行业年度分布

Panel A:样本年度分布								
项目	2007年	2008年	2009年	2010年	2011年	2012年	2013年	合计
商誉减值样本	43	74	57	61	69	99	135	538
总样本	414	494	529	584	735	930	1 014	4 700
减值样本占比(%)	10.39	14.98	10.78	10.45	9.39	10.65	13.31	11.45

(续表)

Panel B:样本行业分布

行业	发生商誉减值	样本数	商誉减值样本占比(%)
农、林、牧、渔业	7	76	9.21
采掘业	12	166	7.23
制造业	302	2 574	11.73
电力、煤气及水的生产和供应业	14	195	7.18
建筑业	16	125	12.80
交通运输、仓储业	11	155	7.10
信息技术业	51	398	12.81
批发和零售贸易	42	394	10.66
房地产业	39	293	13.31
社会服务业	24	196	12.24
传播与文化产业	15	90	16.67
综合类	5	38	13.16

二、变量说明

本章参考 Beatty 和 Weber(2006)、Abughazaleh 等(2011)、Hayn 和 Hughes (2006)的做法,选取影响因素变量和控制变量对商誉减值的经济动因进行研究。

1. 商誉减值(GWI)

分别用商誉减值金额除以期末总资产(GWI_A)的连续变量以及是否发生商誉减值(GWI_D)的虚拟变量衡量商誉减值(GWI)。

2. 盈余管理动机(EMIncentives)

参考 AbuGhazaleh 等(2011),对"洗大澡"动机(Bath)和盈余平滑动机(Smooth)进行定义。当扣除商誉减值前净利润(除以年末总资产)为负且变动值小于所有负值的中位数时,公司存在"洗大澡"动机,Bath 取值为 1,否则取值为 0。当扣除商誉减值前净利润(除以年末总资产)为正且变动值大于所有正值的中位数时,公司存在盈余平滑动机,Smooth 取值为 1,否则取值为 0。

3. 其他影响因素

参考 Francis 等(1996)、Beatty 和 Weber(2006)、Lapointe-Antunes 等(2008)、

Zang(2008)等的研究,选取公司业绩(Performance)、CEO 特征(CEO)、债务与薪酬契约(Contracts)、外部监督(Monitor)四个方面的指标。用总资产收益率(ROA)、年度股票收益率(RET)和营业收入增长率(Growth)衡量公司业绩。其中,ROA 作为会计业绩指标,反映管理层对公司未来会计业绩的预期;RET 作为市场业绩指标,反映公司未来获取现金流的能力;营业收入增长率作为成长性指标,反映公司未来现金流增长率。CEO 特征方面,基于前人研究,用 CEO 变更(Chg)和 CEO 任职期限(Tenure)两个指标衡量。债务与薪酬契约方面,用资产负债率(Debt)衡量债务契约,用管理层持股(Mshare)衡量股权激励薪酬契约。外部监督方面,用地区市场化程度(M_index)衡量市场整体监督水平,用机构投资者持股(Inst)衡量机构投资者监督水平。

4. 控制变量(Controls)

控制变量包括总资产的自然对数(Size)、市值账面比(MTB)、商誉(GW)和营业收入(Sales)。

5. 调节变量

用是否"四大"审计的虚拟变量(Audit)衡量审计质量,用第一大股东持股比例(Largest)衡量股权集中度。

三、模型构建

本章构建模型(16-1)考察商誉减值的盈余管理动机。除了上述解释(即影响因素)变量和控制变量,为了避免不同年份宏观经济状况和行业差异对研究结果的影响,模型中控制行业和年份的固定效应。

$$GWI_{i,t} = \alpha_0 + \alpha_1 EMIncentives + \alpha_2 Performance_{i,t} + \alpha_3 CEO_{i,t} + \alpha_4 Contracts_{i,t} + \alpha_5 Monitor_{i,t} + \sum Controls_{i,t} + \sum Ind_{i,t} + \sum Year_{i,t} + \varepsilon_{i,t} \quad (16-1)$$

$$GWI_{i,t} = \alpha_0 + \alpha_1 EMIncentives_{i,t} + \alpha_2 Audit_{i,t} + \alpha_3 Audit_{i,t} \times EMIncentives_{i,t} + \alpha_4 Performance_{i,t} + \alpha_5 CEO_{i,t} + \alpha_6 Contracts_{i,t} + \alpha_7 Monitor_{i,t} + \sum Controls_{i,t} + \sum Ind_{i,t} + \sum Year_{i,t} + \varepsilon_{i,t} \quad (16-2)$$

$$GWI_{i,t} = \alpha_0 + \alpha_1 EMIncentives_{i,t} + \alpha_2 Largest_{i,t} + \alpha_3 Largest_{i,t} \times EMIncentives_{i,t} + \alpha_4 Performance_{i,t} + \alpha_5 CEO_{i,t} + \alpha_6 Contracts_{i,t} + \alpha_7 Monitor_{i,t} + \sum Controls_{i,t} + \sum Ind_{i,t} + \sum Year_{i,t} + \varepsilon_{i,t} \quad (16-3)$$

根据假设 1 和假设 2,管理层会出于盈余管理动机(EMIncentives)计提商誉减值,预期模型(16-1)中 α_1 的回归系数显著为正。为了检验审计质量对商誉减值盈余管理动机的影响,引入是否"四大"审计的虚拟变量(Audit),并与盈余管理动机进行交乘,构建模型(16-2),根据假设 3,预期 α_3 的回归系数显著为负。为了检验股权集中度对商誉减值盈余管理动机的影响,引入第一大股东持股比例(Largest)衡量股权集中度,并与盈余管理动机进行交乘,构建模型(16-3),根据假设 4,预期 α_3 的回归系数显著为负。

回归模型中的主要变量定义及计算方法参见表 16-2。

表 16-2 变量定义

变量类型	变量名称	变量	变量定义
被解释变量	商誉减值连续变量	GWI_A	(商誉减值损失金额/年末资产总额)×100
	商誉减值虚拟变量	GWI_D	若发生商誉减值则 GWI_D 取值为 1,否则取值为 0
盈余管理动机	"洗大澡"动机	Bath	若 ROA<0 且 △ROA 小于所有负值的中位数,则 Bath 取值为 1,否则取值为 0
	盈余平滑动机	Smooth	若 ROA>0 且 △ROA 大于所有正值的中位数,则 Smooth 取值为 1,否则取值为 0
公司业绩	总资产收益率	ROA	净利润/年末资产总额
	年度股票收益率	RET	年度股票收益率
	营业收入增长率	Growth	(本期营业收入-上期营业收入)/上期营业收入
CEO 特征	CEO 变更	Chg	若发生 CEO 变更则 Chg 取值为 1,否则取值为 0
	CEO 任职期限	Tenure	CEO 任职年数
债务契约	资产负债率	Debt	期末总负债/期末总资产
股权激励薪酬契约	管理层持股	Mshare	管理层持股数/股本总数
外部监督	地区市场化程度	M_index	公司所在地区的市场化指数(樊纲等,2011)
	机构投资者持股	Inst	机构投资者持股数/股本总数
控制变量	公司规模	Size	年末资产总额的自然对数
	市值账面比	MTB	权益的市场价值/权益的账面价值
	商誉	GW	(商誉期末余额+本期计提的商誉减值)/期初总资产
	营业收入	Sales	营业收入/期末总资产
	行业	Ind	证监会行业分类
	年份	Year	年份
调节变量	"四大"审计	Audit	若"四大"审计则 Audit 取值为 1,否则取值为 0
	第一大股东持股比例	Largest	第一大股东持股数/股本总数
	赫芬达尔指数	HHI_10	前十大股东持股比例的赫芬达尔指数

第四节 实证结果分析

一、描述性统计

表 16-3 是全样本的描述性统计结果,其中商誉减值金额占总资产的比例(GWI_A)的均值为 0.0274、最小值为 0、最大值为 0.8262,而发生商誉减值损失样本占总样本的 11.45%。在盈余管理动机方面,存在"洗大澡"动机的公司占样本总数的 6.89%,存在盈余平滑动机的公司占样本总数的 23.04%。总资产收益率(ROA)的均值为 0.0440、最小值为 -0.1511、最大值为 0.1928。股票收益率(RET)的均值为 0.3195、最小值为 -0.7432、最大值为 3.7234,这说明发生并购的上市公司在股票收益率方面存在较大差异。发生 CEO 变更的样本占总样本的 14.38%,CEO 平均任职年数为 3.3789。资产负债率的均值为 47.63%。管理层持股比例平均为 6.87%,超过一半公司的管理层持股为 0。机构投资者持股比例平均为 7.24%。控制变量方面,商誉占总资产的比例平均为 2.02%、最高达 47.26%;"四大"审计的公司比例为 7.87%;第一大股东持股比例的均值为 34.95%。

表 16-3 主要变量的描述性统计:全样本

变量	观测值	均值	最小值	25%分位数	中位数	75%分位数	最大值	标准差
GWI_A	4 700	0.0274	0	0	0	0	0.8262	0.1194
GWI_D	4 700	0.1145	0	0	0	0	1.0000	0.3184
Bath	4 700	0.0689	0	0	0	0	1.0000	0.2534
Smooth	4 700	0.2304	0	0	0	0	1.0000	0.4212
ROA	4 700	0.0440	-0.1511	0.0174	0.0397	0.0701	0.1928	0.0515
RET	4 700	0.3195	-0.7432	-0.2670	0.0437	0.6353	3.7234	0.8910
Growth	4 700	0.2401	-0.5072	0.0161	0.1598	0.3333	3.3477	0.4832
Chg	4 700	0.1438	0	0	0	0	1.0000	0.3510
Tenure	4 700	3.3789	0	1.0000	3.0000	5.0000	11.0000	2.6373
Debt	4 700	0.4763	0.0514	0.3164	0.4871	0.6365	0.9382	0.2098
Mshare	4 700	0.0687	0	0	0	0.0123	0.6563	0.1550
M_index	4 700	9.0996	0.3800	7.5600	9.5500	10.4200	11.8000	2.0275
Inst	4 700	0.0724	0	0.0085	0.0414	0.096	0.5841	0.1002
Size	4 700	22.0837	19.6795	21.1107	21.8834	22.8026	27.4405	1.3237
MTB	4 700	3.4567	0.6467	1.7401	2.6686	4.2763	17.0891	2.6742
GW	4 700	0.0202	1.38E-05	0.0010	0.0042	0.0164	0.4726	0.0492

（续表）

变量	观测值	均值	最小值	25%分位数	中位数	75%分位数	最大值	标准差
Sales	4 700	0.6807	0.0423	0.3753	0.5684	0.8429	2.6057	0.4632
Audit	4 700	0.0787	0	0	0	0	1.0000	0.2693
Largest	4 700	0.3495	0.7932	0.2304	0.3280	0.4640	0.7482	0.1533
HHI_10	4 700	0.1651	0.0122	0.0718	0.1344	0.2387	0.5624	0.1180

按是否发生商誉减值对样本进行分组，分样本的描述性统计结果见表 16-4。从中可以看出，盈余管理动机方面，发生商誉减值公司的"洗大澡"动机更强烈，但是两类公司的盈余平滑动机没有显著差异。总资产收益率方面，发生商誉减值公司的 ROA 均值 0.0255 比未发生商誉减值公司的 ROA 均值 0.0464 显著更低；营业收入增长率方面，发生商誉减值公司的 Growth 均值 0.1572 比未发生商誉减值公司的 Growth 均值 0.2508 显著更低。这表明会计业绩和商誉减值负相关，与预期一致。但是，两类公司在股票收益率均值方面不存在显著差异。资产负债率方面，发生商誉减值公司的 Debt 均值 0.4923 比未发生商誉减值公司的 Debt 均值 0.4742 显著更高，与预期不一致，需要结合多元回归结果进一步分析。对于发生商誉减值的公司，其所在地区的市场化程度更高，机构投资者持股比例和股权集中度的均值更小，商誉的均值更大，这些都与预期一致。

二、相关性分析

表 16-5 列示了主要变量的 Pearson 相关系数。商誉减值金额（GWI_A）和商誉减值虚拟变量（GWI_D）均与"洗大澡"动机（Bath）显著正相关，与盈余平滑动机（Smooth）的相关性不显著。除此之外，商誉减值与总资产收益率（ROA）显著负相关，与营业收入增长率（Growth）显著负相关，与股票收益率（RET）不相关，与资产负债率（Debt）呈微弱正相关关系，与地区市场化程度（M_index）显著正相关，与机构投资者持股（Inst）显著负相关。Bath 与 ROA 的相关系数值较大（-0.577），是因为 Bath 基于 ROA 计算得出，其他变量之间的相关系数均小于 0.5。对回归模型中各变量的多重共线性的检验结果显示，方差膨胀因子均小于 3，因此模型不存在严重的多重共线性问题，可以进行多元回归分析。

三、回归结果分析

（一）商誉减值的盈余管理动机分析

由于大部分被解释变量的观测值为 0，考虑到样本不符合常规正态分布，本部

表 16-4 主要变量的描述性统计：分样本

变量	发生商誉减值					未发生商誉减值					均值 t 检验
	观测值	均值	25%分位数	中位数	75%分位数	观测值	均值	25%分位数	中位数	75%分位数	
GWI_A	538	0.2394	0.0341	0.1202	0.3725	4 162	0	0	0	0	0.0000
Bath	538	0.1691	0	0	0	4 162	0.0560	0	0	0	0.0000
Smooth	538	0.2156	0	0	0	4 162	0.2323	0	0	0	0.3861
ROA	538	0.0255	0.0062	0.0320	0.0582	4 162	0.0464	0.0187	0.0410	0.0720	0.0000
RET	538	0.2751	-0.2977	0.0106	0.5828	4 162	0.3252	-0.2585	0.0477	0.6372	0.2200
Growth	538	0.1572	-0.0251	0.1243	0.2765	4 162	0.2508	0.0238	0.1637	0.3402	0.0000
Chg	538	0.1543	0	0	0	4 162	0.1425	0	0	0	0.4633
Tenure	538	3.4833	1.0000	3.0000	5.0000	4 162	3.3654	1.0000	3.0000	5.0000	0.3295
Debt	538	0.4923	0.3173	0.5031	0.6682	4 162	0.4742	0.3164	0.4855	0.6317	0.0594
Mshare	538	0.0697	0	0	0.0162	4 162	0.0685	0	0	0.0119	0.8750
M_index	538	9.4112	7.6500	9.8700	10.9600	4 162	9.0593	7.5600	9.4500	10.4200	0.0001
Inst	538	0.0581	0.0038	0.0273	0.0774	4 162	0.0742	0.0093	0.0431	0.0982	0.0004
Size	538	22.0935	21.0722	21.8168	22.7363	4 162	22.0825	21.1139	21.8917	22.8121	0.8565
MTB	538	3.4149	1.6570	2.5651	3.9428	4 162	3.4621	1.7564	2.6852	4.3055	0.6997
GW	538	0.0265	0.0019	0.0086	0.0262	4 162	0.0193	0.0009	0.0038	0.0151	0.0015
Sales	538	0.6785	0.3857	0.5736	0.8122	4 162	0.6809	0.3729	0.5683	0.8443	0.9076
Audit	538	0.0948	0	0	0	4 162	0.0766	0	0	0	0.1413
Largest	538	0.3323	0.2149	0.3063	0.4461	4 162	0.3517	0.2324	0.3317	0.4655	0.0056
HHI_10	538	0.1543	0.0604	0.1216	0.2228	4 162	0.1665	0.0731	0.1358	0.2399	0.0242

表 16-5 Pearson 相关系数

变量	GWI_A	GWI_D	ROA	RET	Growth	Chg	Tenure	Mshare	Bath	Smooth	Debt	M_index	Inst	Size	MTB	GW	Sales
GWI_A	1.000																
GWI_D	0.638^c (0.000)	1.000															
ROA	-0.154^c (0.000)	-0.129^c (0.000)	1.000														
RET	-0.005 (0.734)	-0.018 (0.220)	0.088^c (0.000)	1.000													
Growth	-0.049^c (0.001)	-0.062^c (0.000)	0.196^c (0.000)	0.143^c (0.000)	1.000												
Chg	0.019 (0.206)	0.011 (0.463)	-0.065^c (0.000)	0.018 (0.212)	0.089^c (0.000)	1.000											
Tenure	0.007 (0.635)	0.014 (0.330)	0.080^c (0.000)	-0.083^c (0.000)	-0.088^c (0.000)	-0.525^c (0.000)	1.000										
Mshare	0.016 (0.271)	0.002 (0.875)	0.081^c (0.000)	-0.068^c (0.000)	0.011 (0.440)	-0.038^c (0.009)	0.026^a (0.076)	1.000									
Bath	0.199^c (0.000)	0.142^c (0.000)	-0.577^c (0.000)	-0.049^c (0.001)	-0.155^c (0.000)	0.008 (0.577)	-0.031^b (0.033)	-0.029^a (0.051)	1.000								
Smooth	-0.007 (0.655)	-0.013 (0.386)	0.325^c (0.000)	0.229^c (0.000)	0.215^c (0.000)	0.023 (0.109)	-0.029^b (0.047)	-0.041^c (0.005)	-0.149^c (0.000)	1.000							
Debt	-0.021 (0.152)	0.028^a (0.059)	-0.403^c (0.000)	0.028^b (0.052)	0.043^c (0.003)	0.068^c (0.000)	-0.059^c (0.000)	-0.365^c (0.000)	0.153^c (0.000)	-0.055^c (0.000)	1.000						
M_index	0.042^c (0.004)	0.055^c (0.000)	0.097^c (0.000)	-0.018 (0.216)	-0.043^c (0.003)	-0.071^c (0.000)	0.069^c (0.000)	0.151^c (0.000)	-0.070^c (0.000)	-0.022 (0.130)	-0.158^c (0.000)	1.000					
Inst	-0.056^c (0.000)	-0.051^c (0.000)	0.185^c (0.000)	0.058^c (0.000)	0.033^b (0.023)	-0.032^b (0.029)	0.013 (0.367)	-0.112^c (0.000)	-0.100^c (0.000)	0.046^c (0.002)	0.021 (0.149)	-0.002 (0.888)	1.000				

（续表）

变量	GWI_A	GWI_D	ROA	RET	Growth	Chg	Tenure	Mshare	Bath	Smooth	Debt	M_index	Inst	Size	MTB	GW	Sales
Size	-0.099c (0.000)	0.003 (0.857)	-0.005 (0.741)	-0.097c (0.000)	0.049c (0.001)	0.020 (0.166)	0.026a (0.071)	-0.267c (0.000)	-0.085c (0.000)	-0.060c (0.000)	0.489c (0.000)	-0.030b (0.041)	0.107c (0.000)	1.000			
MTB	0.071c (0.000)	-0.006 (0.700)	0.130c (0.000)	0.489c (0.000)	0.087c (0.000)	0.009 (0.519)	-0.058c (0.000)	-0.011 (0.454)	0.088c (0.000)	0.177c (0.000)	0.003 (0.814)	-0.059c (0.000)	0.037c (0.012)	-0.366c (0.000)	1.000		
GW	0.098c (0.000)	0.046c (0.002)	0.106c (0.000)	0.062c (0.000)	0.192c (0.000)	0.042c (0.004)	-0.017 (0.243)	0.123c (0.000)	-0.028a (0.055)	0.038c (0.010)	-0.166c (0.000)	0.040c (0.006)	0.008 (0.563)	-0.117c (0.000)	0.106c (0.000)	1.000	
Sales	-0.033b (0.022)	-0.002 (0.918)	0.133c (0.000)	-0.010 (0.497)	0.043c (0.003)	-0.009 (0.530)	0.036b (0.013)	-0.110c (0.000)	-0.063c (0.000)	0.051c (0.001)	0.160c (0.000)	0.041c (0.005)	0.144c (0.000)	0.024a (0.097)	0.050c (0.001)	-0.069c (0.000)	1.000

注：括号内为 p 值；a，b，c 分别表示在 10%、5% 和 1% 的统计水平上显著（双尾）。

分分别采用 Tobit 回归和 Probit 回归对商誉减值的经济动因进行分析。表 16-6 的回归结果显示,商誉减值与"洗大澡"动机(Bath)和盈余平滑动机(Smooth)均显著正相关。这说明公司在盈余波动较大的年份,会计业绩表现特别差或特别好时更倾向于确认商誉减值损失,商誉减值中存在一定的盈余管理动机,回归结果支持假设 1 和假设 2。在公司业绩影响因素方面,商誉减值连续变量(GWI_A)及商誉减值虚拟变量(GWI_D)与总资产收益率(ROA)显著负相关,与营业收入增长率(Growth)显著负相关。然而,商誉减值与股票收益率(RET)的相关性不显著,可能的原因是商誉减值存在确认不及时的问题。CEO 特征方面,商誉减值连续变量与 CEO 变更(Chg)显著正相关,商誉减值连续变量和商誉减值虚拟变量与 CEO 任职期限(Tenure)均显著正相关。这说明公司在 CEO 变更当年更多地计提商誉减值损失,而且 CEO 任职期限越长越倾向于计提商誉减值损失。在债务契约和薪酬契约方面,仅商誉减值金额(GWI_A)与资产负债率在 10% 的统计水平上显著负相关;管理层持股与商誉减值的相关性不显著,这与我国高管股权激励尚处于初始阶段,高管持股数较少有关。在外部监督方面,地区市场化程度(M_index)与商誉减值显著正相关,说明市场化程度越高的地方,监督机制越完善,公司越多地计提商誉减值;机构投资者持股(Inst)与商誉减值显著负相关,说明机构投资者能有效抑制低效率的并购行为,减小商誉减值发生概率。总的来看,商誉减值中存在盈余管理动机,具体表现为盈余平滑和"洗大澡"。除此之外,会计业绩、营业收入增长率、CEO 变更、CEO 任职期限、资产负债率、地区市场化程度、机构投资者持股均会影响管理层的商誉减值行为,但股票收益率和管理层持股对商誉减值的影响并不显著。在加入公司层面以及行业、年份控制变量之后,检验结果保持一致。

表 16-6 商誉减值的盈余管理动机回归分析

变量	预期符号	GWI_A			GWI_D		
		(1)	(2)	(3)	(4)	(5)	(6)
Bath	+	0.2552** (4.80)	0.2227*** (4.19)	0.2224*** (4.18)	0.4186*** (3.95)	0.3907*** (3.61)	0.3877*** (3.57)
Smooth	+	0.0904*** (2.83)	0.0931*** (2.98)	0.0921*** (2.96)	0.1543** (2.40)	0.1749*** (2.71)	0.1739*** (2.68)
ROA	−	−1.4526*** (−3.82)	−1.6655*** (−4.26)	−1.6731*** (−4.24)	−2.5036*** (−3.49)	−3.1457*** (−4.11)	−3.1925*** (−4.11)
RET	−	−0.0018 (−0.12)	−0.0163 (−1.03)	−0.0098 (−0.40)	−0.0121 (−0.41)	−0.0150 (−0.44)	0.0069 (0.13)
Growth	−	−0.0589** (−1.97)	−0.0890*** (−2.76)	−0.0930*** (−2.91)	−0.1432** (−2.38)	−0.1963*** (−2.97)	−0.2061*** (−3.08)

（续表）

变量	预期符号	GWI_A			GWI_D		
		(1)	(2)	(3)	(4)	(5)	(6)
Chg	+	0.0810** (2.00)	0.0718* (1.79)	0.0818** (2.03)	0.1333 (1.64)	0.1181 (1.44)	0.1436* (1.73)
Tenure	+	0.0114** (2.13)	0.0113** (2.12)	0.0132** (2.41)	0.0208* (1.93)	0.0197* (1.82)	0.0248** (2.19)
Debt	−	−0.1185* (−1.68)	−0.1369 (−1.59)	−0.1667* (−1.84)	−0.0313 (−0.22)	−0.2002 (−1.14)	−0.2616 (−1.40)
Mshare	−	−0.0218 (−0.27)	−0.0348 (−0.42)	−0.0046 (−0.05)	−0.0204 (−0.12)	−0.0071 (−0.04)	0.0543 (0.30)
M_index	?	0.0293*** (4.60)	0.0284*** (4.50)	0.0253*** (3.98)	0.0587*** (4.57)	0.0560*** (4.31)	0.0522*** (3.92)
Inst	?	−0.2776** (−2.06)	−0.3149** (−2.24)	−0.3552** (−2.51)	−0.5164* (−1.85)	−0.6219** (−2.12)	−0.7330** (−2.46)
Size	+		0.0130 (1.08)	0.0238* (1.86)		0.0550** (2.13)	0.0814*** (2.92)
MTB	−		0.0083 (1.33)	0.0073 (1.12)		0.0053 (0.43)	0.0028 (0.21)
GW	+		1.2086*** (5.78)	1.0981*** (5.28)		2.0503*** (4.69)	1.8921*** (4.22)
Sales	+		0.0322 (1.25)	0.0454 (1.52)		0.0928* (1.74)	0.1072* (1.74)
行业				控制			控制
年份				控制			控制
观测值		4 700	4 700	4 700	4 700	4 700	4 700
Pseudo R^2		0.0590	0.0701	0.0790	0.0390	0.0460	0.0538

注：***、**、* 分别表示在1%、5%和10%的统计水平上显著（双尾）；括号内为 t 值，并经 White 异方差修正。

（二）审计质量对商誉减值盈余管理动机的影响

表16-7的回归结果显示，"四大"审计的回归系数显著为正，这说明"四大"审计的公司更倾向于计提商誉减值，高质量审计能抑制公司规避商誉减值的行为。"四大"审计与"洗大澡"动机交乘项（Audit × Bath）的回归系数不显著，这说明"四大"审计并没有降低管理层"洗大澡"动机下的商誉减值行为。"四大"审计与盈余平滑动机交乘项（Audit × Smooth）的回归系数显著为负，这说明在高审计质量的情况下，盈余平滑动机下的商誉减值行为减少。总的来说，高质量的审计能抑制商誉减值的盈余平滑动机，部分支持假设3。在加入公司层面以及行业、年份控制变量之后，检验结果保持一致。

表 16-7 审计质量对商誉减值盈余管理动机的影响

变量	预期符号	GWI_A			GWI_D		
		(1)	(2)	(3)	(4)	(5)	(6)
Bath	+	0.2621*** (4.75)	0.2298*** (4.19)	0.2297*** (4.20)	0.4060*** (3.74)	0.3813*** (3.45)	0.3801*** (3.43)
Smooth	+	0.1145*** (3.47)	0.1147*** (3.54)	0.1129*** (3.51)	0.2086*** (3.14)	0.2242*** (3.36)	0.2213*** (3.30)
Audit	+	0.1139** (2.40)	0.1093** (2.09)	0.1247** (2.38)	0.2716*** (2.67)	0.1974* (1.79)	0.2098* (1.87)
Audit×Bath	−	−0.1161 (−0.99)	−0.1153 (−0.99)	−0.1230 (−1.05)	0.0641 (0.21)	0.0605 (0.20)	0.0459 (0.15)
Audit×Smooth	−	−0.3430*** (−2.72)	−0.3338*** (−2.68)	−0.3277*** (−2.63)	−0.7264*** (−2.78)	−0.7255*** (−2.75)	−0.7097*** (−2.67)
ROA	−	−1.4924*** (−3.91)	−1.6598*** (−4.24)	−1.6550*** (−4.19)	−2.6568*** (−3.68)	−3.1655*** (−4.12)	−3.1860*** (−4.08)
RET	−	−0.0010 (−0.07)	−0.0158 (−1.00)	−0.0104 (−0.42)	−0.0082 (−0.28)	−0.0126 (−0.37)	0.0048 (0.09)
Growth	−	−0.0584* (−1.94)	−0.0884*** (−2.73)	−0.0913*** (−2.86)	−0.1425** (−2.35)	−0.1964*** (−2.96)	−0.2045*** (−3.05)
Chg	+	0.0796** (1.97)	0.0706* (1.76)	0.0797** (1.98)	0.1326 (1.63)	0.1166 (1.42)	0.1400* (1.69)
Tenure	+	0.0116** (2.17)	0.0115** (2.17)	0.0132** (2.42)	0.0216** (2.00)	0.0203* (1.88)	0.0249** (2.20)
Debt	−	−0.1324* (−1.86)	−0.1299 (−1.51)	−0.1521* (−1.68)	−0.0734 (−0.52)	−0.1875 (−1.06)	−0.2375 (−1.26)
Mshare	−	−0.0165 (−0.20)	−0.0337 (−0.41)	−0.0057 (−0.07)	−0.0031 (−0.02)	−0.0054 (−0.03)	0.0514 (0.28)
M_index	?	0.0284*** (4.46)	0.0276*** (4.39)	0.0244*** (3.85)	0.0567*** (4.41)	0.0546*** (4.22)	0.0506*** (3.82)
Inst	?	−0.2888** (−2.16)	−0.3202** (−2.31)	−0.3595** (−2.57)	−0.5484* (−1.96)	−0.6379** (−2.18)	−0.7463** (−2.52)
Size	+		0.0076 (0.57)	0.0163 (1.16)		0.0451 (1.59)	0.0691** (2.25)
MTB	−		0.0077 (1.25)	0.0065 (1.00)		0.0042 (0.34)	0.0013 (0.10)
GW	+		1.2042*** (5.76)	1.0863*** (5.23)		2.0434*** (4.66)	1.8733*** (4.17)
Sales	+		0.0307 (1.19)	0.0434 (1.46)		0.0892* (1.67)	0.1029* (1.67)
行业				控制			控制
年份				控制			控制

(续表)

变量	预期符号	GWI_A			GWI_D		
		(1)	(2)	(3)	(4)	(5)	(6)
观测值		4 700	4 700	4 700	4 700	4 700	4 700
Pseudo R^2		0.0621	0.0731	0.0821	0.0426	0.0490	0.0566

注：***、**、*分别表示在1%、5%和10%的统计水平上显著（双尾）；括号内为 t 值，并经 White 异方差修正。

（三）股权集中度对商誉减值中盈余管理动机的影响

表16-8的回归结果显示，第一大股东持股比例（Largest）的回归系数不显著，Largest 与盈余管理动机交乘项的回归系数显著为负，这说明第一大股东持股能抑制商誉减值中的盈余管理行为。具体来说，第一大股东持股比例与"洗大澡"动机交乘项（Largest×Bath）的回归系数显著为负，这说明在第一大股东持股比例高的情况下，"洗大澡"动机下的商誉减值行为减少。由此可见，股权集中度能抑制商誉减值的盈余管理动机，支持假设4。在加入公司层面以及行业、年份控制变量之后，检验结果保持一致。

表16-8 股权集中度对商誉减值中盈余管理动机的影响

变量	预期符号	GWI_A			GWI_D		
		(1)	(2)	(3)	(4)	(5)	(6)
Bath	+	0.4644*** (4.72)	0.4402*** (4.48)	0.4298*** (4.43)	0.8249*** (3.87)	0.8416*** (3.91)	0.8233*** (3.84)
Smooth	+	0.2099*** (2.94)	0.2133*** (3.00)	0.2209*** (3.15)	0.3818*** (2.61)	0.4046*** (2.74)	0.4198*** (2.85)
Largest	?	-0.0296 (-0.32)	-0.0292 (-0.31)	-0.0243 (-0.26)	0.0134 (0.07)	-0.0613 (-0.30)	-0.0514 (-0.25)
Largest×Bath	-	-0.6644** (-2.42)	-0.6843** (-2.54)	-0.6543** (-2.48)	-1.2731** (-2.06)	-1.4030** (-2.28)	-1.3605** (-2.25)
Largest×Smooth	-	-0.3773** (-1.99)	-0.3706* (-1.96)	-0.3959** (-2.13)	-0.7013* (-1.78)	-0.7000* (-1.76)	-0.7478* (-1.90)
ROA	-	-1.3269*** (-3.50)	-1.5972*** (4.10)	-1.6090*** (-4.09)	-2.3361*** (-3.23)	-3.0373*** (-3.96)	3.0920*** (-3.97)
RET	-	-0.0055 (-0.38)	-0.0176 (-1.11)	-0.0123 (-0.50)	-0.0178 (-0.60)	-0.0174 (-0.51)	0.0021 (0.04)
Growth	-	-0.0499* (-1.69)	-0.0801** (-2.51)	-0.0830*** (-2.63)	-0.1288** (-2.15)	-0.1804*** (-2.74)	-0.1879*** (-2.82)
Chg	+	0.0828** (2.06)	0.0736* (1.84)	0.0839** (2.09)	0.1379* (1.69)	0.1219 (1.49)	0.1478* (1.78)

(续表)

变量	预期符号	GWI_A			GWI_D		
		(1)	(2)	(3)	(4)	(5)	(6)
Tenure	?	0.0100* (1.87)	0.0097* (1.83)	0.0117** (2.13)	0.0191* (1.76)	0.0169 (1.56)	0.0221* (1.94)
Debt	-	-0.1109 (-1.59)	-0.1590* (-1.86)	-0.1888** (-2.10)	-0.0233 (-0.17)	-0.2437 (-1.38)	-0.3051 (-1.62)
Mshare	-	-0.0228 (-0.28)	-0.0289 (-0.35)	0.0003 (0.00)	-0.0209 (-0.12)	0.0021 (0.01)	0.0619 (0.34)
M_index	?	0.0296*** (4.66)	0.0284*** (4.51)	0.0255*** (4.00)	0.0592*** (4.60)	0.0563*** (4.32)	0.0527*** (3.94)
Inst	?	-0.2747** (-2.02)	-0.3217** (-2.26)	-0.3596** (-2.50)	-0.5122* (-1.82)	-0.6341** (-2.13)	-0.7414** (-2.45)
Size	+		0.0201 (1.63)	0.0305** (2.35)		0.0690** (2.57)	0.0945*** (3.32)
MTB	-		0.0079 (1.26)	0.0071 (1.09)		0.0045 (0.36)	0.0025 (0.19)
GW	+		1.1811*** (5.58)	1.0727*** (5.08)		2.0006*** (4.50)	1.8453*** (4.05)
Sales	+		0.0395 (1.54)	0.0543* (1.83)		0.1062** (1.99)	0.1241** (2.01)
行业				控制			控制
年份				控制			控制
观测值		4 700	4 700	4 700	4 700	4 700	4 700
Pseudo R^2		0.0637	0.0748	0.0836	0.0418	0.0496	0.0572

注:***、**、*分别表示在1%、5%和10%的统计水平上显著(双尾);括号内为t值,并经White异方差修正。

第五节 进一步检验

本期的市场业绩与商誉减值之间的相关性不显著,可能源于商誉减值存在确认不及时的问题。在引入商誉减值方法之后,商誉金额被高估,商誉减值带来的股价反应较小,且滞后于会计业绩和市场业绩。这说明公司存在推迟确认商誉减值的行为,即商誉减值存在确认不及时的现象。Amiraslani 等(2013)探讨了资产减值损失确认的及时性问题,发现资产减值损失存在确认不及时的问题。为了检验中国资本市场上商誉减值确认的及时性,参考 Amiraslani 等(2012)的做法,本章将会计业绩和市场业绩变量分别滞后1—2年来构建回归模型。从表16-9中可以看出,滞后1年的会计业绩(L_ROA)与商誉减值连续变量显著正相关,滞后2年的市场业绩(L2_RET)与商誉减值负相关且部分显著,这说明商誉减值损失存在确认不及时的问题且平均滞后约2年。

表16-9 商誉减值确认的及时性分析

变量	预期符号	GWI_A			GWI_D		
		(1)	(2)	(3)	(4)	(5)	(6)
ROA	-	-2.2003*** (-6.49)	-1.8085*** (-3.85)	-1.7533*** (-3.79)	-3.7069*** (-6.09)	-3.0534*** (-3.34)	-3.3315*** (-3.47)
L_ROA	?	0.7488** (2.14)	0.7453* (1.95)	0.6449* (1.70)	1.0475 (1.63)	1.2194 (1.64)	1.1915 (1.53)
RET	-	0.0143 (0.98)	0.0088 (0.60)	-0.0105 (-0.40)	0.0167 (0.56)	0.0089 (0.28)	0.0044 (0.08)
L_RET	-	-0.0006 (-0.04)	0.0087 (0.70)	-0.0327 (-1.41)	-0.0074 (-0.31)	0.0089 (0.37)	-0.0804* (-1.72)
L2_RET	-	-0.0260** (-2.12)	-0.0129 (-1.09)	-0.0395** (-1.96)	-0.0423* (-1.74)	-0.0217 (-0.89)	-0.0732 (-1.61)
Growth	-	-0.0720** (-2.15)	-0.0685** (-2.14)	-0.0970*** (-2.87)	-0.1429** (-2.19)	-0.1464** (-2.23)	-0.2044*** (-2.80)
Chg	+		0.1063** (2.48)	0.0996** (2.35)		0.1745** (2.00)	0.1730* (1.94)
Tenure	?		0.0125** (2.25)	0.0141** (2.50)		0.0232** (2.04)	0.0278** (2.33)
Bath	+		0.2201*** (3.75)	0.2088*** (3.64)		0.3866*** (3.18)	0.3870*** (3.16)
Smooth	+		0.1392*** (3.79)	0.1327*** (3.72)		0.2410*** (3.15)	0.2532*** (3.26)
Debt	-		-0.0758 (-0.95)	-0.1065 (-1.07)		0.0353 (0.22)	-0.1433 (-0.68)
Mshare			0.2583** (2.12)	0.2257* (1.81)		0.5195** (2.03)	0.5344* (1.95)
M_index	?		0.0306*** (4.51)	0.0265*** (3.94)		0.0614*** (4.36)	0.0549*** (3.78)
Inst	?		-0.2602* (-1.89)	-0.3173** (-2.22)		-0.4963* (-1.69)	-0.6793** (-2.19)
Size	?			0.0259* (1.84)			0.0852*** (2.72)
MTB	+			0.0083 (1.17)			0.0059 (0.41)
GW	+			1.1408*** (5.17)			2.1399*** (4.17)

（续表）

变量	预期符号	GWI_A			GWI_D		
		(1)	(2)	(3)	(4)	(5)	(6)
Sales	+			0.0232 (0.74)			0.0676 (1.01)
行业				控制			控制
年份				控制			控制
观测值		3 849	3 849	3 849	3 849	3 849	3 849
Pseudo R^2		0.0370	0.0697	0.0954	0.0231	0.0440	0.0646

注：***、**、*分别表示在1%、5%和10%的统计水平上显著（双尾）；括号内为 t 值，并经White异方差修正。

第六节 稳健性检验

一、审计质量的稳健性检验

主检验用是否"四大"审计衡量审计质量，由于"四大"审计样本量较小，为避免样本量对研究结果的影响，稳健性检验用是否"十大"审计衡量审计质量，并对样本进行分组回归。其中，"十大"审计样本为1 968个，"非十大"审计样本为2 732个。表16-10的回归结果显示，在"非十大"审计样本中，Bath和Smooth的回归系数均显著为正；在"十大"审计样本中，仅Bath的回归系数显著为正，Smooth的回归系数不显著。这说明高质量审计能削弱商誉减值的盈余平滑动机，检验结果与前文一致。

表16-10 稳健性检验——审计质量

变量	预期符号	GWI_A		GWI_D	
		(1) "十大"审计	(2) "非十大"审计	(3) "十大"审计	(4) "非十大"审计
Bath	+	0.2434*** (2.92)	0.1998*** (2.90)	0.3824** (2.25)	0.3752*** (2.63)
Smooth	+	0.0683 (1.42)	0.1151*** (2.81)	0.1227 (1.23)	0.2187** (2.51)
ROA	-	-1.7351*** (-3.05)	-1.6663*** (-3.11)	-3.4857*** (-3.00)	-2.9838*** (-2.88)
RET	-	-0.0119 (-0.28)	-0.0109 (-0.35)	0.0078 (0.09)	0.0017 (0.03)
Growth	-	-0.0814 (-1.62)	-0.1010** (-2.49)	-0.1811* (-1.82)	-0.2285*** (-2.62)

（续表）

变量	预期符号	GWI_A		GWI_D	
		(1)"十大"审计	(2)"非十大"审计	(3)"十大"审计	(4)"非十大"审计
Chg	+	0.1278** (2.10)	0.0454 (0.86)	0.2262* (1.78)	0.0759 (0.69)
Tenure	?	0.0141* (1.79)	0.0119 (1.58)	0.0244 (1.48)	0.0243 (1.57)
Debt	−	−0.2748* (−1.86)	−0.0886 (−0.77)	−0.4316 (−1.43)	−0.1021 (−0.42)
Mshare	−	−0.0072 (−0.06)	−0.0102 (−0.08)	0.1186 (0.47)	−0.0460 (−0.18)
M_index	?	0.0204** (2.05)	0.0290*** (3.49)	0.0458** (2.23)	0.0592*** (3.33)
Inst	?	−0.3939* (−1.73)	−0.3314* (−1.88)	−0.8982* (−1.90)	−0.6258* (−1.65)
Size	+	0.0352* (1.94)	0.0036 (0.18)	0.1123*** (2.88)	0.0294 (0.68)
MTB	−	0.0060 (0.54)	0.0066 (0.83)	0.0014 (0.06)	0.0006 (0.04)
GW	+	0.8978*** (2.89)	1.2918*** (4.73)	1.4058** (2.06)	2.3538*** (4.01)
Sales	+	0.1258** (2.29)	0.0189 (0.52)	0.2097** (2.02)	0.0760 (0.97)
行业		控制	控制	控制	控制
年份		控制	控制	控制	控制
观测值		1 968	2 732	1 968	2 732
Pseudo R^2		0.0834	0.0934	0.0597	0.0637

注：***、**、* 分别表示在1%、5%和10%的统计水平上显著（双尾）；括号内为 t 值，并经 White 异方差修正。

二、股权集中度的稳健性检验

主检验用第一大股东持股比例衡量股权集中度，稳健性检验用前十大股东持股比例的赫芬达尔指数（HHI_10）衡量股权集中度。表16-11的回归结果显示，Bath 和 Smooth 的回归系数均显著为正，虽然 HHI_10 的回归系数不显著，但交乘项 HHI_10 × Bath 和 HHI_10 × Smooth 的回归系数均显著为负，这说明股权集中度能削弱管理层出于"洗大澡"动机和盈余平滑动机的商誉减值行为，检验结果与前文保持一致。

表 16-11　稳健性检验——股权集中度

变量	预期符号	GWI_A			GWI_D		
		(1)	(2)	(3)	(4)	(5)	(6)
Bath	+	0.3853*** (5.25)	0.3594*** (4.88)	0.3563*** (4.90)	0.6483*** (4.18)	0.6546*** (4.13)	0.6494*** (4.12)
Smooth	+	0.1841*** (3.57)	0.1877*** (3.66)	0.1925*** (3.81)	0.3291*** (3.16)	0.3515*** (3.34)	0.3623*** (3.46)
HHI_10	?	0.0245 (0.20)	0.0066 (0.05)	0.0154 (0.13)	0.1542 (0.60)	0.0126 (0.05)	0.0310 (0.12)
HHI_10×Bath	−	−0.9205** (−2.35)	−0.9538** (−2.47)	−0.9389** (−2.51)	−1.5892* (−1.79)	−1.8052** (−2.03)	−1.8008** (−2.08)
HHI_10×Smooth	−	−0.6530** (−2.50)	−0.6391** (−2.44)	−0.6767*** (−2.64)	−1.1691** (−2.19)	−1.1681** (−2.15)	−1.2449** (−2.32)
ROA	−	−1.3371*** (−3.51)	−1.6075*** (−4.13)	−1.6189*** (−4.12)	−2.3816*** (−3.28)	−3.0643*** (−3.99)	−3.1191*** (−4.01)
RET	−	−0.0056 (−0.39)	−0.0177 (−1.11)	−0.0126 (−0.51)	−0.0173 (−0.58)	−0.0175 (−0.51)	0.0020 (0.04)
Growth	−	−0.0476 (−1.61)	−0.0776** (−2.42)	−0.0803** (−2.54)	−0.1257** (−2.09)	−0.1765*** (−2.67)	−0.1837*** (−2.76)
Chg	+	0.0828** (2.06)	0.0733* (1.84)	0.0843** (2.10)	0.1380* (1.69)	0.1214 (1.48)	0.1484* (1.79)
Tenure	?	0.0102* (1.91)	0.0098* (1.85)	0.0119** (2.17)	0.0197* (1.82)	0.0172 (1.58)	0.0226** (1.98)
Debt	−	−0.1155* (−1.65)	−0.1663* (−1.94)	−0.1979** (−2.20)	−0.0325 (−0.23)	−0.2540 (−1.43)	−0.3186* (−1.69)
Mshare	−	−0.0200 (−0.24)	−0.0256 (−0.31)	0.0067 (0.08)	−0.0166 (−0.10)	0.0078 (0.05)	0.0728 (0.40)
M_index	+	0.0295*** (4.67)	0.0285*** (4.52)	0.0254*** (4.00)	0.0590*** (4.59)	0.0564*** (4.33)	0.0527*** (3.94)
Inst	−	−0.2744** (−2.03)	−0.3233** (−2.27)	−0.3624** (−2.52)	−0.5100* (−1.81)	−0.6374** (−2.14)	−0.7474** (−2.47)
Size	+		0.0211* (1.70)	0.0320** (2.44)		0.0701*** (2.58)	0.0964*** (3.35)
MTB	?		0.0080 (1.27)	0.0072 (1.10)		0.0047 (0.38)	0.0026 (0.20)
GW	+		1.1876*** (5.64)	1.0807*** (5.15)		2.0174*** (4.57)	1.8638*** (4.12)
Sales	+		0.0399 (1.55)	0.0546* (1.83)		0.1061** (1.98)	0.1236** (2.00)
行业				控制			控制
年份				控制			控制

(续表)

变量	预期符号	GWI_A			GWI_D		
		(1)	(2)	(3)	(4)	(5)	(6)
观测值		4 700	4 700	4 700	4 700	4 700	4 700
Pseudo R^2		0.0639	0.0752	0.0842	0.0416	0.0494	0.0573

注：***、**、*分别表示在1%、5%和10%的统计水平上显著（双尾）；括号内为 t 值，并经 White 异方差修正。

小结

本章探究了中国上市公司商誉减值行为的盈余管理动机，并引入了审计质量和股权集中度两个因素，考察了外部监督机制对商誉减值中盈余管理行为的影响，拓展了商誉减值、监督机制及盈余管理的相关文献。研究发现，商誉减值中存在盈余管理动机，具体表现为盈余平滑和"洗大澡"；此外，公司业绩、CEO 特征、债务契约与薪酬契约、外部监督机制均会对管理层的商誉减值行为产生影响。同时，审计质量和股权集中度抑制了管理层盈余管理动机下的商誉减值行为。进一步的检验显示，商誉减值存在确认不及时的问题且平均滞后约 2 年。稳健性检验结果显示，上述研究结论未发生改变。

商誉减值后续计量方法变更的初衷是反映商誉的经济实质，以提高商誉信息的决策有用性；但实际操作中商誉减值存在大量的主观职业判断，为管理层的机会主义行为提供了空间。本章的研究结论对于正确评价商誉减值会计准则的执行效果、改进准则制定者和监管机构的工作具有积极意义。

参考文献

[1]戴德明,毛新述,邓璠. 中国亏损上市公司资产减值计提行为研究[J]. 财经研究, 2005(7):71-82.

[2]丁友刚. 企业合并会计方法:问题、争论与选择[J]. 会计研究,2004(3):68-72.

[3]董晓沽. 商誉、减值及盈余管理实证研究[J]. 商业会计,2014(13):22-24.

[4]杜兴强,杜颖洁,周泽将. 商誉的内涵及其确认问题探讨[J]. 会计研究,2011(1):11-16.

[5]杜兴强,温日光. 公司治理与会计信息质量:一项经验研究[J]. 财经研究,2007(1):122-133.

[6]冯卫东,郑海英. 企业并购商誉计量与披露问题研究[J]. 财政研究,2013(8):28-32.

[7]黄世忠.巨额冲销与信号发送:中美典型案例比较研究[J].会计研究,2002(8):10-21.

[8]蒋薇薇,王喜.企业家声誉会影响民营企业商业信誉融资吗[J].贵州财经大学学报,2015(3):39-48.

[9]刘霞.高质量审计能够抑制真实盈余管理吗[J].贵州财经大学学报,2014(4):54-62.

[10]陆正华,戴其力,马颖翩.上市公司合并商誉减值测试实证研究:基于盈余管理的视角[J].财会月刊,2010(4):3-6.

[11]王秀丽.合并商誉减值:经济因素还是盈余管理:基于A股上市公司的经验证据[J].中国注册会计师,2015(12):56-61.

[12]游家兴,罗胜强.政府行为、股权安排与公司治理的有效性:基于盈余质量视角的研究[J].南开管理评论,2008(6):66-73.

[13] ABUGHAZALEH N M, AL-HARES O M, ROBERTS C. Accounting discretion in goodwill impairments: UK evidence [J]. Journal of International Financial Management and Accounting, 2011, 22(3): 165-204.

[14] ALVES S. The association between goodwill impairment and discretionary accruals: Portuguese evidence[J]. Journal of Accounting Business & Management,2013,20(2):84-98.

[15]AMIRASLANI H,Latridis G E,Pope P F. Accounting for Asset Impairment:A Test for IFRS Compliance Across Europe[M]. Cass Business School,2013.

[16]BEATTY A,WEBER J. Accounting discretion in fair value estimates:An examination of SFAS 142 goodwill impairments[J]. Journal of Accounting Research,2006,44(2):257-288.

[17] BUSHMAN R, SMITH A. Financial accounting information and corporate governance [J]. Journal of Accounting Economics,2013,32(1):237-333.

[18] DONNELLY T, KEYS R. Business combinations and intangible assets [J]. CPA Australia,2002,72(4):68-69.

[19]ELLIOTT J A,HANNA J D. Repeated accounting write-offs and the information content of earnings[J]. Journal of Accounting Research,1996,34(Supplement):135-155.

[20]FRANCIS J,HANNA J,VINCENT L. Causes and effects of discretionary asset write-offs [J]. Journal of Accounting Research,1996,34(Supplement):117-134.

[21]FRANCOIS B,WELCH K. Top executive background and financial reporting choice[Z]. Working Paper,Harvard Business School,2011.

[22]GODFREY J M,KOH P S. The relevance to firm valuation of capitalizing intangible assets in total and by category[J]. Australian Accounting Review,2001,11(2):39-49.

[23]GU F,LEV B. Overpriced shares,Ill-advised acquisitions and goodwill impairment[J]. The Accounting Review,2011,86(6):1995-2022.

[24] HASWELL S, LANGFIELD-SMITH K. Fifty seven defects in Australian IFRS [J]. Australian Accounting Review,2008,18(44):46-62.

[25] HAYN C, HUGHES P J. Leading indicators of goodwill impairment[J]. Journal of Accounting, Auditing & Finance, 2006, 21(3): 223-265.

[26] HENNING S L, SHAW W H, STOCK T. The amount and timing of goodwill write-offs and revaluations: Evidence from U. S. and U. K. firms[J]. Review of Quantitative Finance & Accounting, 2004, 23(1): 99-121.

[27] JARVA H. Do firms manage fair value estimates? An examination of SFAS 142 goodwill impairments[J]. Journal of Business Finance & Accounting, 2009, 36(9/10): 59-86.

[28] JENSEN M C, MECKLING W H. Theory of firm: Managerial behavior, agency costs and ownership structure[J]. Journal of Financial Economics, 1976, 3(4): 305-360.

[29] KATRIEN V, STEVEN M, VANSTRAELEN A. IFRS goodwill impairment test and earnings management: The influence of audit quality and the institutional environment[Z]. Working Paper, University of Antwerpen, 2009.

[30] LAPOINTE-ANTUNES P, CORMIER D, MAGNAN M. Equity recognition of mandatory accounting changes: The case of transitional goodwill impairment losses[J]. Canadian Journal of Administrative Sciences, 2008, 25(1): 37-54.

[31] LAURION H J, RYANS P, TAN S T. Segment management to delay goodwill write-downs[Z]. Working Paper, University of California Berkeley, 2014,.

[32] MASSOUD M F, RAIBORN C A. Accounting for goodwill: Are we better off?[J]. Review of Business, 2003, 24(2): 26-33.

[33] MASTERS-STOUT B, COSTIGAN M L, LOVATA L M. Goodwill impairments and chief executive officer tenure[J]. Critical Perspectives on Accounting, 2008, 19(8): 70-83.

[34] RAMANNA K, WATTS R L. Evidence on the use of unverifiable estimates in required goodwill impairment[J]. Review of Accounting Studies, 2012, 17(4): 749-780.

[35] RAMANNA K, WATTS R L. Evidence on the use of unverifiable estimates in required goodwill impairment[Z]. Working Paper, Harvard Business School, 2009.

[36] VERRIEST A, GAEREMYNCK A. What determines goodwill impairment[J]. Review of Business and Economics Literature, 2009, 54(2): 106-128.

[37] WANG L. The effect of SFAS No. 142 on earnings persistence[R]. AAA Annual Meeting, San Francisco, 2005.

[38] ZANG Y. Discretionary behavior with respect to the adoption of SFAS No. 142 and the behavior of security prices[J]. Review of Accounting and Finance, 2008, 7(1): 38-68.

[39] ZUCCA L J, CAMPBELL D R. A closer look at discretionary write-downs of impaired assets[J]. Accounting Horizons, 1992, 6(3): 30-41.

第十七章
研究结论和研究展望

基于前面各章的研究内容,本章概括所取得的主要经验证据、形成的基本观点、存在的局限,并展望后续可能的研究方向。

第一节 研究结论

一、总体回顾

本书主要涉及公允价值及其估值、公允价值信息的价值相关性、公允价值计量的经济后果、金融工具的公允价值、投资性房地产的公允价值、商誉的公允价值等研究。

在研究方法上力求探索前沿性选题和创新性方法,丰富相关领域的文献,实现理论创新。

二、具体研究发现和创新性观点

1. 公允价值的产生与发展

会计计量的产生和发展是适应社会经济环境变化的结果。历史成本因客观性和可验证性,在会计计量属性中一直居于主导地位。然而,随着资本市场的发展和金融创新的涌现,决策有用观主导的会计目标论对财务报告信息的影响逐步增强,会计的主导计量属性正逐渐从历史成本过渡到公允价值。

2. 公允价值估值

本书阐释市场环境对公允价值输入值及所使用估值技术的影响,指出现行国际会计准则和我国会计准则关于公允价值的估值方法与应用条件存在脱节情况,提出应当从公允价值赖以应用的市场及市场环境出发搭建公允价值输入值层次及其适用的估值技术。市场环境的完善程度决定了公允价值输入值层次及公允价值估值技术的应用,准则制定者在准则指南中应增加对主要市场和活跃市场间关系的进一步说明,以及不同市场环境下估值技术使用的必要说明。

3. 公允价值信息的价值相关性

其一,检验公允价值变动信息的价值相关性,发现可供出售金融资产公允价值变动信息与股票收益率存在显著的正向价值相关关系,投资者情绪对可供出售金融资产公允价值变动信息与股票收益率的价值相关性存在显著的正向影响,控股股东利用可供出售金融资产项目谋求控制权私利的行为对可供出售金融资产公允价值变动信息与股票收益率的价值相关性存在显著的负向作用。本书在理论和实证方法方面进行了创新性的尝试,对现有公允价值会计文献做出了积极的贡献:基于可供出售金融资产项目视角,提供了国际财务报告准则与高质量会计信息相关联的进一步的实证证据;提供了投资者情绪影响公允价值会计信息之价值相关性的中长期实证证据;丰富了行为财务、公司治理和公允价值会计交叉研究的有限文献;发现了控股股东利用可供出售金融资产项目谋求控制权私利的新证据。

其二,检验分析师评级和投资者情绪与公允价值确认的价值相关性,发现长期股权投资重分类为可供出售金融资产而确认的公允价值与股票价格具有显著的价值相关性,证券分析师关于买入和增持的评级对绩优公司的可供出售金融资产公允价值确认之价值相关性具有显著的正向影响。本书为我国企业会计准则国际趋同背景下,公允价值计量规范全面引入的经济后果评估以及相关会计准则的完善提供了有益的政策参考。

其三,检验投资者情绪和资产证券化与公允价值信息含量的关系,发现 PE 公司之 IPO 核准公告具有显著的信息含量,而且与 IPO 公允价值显著正相关;但是,机构投资者行为对 IPO 核准公告的信息含量不存在显著影响。投资者情绪对股票超额收益产生重要的影响,投资者情绪对 IPO 核准公告的信息含量和公允价值信息之价值相关性均存在显著的正向影响。本书对公允价值的经济后果评估及准则完善具有决策上的参考价值,也拓展了投资者情绪理论在公允价值会计领域的应用。

4. 公允价值的经济后果

其一,检验会计信息与分析师信息解释行为的相关性,利用修正 Jones 模型对应计利润总额进行拆分,发现分析师更倾向于解读不可操控性应计利润含量较高的财务报告、会计信息可比性较强的财务报告、利润表的公允价值信息。基于分析师的信息解释角色,探究分析师信息解释的具体内容及其行为特征,为理解分析师的会计信息解读行为提供新的经验证据。另外,本书主要对盈余公告之后短窗口期内的分析师活动进行检验,有助于理解在激烈竞争的情况下分析师的行为特征。

其二,检验公允价值计量与 IPO 投资者情绪定价的关系,发现公允价值计量提高了会计信息质量,制约了会计信息不对称驱动的 IPO 投资者情绪定价,增强了会计信息的决策有用性,抑制了 IPO 定价中的非理性成分,提升了市场的 IPO 定价效率。本书补充了市场非理性背景下公允价值会计信息决策有用性的相关文献,补充了不同市场发展水平条件下公允价值会计信息决策有用性的实证证据,相关研究结论对缓解我国公允价值计量的相关争议和提升资本市场资源配置效率具有一定的政策参考价值。

5. 金融工具的公允价值

检验交易性金融工具公允价值的预测能力对公允价值信息之价值相关性的影响,发现交易性金融工具公允价值的预测能力对其价值相关性有正向影响,后者随着公允价值预测能力的提高而增强。本书同时用价格模型和收益模型检验公允价值的预测能力对其价值相关性的影响,对于预测能力的度量也使用两种方法,从而使研究结果更加稳健,发展了公允价值预测能力的相关文献。

6. 投资性房地产的公允价值

其一,检验投资性房地产计量模式选择的动机及影响因素,发现资产负债率高、管理层持股比例高、投资性房地产比重大的非国有上市公司倾向于选择公允价值模式;房地产市场是否活跃、管理层货币薪酬、盈余平滑度、过去两年是否连续亏损对投资性房地产的计量模式选择没有显著影响。本书丰富了相关文献,并为准则制定机构、证券监管机构和投资者的相关决策提供了借鉴。

其二,检验投资性房地产公允价值计量层次的适用性,发现公允价值计量的三个层次并不完全适用于我国投资性房地产公允价值模式的应用,公允价值的估值方式和估值方法的选择均与市场化程度密切相关,我国投资性房地产全面应用公允价值计量的市场环境尚不成熟。本书总结了我国投资性房地产公允价值的应用环境、现状和规律,丰富了公允价值相关文献。

其三,检验投资性房地产公允价值计量与股票价格的同步性,发现投资性房地产项目的公允价值计量扩大了管理层的盈余管理空间,降低了股价同步性;会计信息透明度和证券分析师关注度抑制了投资性房地产公允价值披露金额与股价同步性之间的负相关关系。本书对投资性房地产项目公允价值计量在理论层面进行了创新性的探索,结合会计信息透明度和证券分析师关注度,丰富了公允价值计量与股价同步性方面极为有限的实证文献。

7. 商誉的公允价值

其一,检验商誉减值信息的价值相关性,发现商誉减值与股票价格和股票收益率均显著负相关,即商誉减值信息具有价值相关性;亏损公司由于存在"洗大澡"动机,其商誉减值信息的价值相关性较弱,高内部控制质量和高审计质量会显著增强商誉减值信息的价值相关性。本书丰富了商誉减值经济后果的相关文献,揭示了现行会计准则对上市公司利用商誉减值进行盈余管理的诱导作用,为高内部控制质量和高审计质量抑制盈余管理行为、提高会计信息质量提供了经验证据。

其二,检验商誉减值与分析师盈余预测的关系,发现商誉减值降低了分析师盈余预测准确度,提高了分析师盈余预测分歧度,并且减值规模越大,由此产生的不利影响越显著;商誉减值对分析师盈余预测的不利影响仅存在于进行负向盈余管理的公司;外部审计可以缓解商誉减值对分析师盈余预测的不利影响。本书基于中国资本市场,首次用实证方法研究了商誉减值与分析师盈余预测的关系,丰富了商誉减值经济后果的相关文献;发现了商誉减值中的盈余管理行为,为我国现行商誉会计准则的评价及未来修订提供了科学依据;发现了高质量审计可以有效缓解商誉减值对分析师盈余预测的不利影响,为高质量审计提高资本市场效率提供了进一步的经验证据。

其三,检验商誉减值的盈余管理动机,发现商誉减值中存在盈余管理,具体表现为盈余平滑和"洗大澡";公司业绩、CEO特征、债务契约与薪酬契约、外部监督机制均会对管理层的商誉减值行为造成影响;审计质量和股权集中度能抑制管理层盈余管理动机下的商誉减值行为;商誉减值存在确认不及时的问题,且平均滞后约2年。本书对中国上市公司商誉减值的盈余管理动机进行了较全面的实证分析,为外部审计与股权结构的监督、激励作用提供了经验证据,对促进商誉会计准则的完善、商誉减值测试的有效执行具有积极意义。

三、突出特色、主要建树和政策建议

本书研究成果的突出特色是理论与实务并重,规范研究与实证研究并重,研究方法与时俱进。

本书研究成果的主要建树包括:公允价值的理论分析;公允价值信息的价值相

关性、公允价值的经济后果、金融工具公允价值、投资性房地产公允价值和商誉公允价值等方面的实证研究。

本书是关于公允价值的理论和实证研究，包括分层次、分领域和分项目的检验，提出了规范的分析观点并获取了经验证据，具有较高的理论价值。

第二节 研究展望

就财务会计而言，大量研究表明公允价值计量能显著增强财务信息的价值相关性，从而使之对决策更具支撑意义。因此，关于公允价值计量的研究，特别是利用大数据结合资本市场和企业智能化管理的发展进行相关研究，对于财务会计模式的改革和财务报表列报的改进将具有深远的意义。

关于公允价值估值，非活跃市场环境下公允价值估值技术的应用仍存在很多难点和盲区。由于会计准则和准则指南对此缺乏必要的说明，实务工作中存在很多误用、误述和滥用的情况。关于不同市场环境下公允价值估值技术的具体应用指南，有待理论界和实务界的进一步探索。与此同时，随着数据资产入表，数据资产公允价值的估值也迫切需要得到关注和就此展开相关研究。

关于公允价值信息的价值相关性，投资者情绪在短窗口会显著影响公允价值信息的价值相关性。那么，投资者情绪在长时间窗口对公允价值信息的价值相关性的影响是否会发生改变，改变的原因及后果是什么？机构投资者为何不能在公允价值信息的传递中起到有效的作用？在长时间窗口，机构投资者是否也不能在公允价值的信息传递中起到有效的作用？分析师在公允价值信息的传递中又起到怎样的作用？这种作用是否与机构投资者的作用存在差异？产生这种差异的原因是什么？公允价值信息会影响债权人的投资决策吗？市场的其他财务报告使用者在公允价值信息的传递中又担当什么角色？公允价值信息对其他利益相关方会产生什么经济后果？……这些问题都有待进一步探讨。

关于金融工具的公允价值，探讨立足我国国情的金融工具会计准则趋同模式，实证检验我国金融工具会计准则国际趋同的经济后果，系统分析我国制度环境对金融工具会计准则修订和实施的影响……都是未来值得进一步研究的方向。

关于投资性房地产的公允价值，本书并未检验诸如以公允价值计量的投资性房地产信息是否具有价值相关性、不同层次输入值的公允价值信息是否具有等价的价值相关性、企业尤其是不发达地区的企业是否存在利用投资性房地产公允价值变动操纵盈余等,这些问题还有待后续研究根据累积的经验数据做进一步的检验。另外,本书关于投资性房地产公允价值的实证检验区间均处于市场上行期,在房地产市场价格下行期围绕投资性房地产公允价值模式的应用情况展开研究,特别是结合企业业绩报告和风险管控的研究,将特别具有价值和意义。

关于商誉的公允价值,本书探究了计提商誉减值损失的盈余管理动机,而没有考虑推迟或者不计、少计减值损失的盈余管理动机,未来可做相关的检验。关于商誉是否由减值测试改为分期摊销及其市场反应和管理层心理,也值得从公允价值切入展开相关研究。

关于公允价值的理论研究,特别是基于制度、非制度的角度,譬如关于股权激励的时机和公允价值估值的影响因素,关于企业并购对赌协议中公允价值的作用,等等,仍然值得深入探讨。公允价值会计计量属性的广泛应用,直接动摇了会计的历史成本原则、收入实现原则和配比原则,这些会计基本理论问题也值得与时俱进、深入系统地展开研究。

公允价值是一个复杂的概念和充满争议的主题,公允价值计量决定着财务信息质量,也影响着财务会计模式、财务报表的改革方向,为会计学乃至经济学研究提供了不可多得的广阔空间,相信本领域将得到更多学者的关注和投入并产出更多的高质量研究成果。